大学生自我教育能力
发展过程研究

陈玲 著

中国·武汉

内 容 提 要

本书全面梳理了国内外关于自我教育能力的研究成果，并进行了概念辨析与界定，通过质性研究方法中的扎根理论，结合深度访谈与文本分析，构建了大学生自我教育能力发展的理论模型，揭示了其内在逻辑和关键要素。书中不仅探讨了成长需要如何驱动自我教育能力的发展，还详细分析了反思实践作为发展路径的重要性，以及自我同一作为阶段性目标的实现过程。在总结研究发现与启示的基础上，本书提出了促进大学生自我教育能力发展的具体建构策略。

本书可为高等教育研究者提供理论资源与实践案例，助力教师及学生工作者促进学生自我成长，对大学生及研究生而言是自我成长的指南，同时其研究成果对教育政策制定有参考价值。

图书在版编目（CIP）数据

大学生自我教育能力发展过程研究／陈玲著. -- 武汉：华中科技大学出版社，2024.8.
ISBN 978-7-5772-1239-5
Ⅰ. G645.5
中国国家版本馆 CIP 数据核字第 2024AX3932 号

大学生自我教育能力发展过程研究　　　　　　　　　　　　　　陈玲　著
Daxuesheng Ziwo Jiaoyu Nengli Fazhan Guocheng Yanjiu

策划编辑：肖丽华
责任编辑：肖丽华
封面设计：王　琛
责任校对：张汇娟
责任监印：周治超

出版发行：华中科技大学出版社（中国·武汉）　　电话：(027)81321913
　　　　　武汉市东湖新技术开发区华工科技园　　邮编：430223
录　　排：华中科技大学惠友文印中心
印　　刷：武汉市洪林印务有限公司
开　　本：710mm×1000mm　1/16
印　　张：11.75
字　　数：243 千字
版　　次：2024 年 8 月第 1 版第 1 次印刷
定　　价：78.00 元

本书若有印装质量问题，请向出版社营销中心调换
全国免费服务热线：400-6679-118　竭诚为您服务
版权所有　侵权必究

序言

我从上世纪80年代初开始关注自我教育。1982年,我在《教育研究》上发表《试论培养大学生的自我教育能力》一文,提出"自我教育能力是几种能力的完备组合,包括自我认识、自我鼓励和自我控制能力。"在后来的工作和研究中,我提出人有"消化"和"内化"两种基本功能,内化是大学生素质形成的关键。后来我在《以悟导悟:平实有效的教育方法》一文中提出:"一个容易被忽视的基本事实是,老师们在课堂上慷慨激昂地讲述的思想、观念,对于学生而言,仅仅是一个已知的事实。要将这种事实转变为自己的观念,必须通过学生在一定的情境下,在自己原有的经验基础上的反思。……学生学习过程是一个自我构建、相互作用和自我生长的自我教育过程。"自我教育是教育理论和实践中一个十分重要的基本问题,我虽然有所关注,但没有进行系统、深入的研究。陈玲是我指导的博士生,在博士论文选题的过程中,我建议她围绕自我教育这一方向选择研究问题。因为她有比较好的教育理论素养,有深厚的学生教育实践基础。她在大学做过辅导员、系团总支书记、系党总支副书记、校团委书记,并具有十多年心理咨询师的工作经历,在工作中十分注重对学生思想、行为的观察、分析,积累了大量第一手资料。陈玲决定选择自我教育为研究方向,并确定以"大学生自我教育能力发展过程"为研究问题。

在研究过程中,陈玲以"质的研究"为主要研究方法,进行了大量深入的调查研究。如对50多名学生进行半结构访谈,特别关注其个人成长叙事,观看了3名学生的日记,积累200多万字的文字材料。在访谈的基础上,运用马克思主义关于人的全面发展理论,以及建构主义教育理论进行深入分析,得出了有益的结论。

首先,运用扎根理论的"连续比较法",建构了关于大学生自我教育能力发展过程的理论框架。从驱动力、路径、目标三个要素出发,提炼并抽象出了"成长需求—自我教育反思实践—自我同一"的发展过程模型。

其次,基于发展过程模型,系统揭示了大学生自我教育能力发展的驱动机制、发展路径、影响因素以及阶段性发展目标,提出大学生自我教育能力发展的驱动力是成长需求。需要是一切事物存在和发展的客观条件,是人的行为的内在驱动力。在教育教学中不仅要满足学生的需要,而且要引导学生的需求,特别是自我教育能力发展的需求;反思实践是大学生自我教育能力发展的路径。在反思和实践中,关注自我教育能力发展、提升十分重要。反思是把学和思相结合,以自己的活动为对象进行思考。只有通过反思才能认识自我、确定目标,才能将外在的知识、理论转化为自己的思想、观念。实践是人的自觉自为的对象性活动,与一般活动不同,实践是改变环境而因此自我改变的人的活动,实践不仅要改变环境,而且要改变自我。改变是为了解决现存的问题,达到新的状态。可见,自我教育能力的提高离不开反思、实践;自我同一是大学生自我教育能力发展的阶段性目标。自我同一,不仅标志着能力的发展,而且标志着大学生精神品格、人格特质和价值追求的和谐统一,具体体现为自我一致的目标与行为,自我贯通的需求和能力,自我恒定的情感和态度。大学生获得了自我同一,就拥有了统一感、稳定感和身心的协调感。

最后,在上述研究的基础上,提出了促进大学生自我教育能力发展的具体建构策略,如,学校在教育教学中要引导学生成长需求,激活自我教育的动力系统;引领反思实践,完善自我教育能力的提升系统;促成自我同一,完善自我教育支持系统。学生在学习过程中要自觉增强自我教育意识,主动掌握自我教育策略,勇于开展自我教育实践。

自我教育十分重要,但仍然没有引起教育理论界和实践界的高度重视,系统研究尚少。陈玲深入地做了上述研究,博士论文外审3A,获得了专家的一致好评。她在博士论文基础上,不断完善,持续探索,最终成书出版。本书可以为教育理论和实践工作者探索自我教育提供理论资源和实践案例,同时引发更多的理论和实践工作者关注、重视、研究自我教育,进而提高教育教学质量,促进学生健康成长。

我很高兴将陈玲博士的《大学生自我教育能力发展过程研究》一书推荐给大家。

2024年7月

前言

在科技日新月异的时代,随着学习型社会的深入发展,高等教育的质量追求与大学生个体成长的迫切需求,使得自我教育能力成为大学生成长的关键因素。然而,当前的教育理论研究领域对自我教育能力这个议题重视不够。高校里教与学的转换矛盾和学生发展呈两极分化现象始终存在,大学生自我教育能力培养碎片化的现实困境愈演愈烈。这些理论和实践的不足,不仅使大学生自我教育能力发展问题成为教育问题,更使其成为重要的社会问题。因此,本书以大学生自我教育能力的发展过程为研究对象,探索并揭示大学生自我教育能力发展的规律。

在实证范式指导下,本书借助马克思主义关于人的全面发展理论、建构主义学习理论、人的需要理论为观测视角,选取了多个自我教育能力较强的大学生发展案例,运用扎根理论的"连续比较法",建构了一个关于大学生自我教育能力发展过程的底层理论框架,并与理论充分互动,最终提炼并抽象出了"成长需求—自我教育反思实践—自我同一"的发展过程模型。基于这一过程模型,本书系统揭示了大学生自我教育能力发展的驱动机制、发展路径、影响因素以及阶段性发展目标,且预测了循环上升的整体发展态势。

首先,成长需求是大学生自我教育能力发展的驱动力。成长需求建立在一定的自我意识水平基础上,只有具备自我意识的能力,才能有自我教育的意识和实践,这是驱动力发生的前提。驱动力的产生、发展遵循"成长需求的来源—需求的结构—需求的跃迁"这一微观机制。大学生成长需求的产生有外部影响生成和内部自觉生成两种路径；需求的结构（内容）主要包括大学适应、人际交往、道德成长、自主学习和能力拓展五重需求；需求的发展遵循从缺失性需求向成才性需求变化、从满足需求向创生需求变化、从外在要求向自觉自发变化。

其次，自我教育反思实践是自我教育能力发展的路径。具体呈现出双轨制发展：一是自我教育语境下，围绕自我教育能力要素的提出，形成了"自我认识能力—自我规划能力—自我激励能力—自我管理能力—自我评价能力"的单向发展路径，也是内涵意义上"自我教育意识能力—自我教育行为能力"的发展过程，二者互相渗透，并不矛盾。二是宏大的教育语境下，自我教育是他人教育引导下的自我观念的重新建构，其发展过程呈现出复合的特点，遵循"受教—求教—自主—创造"的发展过程。自我教育反思实践作为自我教育活动的核心品性，贯穿自我教育活动的始终。单向路径和复合路径以互融互促的方式存在于大学生生活中。

最后，大学生自我教育能力发展的阶段性目标是达成自我同一。自我同一，不仅标志着能力的发展，而且标志着大学生精神品格、人格特质和价值追求的和谐统一。具体体现为自我一致的目标与行为，自我贯通的需求和能力，自我恒定的情感和态度。大学生获得了自我同一，就拥有了统一感、稳定感和身心发展的协调感。

"驱动力——成长需要""路径——自我教育反思实践""目标——自我同一"三要素环环相扣，循环往复，不断推进大学生自我教育能力的发展。这一"三螺旋"整体性规律不仅阐释了发展过程，而且呈现出螺旋上升的发展态势。此外，自我教育能力发展呈现社会性、内隐性、基础性、差异性、阶段性和层次性的特点，且符合互动生成原则。这是大学教育与个体建构的共同形塑，是家庭教育和个体浸染的具体呈现，也是社会影响因素和个体发展因素博弈的结果。

基于上述分析，本书提出了个体立场与学校立场建构策略：对于大学生来说，一是自觉增强自我教育意识；二是主动掌握自我教育策略；三是勇于开展自我教育实践。对于学校教育来说，一是引导学生成长需求，激活自我教育的动力系统；二是引领反思实践，完善自我教育能力的提升系统；三是促成自我同一，完善自我教育支持系统。

目录

绪论 / 1

 本章参考文献 / 39

第一章　研究设计：视角、方法和过程 / 43

 第一节　研究视角 / 43

 第二节　研究方法 / 53

 第三节　研究过程 / 57

 本章小结 / 63

 本章参考文献 / 63

第二章　大学生自我教育能力发展的理论模型：基于扎根理论的建构 / 65

 第一节　初始理论模型的建构：对个案H1的微分析和编码 / 66

第二节 理论模型的修正:基于多案例的连续比较 / 70

第三节 理论模型的确立:大学生自我教育能力发展过程为
　　　　核心类属 / 83

第四节 分析框架:大学生自我教育能力的三螺旋发展
　　　　过程模型 / 89

本章小结 / 92

本章参考文献 / 94

第三章　成长需求驱动:大学生自我教育能力发展的发生机制 / 95

第一节 需求的来源:多案例的启示 / 96

第二节 需求的结构:大学生自我教育能力发展的五重需求 / 100

第三节 需求的跃迁:内容、形式及境界 / 125

本章小结 / 128

本章参考文献 / 129

第四章　反思实践:自我教育能力的发展路径 / 133

第一节 自我教育能力发展的单向过程 / 134

第二节 自我教育能力发展的复合过程 / 146

本章小结 / 149

本章参考文献 / 150

第五章　自我同一:大学生自我教育能力发展的阶段性目标 / 151

第一节 自我一致:目标和行为 / 152

第二节 自我贯通:需求和能力 / 153

第三节 自我恒定:情感和态度 / 156

本章小结 / 158

本章参考文献 / 159

第六章　大学生自我教育能力发展过程的启示与建构　/161

　　第一节　大学生自我教育能力发展过程的启示　/161

　　第二节　大学生自我教育能力发展的建构　/170

　　本章参考文献　/176

绪论

一、选题缘起

(一)教育现象的启示:自我教育是大学生成长的关键因素

笔者长期在高校从事学生管理工作,切身感受到大学场域里始终存在两类现象:其一是在深化本科教育教学改革的背景下,老师们一边回归教学本位,不断努力转变传统的教学范式,力争改善教学效果,一边抱怨现在的学风越来越差,不少学生不愿学、不想学、不会学,难以跟上老师的步伐。该现象提示我们,老师的"教"不会自然变成学生的"学",正如刘献君所说,学习是个性化的事情,人的学习,是个体内化的过程,如同人消化食物一样,别人替代不了。其二是大学场域里积极上进的优秀学生群体和发展困难的学生群体两极分化现象越来越严重。优秀的学生更善于寻找发展机会,能充分利用学校提供的一切优质资源,频繁与老师、榜样互动,积极吸收养分为自己的成长所用。慢慢地,这些优秀学生的机会越来越多,逐渐地形成"优势累积"效应。而还有一些学业困难、游戏成瘾、存在心理疾困的群体,他们往往呈现出被动、消极、逃避的特点,久而久之,越来越被边缘化。

在大学场域中,教育者尽力为每一个学生提供成长与发展的土壤。然而,同一片土壤里的一颗颗希望的种子,却以完全不同的生长态势展示了他们的大学生活。笔者认识的一名曾就读于建筑学院的女生,五年来她坚持每天五点起床,通过做瑜伽、读英语、画素描来开启一天忙碌的学习生活,就是这样的坚持,让她在大学期间的每一份经历都熠熠闪光。她不仅以优异的成绩通过了英语六级考试,还成为健身中心最优秀的瑜伽老师。她系统关注和整理考研培训资料,被国内一家知名培训机构聘为兼职讲师。她用几大本厚厚的建筑设计素描图惊艳了硕士生复试评委,被一所国内知名高校录取。在毕业典礼上,她说感谢学校、感谢恩师、感谢父母、感谢同学,更感谢自己。她告诉我们,成长路上,自我教育(self-education)的作用非常重要。促进自我教育才是真正的教育;而使学生具备自我教育之能力,高校任重而道远。

(二)教育理论的忽视:自我教育的地位存在争议

笔者在翻阅诸多以"教育学""教育原理"等命名的教育理论著作之后,惊异地发现,尽管自我教育思想历史悠久,但在教育体系中一直欠缺丰富的本体论探讨,从而使之在漫长的教育史中仅仅作为一种教育智慧存在。早期自我教育思想散见于学者们的教育论述中,但一直隐藏在"自然教育""生活教育"等理论的光环之下,直到主体性教育在国内外的兴起,苏联教育家苏霍姆林斯基才第一次旗帜鲜明地在《少年的教育与自我教育》中论述自我教育。国内一批学者如鲁洁、叶澜、郭文安等在著作中明确为教育学缺失的人的主体地位摇旗呐喊,作为主体性教育理念主要路径的自我教育也因此获得了重视。

20世纪末,周韫玉、贺乐凡、蒋自立、程文晋、张晓静、冉乃彦等学者开始系统研究自我教育理论。胡德海的《教育学原理》把自我教育作为单独的一个章节,鲜明确立自我教育在文化大系统中不可分割的地位。自我教育的重要性成为学界共识,但自我教育之地位归宗问题,学者们至今仍有多种不同的看法。一些学者从广义教育论视角出发,认为教育是他人教育和自我教育的统一体,泛指一切影响人们知识、技能、身心健康、思想品德的形成和发展的各种活动,如图0-1所示。此观点以苏联教育家苏霍姆林斯基为代表,他认为学校教育应将教育和自我教育相结合,激发个人自我教育的潜力,但他在诸多论著中论述的自我教育主要是指品德修养的重要方式。另一些学者认为教育就是他人教育,是人们在任何一方面提升他人人格的行动,是有目的地增进人的知识和技能,影响人的思想品德的活动。此类定义把自我教育认定为一种特殊的教育现象,而我们所述的教育,长久以来被认为是他人教育,如图0-2所示。还有一些学者认为教育和自我教育都具有传递性、工具性和手段性,是文化传承的两种重要方式,教育实际上就是他人教育,它和自我教育在实践上形成了统一和互补性的关系,如图0-3所示。这与第一种观点不谋而合,不同的是这种观点不再笼统地认为自我教育隶属于教育,而是与教育一样,都是文化的下位概念,并论述了由外而内的教育和由内而外的自我教育辩证观。

尽管关注自我教育的学者们对自我教育上位概念的看法不一致,但都十分明确地指出自我教育是人发展的重要路径,是学校教育重要的一环,是保障学校教育质量的核心要素之一。鲁洁强调:"教育不仅要开发人的智力和能力,还要充分挖掘人的大脑潜能。但更重要的是发展人之发展的动力,授人以自我发展的'发动机'和

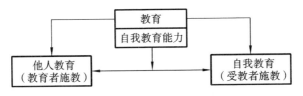

图 0-1 教育为上位概念的分法

图 0-2 无上位概念的分法

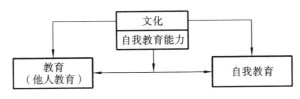

图 0-3 文化为上位概念的分法

'钥匙',并不断提高自我发展的能量与功能范围。"叶澜指出:"学生个体的成长本身,尤其是自主发展意识和自主发展能力的形成,是个体成长中关键性的力量,需要研究通过学校教育的力量,增强学生内生增长的力量。"郭文安强调:"教育的艺术和实现,在很大程度上启发、引导、激励和发挥人的自我教育、自我发展的能动性。"可以说,自我教育无论"身处何处",都不影响它在教育中的功能和作用。更毋庸置疑的是,自我教育能力作为开展主体自我建构的能力,是自我教育活动顺利开展的前提条件,也是他人教育效果的重要转化器,贯穿学生发展的全过程,并在具体的自我教育实践中不断提升,成为促进人发展的持续动力。

从关注自我教育,到意识到自我教育能力发展对大学生成长的意义,学者们研究自我教育能力的兴趣逐渐浓厚。

二、研究背景

1972年,联合国教科文组织的教育报告《学会生存——教育世界的今天和明天》指出:"未来的学校必须把教育的对象变成自己教育自己的主体。受教育的人必须成为教育他自己的人;别人的教育必须成为这个人自己的教育。这种个人同他自己的关系的根本转变,是今后几十年内科学与技术革命中教育所面临的最困难的一个问题。"在我国,明确人的主体性在人的发展中的重要作用,是十一届三中全会以后在教育理论和实践上的一个重大突破。重视学生自我教育能力的培养将会构建新的教育体系,是对目前传统的、强加在个体身上的教育模式的深刻反思,正积极回应着时代、高等教育发展和个人成长的需求。

（一）时代对大学生自我教育能力的呼唤

科学技术发展需要大学生具备自我教育能力。科学技术的时代要求不仅意味着知识的不断变革,更在全球科技与教育的双向螺旋上升结构中形成了教育共识。世界各国一致同意,教育应该较少地致力于传递知识和储存知识,受教育者应该更努力寻求获取知识的方法,即学会如何学习。过分依赖理论和记忆的书院模式损害了自发精神和创造性。联合国教科文组织在综合考察多国教育后,先后发布了三个报告。《学会生存——教育世界的今天和明天》提出教育要为经济发展服务,人才培养要适应社会发展的需求,提出建立学习型社会和终身学习的理念。《教育——财富蕴藏其中》面对世界经济大萧条,充满乐观主义色彩地提出了四个"学会"——学会认知、学会做事、学会生存、学会共处,这四个"学会"体现了教育从知识到能力的转型,此种观念在相当长的时间内指导着各国的教育改革。《反思教育——向全球共同利益的理念转变》提出教育应该为人类的可持续发展服务,立足促进经济的发展、社会的包容性和环境的可持续性,培养更具有时代意识的具有持续学习和创造能力的人。教育从促进生存,到促进能力提升,尤其是自我教育能力的需求越来越强烈。

学习型社会需要自我教育能力。学习型社会是终身学习的社会,也是将学习成果普惠到每一个人的社会,自我教育能力成为学习型社会的核心能力。1990年,联合国教科文组织、世界儿童基金会、联合国开发计划署及世界银行在泰国召开了"世界全民教育大会",通过了《世界全民教育宣言》《满足基本学习需要的行动纲领》,强调全民终身受教育的权利。1995年欧盟发表了《教与学：走向学习型社会》的白皮书,明确提出建设学习型社会的构想。随后,英国、韩国等国家都以立法的形式推动早日进入学习型社会。我国自2001年江泽民在亚太经济合作组织人力资源建设高峰会议上明确提出"构筑终身教育体系,创建学习型社会"以来,不断掀起构建学习型社会的热潮。《中长期青年发展规划（2016—2025）》明确强调要调动青年学生自主学习的积极性,完善知识结构,培养创新兴趣和科学素养,促进青年终身教育,可见国家对青年发展的高度关切,以自我教育能力为核心诉求的社会期待也与日俱增。

（二）培养大学生自我教育能力是高等教育发展的趋势

引导教育向自我教育转换是教育发展的基础动力。关于世界史有这样一个有趣的说法：西方在16世纪发现了人,18世纪发现了妇女,19世纪发现了儿童,20世纪发现了自我与天才,而21世纪将发现人的潜能会无止境地爆发出来。因此,未来的知识生成之路,必然越来越取决于个体的主观性、主导性和主动性。我们需要不断更新教育观念,确认教育是为人的成长和发展服务的,学习现有的知识只是为了发现更多未知的东西,为人的全面发展和社会进步提供基础条件。正如王道俊所说,教育的力量表现在引导受教育者掌握社会已有的基本知识、技能和行为规范,逐步认识世界,作用于世界,但更重要的是使主体认识自我、认知主客体的关系,并不断提高自我,成为能动的认识主体和实践主体。整个教育过程的主要矛盾是主体性教育要求与表现为客体的受教育者的身心发展特点及水平之间的矛盾,以自我教育为核心的主体性教育需求与自我发展的矛盾推动了教育向前发展。此后,学者们进一步明确教育要实现人的发展需要经过两次转化。第一次是教师结合社会性和个体发展规律性把社会要求转换成"教师的教育",第二次转化需要学生通过"自我教育",把教育的成果体现在个体成长效果上。教育和自我教育是促进个体个性形成、主体性提高的统一过程中不可或缺的两个基本方面。

回归主体性的教育观必然引起关于人才培养质量观的变革。潘懋元认为,大众化教育阶段必须以新的教育质量观指导高等教育实践,将传统的知识质量观转变为以知识、能力为内容的素质质量观,重视大学生创新精神和实践能力的培养。将传统的、单一的精英教育质量观转变为包含精英教育在内的多样化的大众教育质量观。2007年开始实施的高等教育"质量工程"和2010年颁布的《国家中长期教育改革和发展规划纲要(2010—2020年)》把激发学生的主体性、提升教育质量置于重要的战略高度,这就是对新质量观的制度回应。2021年3月国务院印发《中华人民共和国国民经济和社会发展第十四个五年规划和2035年远景目标纲要》,进一步把"全面提升教育质量,促进人的全面发展"作为教育发展的主要目标。从公开颁布的文件看,我国高等教育已经进入内涵式发展阶段,对高等教育质量愈发重视。

为回应质量诉求,近年来以学习过程测量学习效果的调查被美国及其他西方国家广泛采用,我国也将其引入到本科教学质量评价实践中,"学习参与度""学习投入度""学生就读体验"等概念被应用于调查大学生的实际学习状态。其中较有影响力的有美国的 NSSE(National Survey of Student Engagement,全美学生参与度调查)、SERU(Student Experience in Research University,研究型大学学生经验调查)等。帕斯卡雷拉(Pascarella)及特伦兹尼(Terenzini)为了深入探索"大学是如何影响人的"这一命题,经过多年的跟踪研究,得出结论:大学对学生发展的影响,取决于大学生个体的努力程度,以及他们参与学校各项活动(如学校学术、社交和课外活动等)的参与率、融入大学环境的融入度。汀托(Tinto)提出,学生投入度是影响学生学业成就的最重要的因素。我国国内也逐步关注学生投入度,掀起了教学和本科质量保障的评价热潮。清华大学2009年加入NSSE国际联盟,南京大学、西安交通大学、湖南大学2011年加入SERU国际联盟,中山大学、华中科技大学也先后开展了结合校情的学习与发展调查。可见,从关注如何教到关注如何学,学生主体性回归已势不可当,自我教育在主体性阵营里的作用也日趋明朗。

(三) 个人的长足发展离不开自我教育能力的提升

刘献君在文华学院实施的个性化教育实践深受业界好评。他谈道:文化传承依靠教育和自我教育,自我教育的作用则是从无到有,从小到大,从弱到强……大学生的自我教育能力最强,也更需要自我教育能力的培养。由此看出,提升自我教育能力是未来学习的内在要求。以自我教育能力提升为核心的主体性教育是"人是教育出发点"这一命题的逻辑延伸,这是中国近20年里广为流行的声势浩大的教育改革运动,是一场史无前例的教育思想启蒙。自我教育能力为实现高质量的主体性教育创造条件,同时也反映出受个体主体性的差异影响所呈现出不同的学习能力和学习效果。青年学生日渐意识到,个人的发展必须依赖于自身的不懈努力和自我超越,这种积极向上的动力来源于日常生活中生命的每一瞬间和来自灵魂的每一次冲动。毋庸置疑,年轻人都希望获得教育,能从师者处获益,能进行自我教育。伴随着现代化的发展,许多学习行为发生在学校教育的范围之外。学生的自我教育能力越强,学校教育以外的自我学习就越多。学生学习早已突破仅仅来源于教材及教师传授的旧格局,事实上,学生大量的知识来自社会交往、个人阅读与网络信息。自我教育能力的提升,有利于提高学生自主选择、自主学习和深入探索的能力,从而实现教育的目标及个性发展,养成终身学习的习惯;也有利于提高不断发现新问题、学习新知识、提出新观点、解决新问题、形成新理论的能力,最终实现不断创新。

（四）高校学生自我教育系统的碎片化呼吁重建能力系统

早在20世纪90年代,叶澜就尖锐地指出,忽视主体的自主性、意识的能动性是我国心理学、教育学中存在的共同倾向。她提出,教育理论的呼吁和教育实践的脱节造成了理论的混乱,因而要从影响人发展的因素出发,关注学生的生命质量,着力于主体性的激发,促进自我教育能力提高,使人的发展从潜在可能向现实可能转化。直至今日,她依然强调,教育研究中理论与实践的结合,无论是认识还是行动,总体都还处于破冰时期。就笔者观察而言,第一,大学生主导的自我教育系统呈现碎片化。大学生自我教育能力发展水平不一,在个体成长中呈现出明显的差异性和失衡性。一部分学生自我价值观系统不健全,自我意识发育整体较差,习惯"被安排";另一部分学生缺乏自我教育的理论知识和实践指导,自我教育过程中不得其法,效果较差。不同个体的自我认识能力、自我规划能力、自我管理能力、自我激励能力、自我反思能力等与自我教育能力密切相关的能力要素呈现出明显的不均衡状态,大部分学生表示自我管理是最大的难点和痛点。从整体上看,大学生在自我教育动机、目标、内容、方式方法的选择上表现出较大的随意性,在自我教育的过程中,意志力的培养和锻炼、自我反思的经常性等往往成为自我教育活动的"卡脖子工程",自我教育效果也不够明显。第二,教师主导的自我能力教育系统呈现出碎片化。现实中,一些教师在教学内容选择上,从书本知识出发,死抠教材,无视学生的成长经验和学习需要;在教学设计上欠缺启迪、引导的安排;在教学方法上习惯"满堂灌",不能串联起学生的生活经验,激发学生的兴趣、疑惑与求知。正如杜威所言,教学的问题在于忽视了学生兴趣的激发,补救的方法不在于特殊训练,而在于改革心智和训练心智的观念。教师不善于自我教育,不引导学生自我教育,也较难在师生自我教育互动中实现教与学的顺利转换。第三,学校主导的自我教育系统呈现碎片化。在学校主导的自我教育系统中,学校资源有限,缺乏开展大学生自我教育的平台,已有的自我教育平台是否发挥了自我教育效果有待考证;因教师资源不足,还不能实现自由的选课机制、生活机制和学习机制,无法充分满足大学生合理的主体性需求;在课程设置上,大学生自我教育的课程、方法、原理稀缺,这使大学生对自我教育能力的认识和理解还不到位;课堂仍以教师讲授为主,一些教师很少思考如何创造条件让学生开展自我教育,课程教育与自我教育的协调作用发挥不足,忽视学生自主学习和自我教育的潜能;线上教育所引发的教学变革中,如何激发大学生自我教育兴趣和提升大学生自我教育能力的探索依然任重道远。可以说,自我教育能力发展的现实环境并不乐观,大学场域内"游戏族""上课低头族""宅居追剧族""逃课族"等并不鲜见,一定程度上反映了大学生群体自我教育能力的严重不足。目前,高校普遍存在两种教育管理倾向,一是较为封闭的"严管型",二是开放式的"少管型"。由此形成的两种模式都没有遵循大学生自我教育能力提升的规律,忽视从引导和激发的角度去建构自我教育能力的提升系统。

从教育现象的感性促发到理论溯源,再到对研究背景的理性把握,笔者认为发展大学生主体自我教育能力不仅是社会需求、教育目的,更是高校的重要任务。正如怀特海所说,"学生是有血有肉的人,教育的目的是激发和引导他们的自我发展之路";"生长的基本动因在你们内部"。因此,本书将把自我教育能力放在大学场域里加以考察,从建构主义的视角关注大学生自我教育能力的发展状况,探寻大学生自我教育能力发展的规律。

三、研究意义

(一)理论意义

一是打破传统的宏观视角,在大学场域中研究自我教育能力的生成和发展。传统的研究多立足于宏观视角,如人的全面发展的视角、人的现代化视角等,把自我教育放在无所不适用的背景中探究,显示其研究结论的普遍性,但往往在指导具体实践的时候,缺乏情境的适切性。不同于以往单向度的研究范式,本研究将从大学场域中学生的生涯发展出发,以大学生的全部生活图景为背景,将自我教育放在一个内外互动的组织体系中考察,揭示大学生自我教育能力发展规律。不同于单纯的"学校主导"式或者"学生主导"式的自我教育能力研究路径,本研究立足互动系统,以学生自我教育能力发展为核心,充分发挥学校的设计和保障作用,倡导学校推动和保障相结合、学生参与和学生主导的能力提升模式,为大学生自我教育能力提升提供可借鉴的路径。

二是明确大学生自我教育能力的内容,构建"理论—实证—理论"的整体结构框架。通过对已有研究的梳理,笔者发现研究中体现出两个明显的不足。一方面,对自我教育能力的关注缺乏。自我教育能力是自我教育的重要媒介,是教育和自我教育的重要纽带。学校教育落实到人才培养上,关键是形成能力和素养,因此对自我教育能力的研究丰富了自我教育理论的内容,开拓了新的领域。另一方面,研究方法单一。对自我教育的研究仍停留在思辨研究范式,从理论到理论,其理论的合理性和有效性都有待于在教育教学实践中论证。本研究从已有的自我教育理论出发,以建构主义理论为宏观背景,通过实证的方式考察大学生自我教育能力的现状、困境,探索自我教育能力的内在结构和运行机制,为提出适切路径提供充实的实证准备。

三是以多学科理论为指引,建构"个体-环境"互动的大学生能力发展模型。本研究将从生命哲学、社会学、心理学、教育学、管理学等多学科的视角,开展大学生自我教育能力的研究。从生命哲学角度,分析自我教育与生涯发展的关系。大学生自我教育能力所体现的向上的超越性,是大学生生命发展的重要课题。从社会学的角度,分析大学生自我教育能力生成和发展的内、外部互动关系,实现发展的动态平衡。从心理学的角度,分析能力发展的心理动机和行为机制,特别是人的需求理论,并解构其发生发展机制,深入探索自我教育能力如何驱动、如何发展。教育学、管理学为大学场域的特殊活动提供了具体的观察和解剖视角,为探索如何提升自我教育能力奠定了基础。

(二)实践意义

一是有助于了解大学生自我教育能力的发展图谱,形成系统的能力培养策略。通过对自我教育能力的系统研究,探索大学生自我教育能力的内涵及其发展的全过程,学校可构建有利于大学生自我能力发展的平台和环境,促进教育系统教学、管理、服务的深层变革,真正落实"以学生为中心"的教育理念,形成自我教育能力培养的整体设计,实现自我教育能力在教育教学过程中深度融合,促进大学生自觉主动地提升自我教育能力,开展自我教育,进而实现教育促进成长的终极目的。

二是有助于增强大学生的学习效果,提升高等教育质量。有研究指出,学生学习投入度不够,与成长相关的互动不够,解决不了成长的实际问题;其影响因素从外部入手也无法根治"不想学""学不好"的问题。只有从学生主体出发,探究自我教育能力的提升,积极从外部和内部因素中唤醒求知的需要,才能使大学生在教育环境中积极主动地建构,不仅有效回应老师的教学,也能从学习生活的广泛空间里获取求知的养分,更能随时随地保持求知的兴趣和热情,不断开展各种形式的自我教育,真正提高学习效果,落实高等教育质量。

三是有助于帮助学生认识自我与发展自我,拓展大学生的生命境界。人对自我的认识远远落后于生存的现实。自我教育能力的研究能帮助大学生认识自己、了解自己和发现自己,观照日常生活世界,从而走出自我,在互动的场域环境中看待自我成长,了解教育的本质不在"外铄",而是对于生命"自觉"的唤醒,积极吸取对自我教育能力发展有利的因素,不断提升自我教育能力水平,形成终身受益的能力资本,拓展自己的生命境界。

四、研究综述

与大学生自我教育能力相关的文献主要集中在自我教育研究(self-education research)、能力研究(capacity research)、大学生发展研究(research on college students' development)等领域。笔者分别使用 CNKI 数据库及谷歌学术数据库对核心关键词进行中英文文献检索。经整理,剔除无关文献,共获得 1664 篇相关文献。自我教育能力是一个派生的学术概念,它产生于人的自我教育活动。无论自我教育的上位概念是"文化"还是广义的"教育",自我教育作为一种教育思想、理念,都与教育有着千丝万缕的联系。自我教育伴随着主体性教育思想的兴起从教育理论走向教育实践,从思想观点到教育理论,经过了漫长的发展。因此本研究将文献从两个方面进行演绎归类:一是自我教育研究,二是自我教育能力研究。自我教育研究中,重点综述何谓自我教育、为什么要进行自我教育、如何进行自我教育,以期为自我教育能力研究奠定坚实的论述基础。自我教育能力研究中,综述大学生的自我教育能力是什么,明确概念界定和研究范围;分析为什么要提升大学生自我教育能力,并从大学生发展的角度阐释自我教育能力和大学生其他能力的关系;最后综述已有研究中提升自我教育能力的方法,为主体部分的分析奠定基础。

(一)对自我教育的研究

1. 什么是自我教育

中西方自我教育从思想到理论历经了千年的发展历程,本书这里简述自我教育思想由萌生到自我教育理论成熟的变迁脉络,可窥见不同语境下自我教育理论的不同走向,从而更好地把握自我教育的属性、本质和定义。

(1)西方的自我教育思想。

中世纪开始,西方出现对自我教育思想的朦胧论述,这些自我教育的光芒隐匿在学者们教育观点的陈述中。西方智者学派强调人的自主选择特点,以"人是万物的尺度"来判断所有事物。古希腊思想家、哲学家苏格拉底用"助产士"的教育法传道授业,不直接告诉学生自己所知道的,而是采取与学生谈话、讨论的方式启迪和引导学生思考。"助产士"的本质是调动学生的主动性和积极性,启发学生独立地思考问题,自主获得获取真理的方法和技巧。柏拉图提出"理念论"和"回忆说",他认为理念是世界唯一不变的"实体",认识就是对理念的"回忆"。在理念之上,他看到受教育主体的潜在力量,他认为教育不像有些人说的,能把知识装进空无所有的心灵,仿佛他们把视觉装进盲者的眼里。西塞罗认为教育就是"引导班上的学生自己去发现问题,运用他们的智力",最终的目的就在于达成不教之教。昆体良认为:"在每个人通过自己的努力所获得的学识之上,又加上了大量的实践经验,这些经验比一切大师们的箴言都更有用。"西塞罗和昆体良主张以雄辩家的姿态多看、多听、多想、多练,才能真正有所得。奥古斯丁则在柏拉图的哲学基础上提出了基督教隐修制度中的自修法则。亚里士多德认为教育要使人的各种天赋功能得到高度发挥,提出德智体要联系发展的教育观点,某种程度上体现了自我教育的连续发展观。

　　文艺复兴时期自我教育思想进一步发展。经历中世纪对自我的残酷压抑,对人性的无情蔑视后,"全人"理想高涨,人文教育思想空前繁盛。教育家伊拉斯谟第一次明确提出自我教育的概念,认为自我教育就是个人主动地去求知任何一个他尚未探究的领域,直至全面探究人类整个领域的活动。他指出教育的任务是在青年头脑中播下热爱和虔诚的种子,使青年透彻地学习自由学科,为履行未来生活的义务做好准备。他主张采取因材施教的方式教学。伊拉斯谟的人文主义教育观对促进欧洲教育做出了较大贡献。此后,康德从学生主体思辨理性建构的角度提出"学生自我教育的自由才是他们发展的唯一动力"的观点。文艺复兴中后期,伴随着近代科学兴起,主张教授实用知识、提倡科学教学方法的实在论教育学说产生。这一时期自我教育侧重适应现实生活世界。拉伯雷强调不唯书,认为观察、谈话、旅行、参观体验比读书更有价值。蒙田的教育思想重在培养身心和谐发展的"完整的人",他强调学习内化;同时他还主张独立思考,让"学生自己去开路"。夸美纽斯提倡教育应遵循自然规律,把教育工作建立在科学理论基础之上。此外,他还主张教育适应人的认识发展的规律,尊重儿童之间的差异。夸美纽斯的教学思想、教学原则等成为近代教学工作的圭臬。

　　欧洲启蒙运动开启了自我教育思想的新篇章。这一时期,洛克的"白板说"强调知识来源于经验和自身,把他人教育和自我教育放在同样重要的地位。卢梭提出自然主义教育理论,认为"出自造物主之手的东西,都是好的,而一到了人的手里,就全变坏了"。他提倡教育归于自然,遵循儿童自然的天性,教师只需创造学习的环境、防范不良影响,培养出自主自觉发展、个人潜能得到释放的自然人。由此,他还主张采取自然教育的原则激发儿童自我教育的动机。卢梭重视儿童身心发展,强调儿童自主能动性的教育理念对后世教育产生了较大影响。此后,瑞士的思想家、教育家裴斯泰洛齐发展了卢梭的自然教育思想,认为"教育的目的是促进人的一切天赋能力和力量的全面、和谐发展",提出教育必须适应自然,尊重儿童发展的内在动力因素,促进其均衡和谐的发展。

　　19世纪后,工业革命促进了科技、经济社会发展。这一时期哲学、文学艺术和心理学的发展带来了自我教育思想的繁荣。赫尔巴特的教育心理学思想奠定了自我教育理论的基础。他把观念视为心理活动最基本的要素,认为观念的形成和运动决定了人的意识。观念体系即为"统觉团",要求教师掌握统觉的原理和规律,激发和培养学生兴趣,唤起学生自觉认知的能力。福禄贝尔、第斯多惠等教育家进一步强化了教育心理学倾向,主张从心理学角度揭示人的自然本性及发展的主观能动性。

斯宾塞在1860年发表论著《教育论》，系统阐述了他的教育思想。他从人类进化的角度把自我教育提高到至高无上的地位——人类是在自我教育中发展和进步的。他认为自我教育对培养孩子的独立思考是很有好处的。德国哲学家尼采也一再强调"成为你自己"，提倡每个人都应该学会自我教育，在自我教育中认识自己、肯定自己、忠实于自己，实现人生的各种可能性，展示个体生命与众不同的独立性、独特性和真实性。

第一次世界大战（简称一战）前后，西方的"新教育运动"曾倡导过自我教育的学校培养，其中影响较大的是意大利教育家蒙台梭利。蒙台梭利的儿童教育思想强调儿童"具有吸收力的心理"，在此基础上认为，"任何改革必须依据人的天性，人必须成为教育的中心"。教育要为儿童创设自我教育、自我建构的发展环境，"让儿童在与周围环境及人的相互作用中排除障碍，独立奋斗，显示出惊人的智慧，同时养成独立和自信的品格"。之后实用主义教育盛行，杜威等主张在社会生活中通过反省思维主动地经历一切和获得各种直接经验，认为自我教育是个体的天赋机能；强调人与环境交互的观点，提倡知行合一，据此提出"做中学"的自我教育思想。瑞士心理学家、教育家让·皮亚杰以主动性为基点提出自我教育，主张尊重儿童的心理结构和发展规律，采用活动法、冲突法的自我教育方法刺激儿童产生求知的渴望和兴趣。

苏联教育家苏霍姆林斯基是现代自我教育思想的集大成者。他旗帜鲜明地赞赏自我教育，并将自我教育上升到教育的本质、教育的规律、教育的智慧和教育的艺术的高度。他认为自我教育是自我认识、自我管理和自我克制，自我教育是道德提升的主要路径，自我教育从关心他人开始，在劳动中、实践中、道德活动中不断提升。他认为要把个人的自我教育融入集体的自我教育中，人类的文化才能得到升华。苏霍姆林斯基的自我教育从道德教育出发，立足于学生日常行为的养成，强调在日常生活中学会自我认识、自我调控、自我反思、自我评价，从而实现真正的自我教育。

第二次世界大战（简称二战）后，随着战后重建教育秩序的需求日益迫切，苏联成功发射人造卫星的事件引发了全球科学技术领域的新"战役"，这促使西方世界对教育进行了深刻的问责和反思，进而推动了教育改革。新的改革催生了很多"自主精神"的教育哲学，直接促成了自我教育理论和实践的逐步成熟。如马斯洛和罗杰斯的人本主义教育观、班杜拉的社会学习理论、布鲁纳的认知学习理论等，为自我教育的深化发展做了创造性的工作。如罗杰斯强调"学生中心"，极大信赖自我的内驱力和成长能力，把人格扩展理论充实到教育中，促进学生自我发现。布鲁纳强调"发现学习"，即学生通过自己再发现知识形成的步骤，以获得知识并发展思维，这种学习方式重视自主的探究过程而非单纯的接受学习。此外，美国的教育变革丰富了自我教育的内涵：巴特莱特（Bartlett）在认知建构主义中的学习理论，斯金纳在操作主义理论中的自我强化……这些反思促进美国社会不仅把个体自我教育能力的提升作为教育变革的目标，而且把全国变成"全民皆学之邦"。这些哲学思潮中自我教育的理念，越来越朝着自我领域的具体化、机制化和细节化的研究方向迈进，西方自我教育思想的领域越来越具体,理论上体现专门化,内容集中在学习领域。

可见,国外自我教育思想的演变有三个主要特征:一是自我教育思想与社会经济发展、社会思潮密切相关。社会经济的进步引发了新的教育反思,重构了教育需求,从而引发了教育哲学的探索,新的教育理念应运而生。自我教育思想就是在这样的矛盾运动中发展、繁荣和成熟的。二是体现了个体意识的成长。西方自我教育思想建立在个人本位基础上,重视个体价值和诉求,强调个体个性的充分发展,注重自由、平等、民主等意识。自我教育过程体现了成为自己的过程,是个体的自我教育观,也是过程的自我教育观。三是自我教育思想逐步发展成为具体的理论。从早期朦胧的自我教育思想,演变成为自我教育观点,再逐步明确到学校教育中,进一步细化为自主学习、自我调节学习等具体的主体性学习理论。

(2)中国自我教育思想。

中国自我教育的思想源远流长。古代教育从儒、道、佛的文化传统出发,使得重视人格修养成为中国伦理文化的一个典型特征。儒家重修身,道家重修道,佛家重修行,修养的过程即自律、自强的过程,皆体现着强烈的自我教育内涵。

儒家的自我教育思想注重修身以自律。在儒家看来,实现人的价值要两步走,前一步是教育自己,后一步是教化他人。尤其注重"内圣",即自我修养的提高。主要代表人物孔子倡导"内省""克己""力行""修己"的自我修养法。他强调的"见贤思齐焉,见不贤而内自省也""君子求诸己,小人求诸人""躬自厚而薄责于人""克己复礼""言必信,行必果""不能正其身,如正人何"等观点,无不闪烁着自我教育的智慧。同时,他提出了向仁、向善、因材施教、启发教育、乐学教育和立志教育等观念,形成一座教育思想的富矿,蕴含着丰富的自我教育思想、原则和方法,为后世研究奠定了坚实的基础。儒家弟子继承和发扬了孔子的思想,孟子认为自我教育的目的是"明人伦",途径是"自求、自得",他说"君子深造之以道,欲其自得之也。自得之,则居之安;居之安,则资之深",最典型的是其教育的内化观——"仁义礼智,非由外铄我也,我固有之也",主张持志养气、动心忍性和反求诸己的自我修养,追求"大丈夫"的理想人格。另一位自我教育思想代表人物荀子的不同之处在于,他从性恶论出发来论证修养的必要性,他主张从实践中而非一味反观内求中来获得真知:"不闻不若闻之,闻之不若见之,见之不若知之,知之不若行之。"这种主张外部导入式的自我教育方法具有较大的进步意义。后世儒家学者较具代表性的是汉代的董仲舒,他强调人性和教育在人发展过程中的作用,认为"德教"是立政之本,强化集体的自我教化,提出"内视反听"的自我教育反思法。此外,儒家经典《大学》《中庸》及我国最早的教育论文《学记》等,本着儒家的德治精神,强化道德修养,主张"自强、自反",提倡自主学习、道德自律,也包含着丰富的自我教育思想。

道家的自我教育思想注重修道求自我。老子学说的核心是"道",道即他认为的事物运动的规律,"万物将自化""道法自然"。他强调的自然不是我们今天说的大自然,而是自然而然,是万事万物自身运行的过程,即内因是万物发展的主要依据。在此基础上追求"自然""自适""自朴""自正"等理想人格,主张人不为外物所奴役,赞赏"观""明""玄览"的"不言之教"。"绝圣弃智",向内观望,"知人者智,自知者明",达到人与社会、人与自己和谐的共处格局,由此提出了自我教育的新境界。因此,他的自我教育观主张"以身观身,以家观家,以乡观乡,以国观国,以天下观天下",认识到应"虚而待物",强调个体就是最好的认识工具,突出万物演变的"自性"。道家另一个代表人物庄子追求理想人格,在《庄子·逍遥游》中尽显个人价值取向,在"无己"的名义下凸显"有己",指出新圣贤的标准是对人的自然天性的遵循。同时,他还强调"自勉",希望消除一切束缚,获得精神的自由,达到"逍遥"的理想状态。道家自我教育思想最大的价值是勇于摆脱从众心理,勇于追求个人自我价值,甚至不同于儒家、墨家等诸子百家学说主张社会价值高于个人价值,个人价值寓于社会价值的观点,道家认为个人价值高于社会价值,突出"独我",彰显"自我",在当时集体人格盛行的时代具有独树一帜的意义。

佛家的自我教育思想注重修行见本性。佛家重"觉悟",对中国文化的影响深远。禅宗代表人物慧能主张"内求",追求超越的自我境界。他认为人无须向社会求什么,也不必改变自己,需要"静观自身",认识和发现真正的自我,"凡愚不了自性,不识身中净土"。宗教教义中很多都主张"内观""内识""识其本性""自见自知",参悟本性是佛者的修为。同时,佛家学者还提出采取"沉思""体悟"的方式开展自我教育,帮助了解本心,觉见本性。

近代自我教育思想呈现出新面貌。近代教育受儒家文化影响较多,但不同于古代自我教育思想为满足封建统治需要而追求的忠诚、修身意蕴,近代还引入西学,自我教育在继承传统的前提下,呈现出新的发展面貌。明末清初小商品经济兴起,资本主义萌芽,人们对物质利益的关注和追求越来越多,个人价值本位观慢慢凸显,一批思想家在这种社会背景下开始反对教条,张扬人的潜力和价值,提出很多凸显自我的思想。如陈献章强调"立心"以建立自我;王守仁通过批判程朱理学倡导自由之人格,鼓励个体独立思考,主张静处体悟、事上磨炼、省察克己、贵于改过;王夫之十分重视道德修养,他强调立志,主张自得,重视力行,揭示了道德自我教育的规律;清初唯物主义思想家和教育家颜元倡导"实文、实体、实用"的教育,注重以"习行"的方法即自我练习之法促进自我提高;曾国藩强调"内省",他责躬罪己,毕生不息,他的自强不息、严于律己就是自我教育的示范。此后,随着西学东渐,欧洲启蒙思想传入国内,人道主义、平等、博爱、民主的观念对中国教育家产生了一定的影响,康有为、梁启超、严复、谭嗣同等人在吸收西方先进思想的前提下,深刻分析中国道统制约下的"自修"精神,认为此是奴性的起源,而应该发掘人的主体价值,生成新的自强精神,以助科技兴邦。康有为提出"保国保种,自立自强"。梁启超主张破依赖之旧德,立"独立之新德"。"自强、自立、自治、自助"不仅指个体人格之独立,还希冀国格之独立。

中国近现代的自我教育运动蓬勃开展。新文化运动高举民主、科学两面大旗,在全民族掀起了一场尊重人性、寻求民族自立自强的思想解放运动,也是对现代教育造成深刻影响的启蒙运动。这期间,著名民主革命家、教育家蔡元培的自我教育思想集中体现在他的教育畅想和实践中,他提出"军国民教育、实利主义教育、公民道德教育、世界观教育、美感教育"五育并举,特别针对道德修养,编写了《中学修身教科书》。他强调修己,以情治情,即学会自我调节。他主张自动、自学、自助、自己研究。陶行知最能体现自我教育思想的一句话是:"流自己的汗,吃自己的饭,自己的事情自己干,靠人靠天靠祖上,不算好汉!"他创办了晓庄试验乡村师范,践行自强、自治、自学的精神,并指出"近世所倡的自动主义有三部分:一是智育注重自学;二是体育注重自强;三是德育注重自治"。他开始系统地关注和论证自我教育的思想。胡适先生有一套自我教育理论,他强调先调动兴趣到治学,再产生问题,接着自己动手动脚找材料解决问题,并由治学之法推广到整个社会治理,甚至改造社会。陈鹤琴主张给儿童成长的空间,不要一味灌输,"凡是儿童能做的就让他自己做。凡是儿童自己能想的,就让他自己去想,鼓励儿童去发现他自己的世界"。近代自我教育思想的集大成者,还有伟大的无产阶级革命家毛泽东,他的自我教育思想体现在人的全面发展的理念里。毛泽东继承和发扬了马克思主义发展观,强调要重视主体的内在决定因素,激发人的主体性。他提出了"德育、智育、体育全面发展,培养有社会主义觉悟的,有文化的劳动者"的教育方针。抗日战争时期,延安"抗大"加强思想政治教育,经常开展群众性的自我教育,主张批评和自我批评相结合,至今都是集体自我教育的重要方法。

当代,逐渐形成了系统且成熟的自我教育理论。纵观中外自我教育思想流变史,自我教育的智慧历史随着经济社会发展和社会哲学思潮的兴起而呈现出不同的倾向。当代信息技术快速发展,社会变迁日新月异,随着主体意识、主体精神和主体能量越来越成为个人发展及社会进步的主要因素,自我教育走进了历史舞台的中心。中西方自我教育的光芒朝着两个不同方向延展。西方从学者们零散的自我教育思想和言论走向了具体的、狭义的自我教育方式,如自主学习。中国则走向了整体论、系统论,开始统整自我教育的理念、方法、原则、机制和路径等,开始出现自我教育理论的专门研究。特别是20世纪80年代以来,刘献君撰文《试论培养大学生的自我教育能力》,提出自我教育能力是自我认识能力、自我激励能力和自我控制能力的组合,极具前瞻性。贺乐凡1988年在《学校管理学》中明确提出学校要加强学生自我教育和自我管理。此后他主持课题"中小学学生自我教育和自我管理实验研究",并发表了一系列的研究成果。周韫玉1995年出版《自我教育论》——我国当代第一部专门的自我教育理论著作,论述了自我教育的地位及自我教育主客体互动的过程,提出了自我教育的六原则和自我管理的过程及方法。冉乃彦2004年出版《真正的教育是自我教育》,主张自我成长是儿童教育的主要方式,没有自我的成长,就没有真正的教育。他认为自我教育由自我认识、自我要求、自我践行和自我评价四个要素组成,其目标是塑造自信、自强、自立、自尊的品质,由此提出通过给儿童时间、空间、条件、问题、困难、机遇、冲突、对手、权利等的十个策略培养自我教育能力。2004年张晓静的《自我教育论》主要从自我教育的历史机遇出发,阐述了自我教育的目标、机制和过程。在贺乐凡、周韫玉和张晓静自我教育实验研究课题的影响下,燕大附中司文娟校长2015年出版《唤醒与激发:自我教育从这里启航》,用鲜活的实践案例阐述学校如何开展自我教育,学生如何在自我教育中成长。2012年,贺乐凡、周韫玉、黄泰山出版《自我教育:教育的至高境界》,他们认为古往今来学校教育、家庭教育和社会教育的成功都是在自我教育的基础上形成的,学校应加强学生自我意识的培养和自我管理能力的提升。2001年海南师范大学黄欣祥出版了《从他人教育到自我教育:21世纪教育理论构架》,提出批判教育就是他人教育的观念,从而论证自我教育的合法性地位。2009年武汉中学校长蒋自立出版《自我教育新论》,认为教育者越是重视学生的主体性,越是重视学生的自我教育,学生道德水平就越高,发展就越主动、越全面。2012年程文晋、付华出版《管理视域内的自我教育论》,从管理的视域论证自我教育的分类、特点和作用。邓远萍的《人的现代化视域下大学生自我教育研究》、戴晓慧的《高校青年马克思主义者的自我教育研究》,作为为数不多的专门研究大学生自我教育的论著,都把自我教育定义在提高思想政治水平的范畴上。同时,还有着重以家庭为教育场域的论著《家庭中的自我教育》,等等。这些研究和成就,都体现了自我教育思想强大的生命力和广泛的应用前景。

理论研究蓬勃发展的同时,实践领域也凸显了较强的能力导向。20世纪80年代初教育实验的重点在于"掌握知识、培养能力、发展智力"。各种类型的识字教学实验、卢仲衡的初中数学自学辅导实验、尝试教学法实验等在这一时期先后开展。随着非智力因素在学生成长过程中逐渐被重视,许多教育实验开始围绕德育、美育开展。1999年,国家全面深化推进素质教育,以提高国民素质为根本,以培养创新精神和实践能力为重点,更加关注人的发展。这之后,关于自我教育能力培养的探索聚焦于教育改革实验对培养目标的新探索。叶澜领衔的"基础教育与学生自我教育能力发展"研究认为自我教育丰富了教育的目标,体现了教育价值的新取向。

(3) 共性与特性:中西有关自我教育思想的实践与反思。

自我教育思想是人类文明的历史遗产,并在人类社会的演进中不断深化发展。在中西不同的文化历史语境中,自我教育思想彰显了共同的规律:均与哲学、心理学、社会学和教育学等学科发展有着千丝万缕的联系,并随着这些学科的发展而展现出强大的生命力。人的需求理论、人的全面发展学说、主观能动理论、马克思的人学和实践理论、系统分析理论、现代心理学理论等都论证了自我教育存在的合理性和价值,其价值主要体现在两个层面:一是对于个体成长的意义,二是对于社会进步的意义。中外理论界研究关注的焦点从价值理性逐渐走向实践理性。近代之前,思想家们着重阐述自我教育思想的功能,其更多作为人生哲理、教育智慧零散存在。随着主体性思想在教育领域的萌发,更多学者开始关注自我教育。后来的研究主要集中在自我教育活动的形成动机和发展过程两个方面,即如何推进个人自我教育,个人如何开展自我教育,基本在"自我意识—自我调控—自我发展"的过程观上达成共识。

中西自我教育思想史反映了中西不同的历史传统。西方自我教育建立在人本主义基础上,更加注重人的本性,强调对人的尊重,主张追求自由、平等、博爱,强调个人利益神圣不可侵犯。因此,在自我教育过程中,强调人的兴趣和特点,强调个人努力和自由发展。中国自我教育思想更加重视社会功能,认为自我教育有社会发展功能和自我革新功能,主张集体和个人的统一,社会价值和个人价值的统一,普遍性与个性的统一,坚持社会性和主体性相统一的自我教育原则。如儒、道、佛传统的自我教育思想不同程度地强调了自我教育思想的社会功用,甚至个人"修养"的目的也是维护既有的社会秩序。直至近代,主体意识的觉醒,个体性才从社会性、集体性中突围,争取个体自由意志的合法地位。但中国文化以社会定向为价值基础,强调个人价值与社会价值、集体价值的融合,当个人价值与集体价值发生冲突的时候,中国人会将集体置于个人之上。贺乐凡课题组明确提出在中小学教育实践时要坚持以下原则:自我发展与社会要求相结合、理想与现实相统一;同时,强调激发学生自我激励的积极性,实现知行统一,倡导持之以恒的精神,以及他律与自律有机结合。

与此同时,中西方理论演变的路径也存在很大差异。西方自我教育的概念走向更具体的理论,衍生出不同的学习策略。从概念的表述上看,自我教育很少以"self-education"形式出现,大多以"self-educated"出现。"educated"更强调行为动作,强调教育过程的自我教育而非自我教育观念。《牛津大辞典》将"self-educated"解释为"educated largely through one's own efforts rather than by formal instruction",意为"个体主要通过自己的自学,而非正式教育的形式"。由此,衍生出了很多具体的学习形式,如自主学习(self-directed learning),也称自我调节学习,对自己的学习活动进行计划、安排、监督、评价、反馈、调节、修正和控制等,具有能动性、调节性、控制性、有效性等特点。与此相关的术语很多,如自我导向性学习(self-guided learning)、主动学习(active learning)、自我教学(self-instruction)、自我计划学习(self-planned learning)、自我管理学习(self-managed learning)等,它们大多从学习的一个方面或几个方面来定义自主学习。与此同时,学校教育逐步开始涉及学习策略的教育、咨询服务,这些可作为学习者的学习技能、素养做进一步推广。中国的自我教育理论越来越趋于系统化和整合化,其形式上更体系化,内容上包括思想道德、自主学习、心理健康、人的社会化等有关人的全面发展的众多领域。在理论发展方向上,中国的自我教育理论主张学校教育融入自我教育理论,推动"以学生学习为中心"的教育教学范式转型,鼓励教师开展自我教育和自我成长,鼓励学生发挥自我能动性,提升学习内化效果,促进身心健康发展。中国自我教育的概念日益丰富、系统且深刻,逐渐发展成为一套系统的教育思想,以指导形式多样、内容广泛的学校教育和个体成长教育。

理论进入实践,产生的结果会不一样。西方出现了多种不同具体策略的学习能力,而多种具体策略统称为自主学习能力。在中国教育语境下,自我教育理论发展的直接结果就是注重培养和提升大学生的自我教育能力,这种能力不仅涵盖了自主学习的能力,还包括涵养思想品德、拓展能力等多方面的内容。

(4)自我教育理论:定义、属性、目标、结构。

20世纪90年代以来,学界对自我教育的内涵、意义、特征、机制等方面的专门研究成果逐渐丰富起来。关于自我教育的界定,依据自我教育内容的不同,主要形成了两种观点。其一是自我修养说,认为自我教育的对象主要是精神境界,因此,自我教育也成为德育的重要途径。以凯洛夫、苏霍姆林斯基为代表的一批苏联学者大多持有该看法,受苏联模式影响的我国教育在很长一段时间都认同自我教育的功能主要是作用于人的道德领域。《教育大辞典》把自我教育解释为"将自己作为德育对象,有目的地培养自己的优良思想品德,克服不良品德,建立在自我意识基础上,为形成良好品质而自觉进行的思想转化和行为控制,是道德修养上自觉能动性的表现"。其二是自我发展说,认为自我教育的对象是知识、技能、文化,旨在促进人的德、智、体、美、劳等素质全面发展。自我教育是个人有意识地促进自己身心发展的活动。笔者所关注的大学生自我教育问题,不仅关系到道德修养的提升,也关系到大学生作为学习者其自身的全面发展。

"自我修养说"和"自我发展说"逐渐成了学界对自我教育定义中的狭义与广义两种倾向的代表。代表性的定义有:《中国大百科全书》(教育)将自我教育界定为"受教育者以一定的世界观和方法论为指导,认识主观世界并教育自己的全部过程,又称自我修养。即人们以自己已经形成的思想品德为基础,设定一定的奋斗目标,并监督自己去实现这些目标,同时评价自己实践结果的过程。狭义即自我批评,是德育的一种方法"。朱智贤主编的《心理学大词典》侧重于心理品质的自我塑造,将自我教育定义为"个人主动地设定道德修养目标,并以实际行动努力完善或培养自己的人格品质的过程。它是个人品德修养自觉能动性的表现,是在自我评价能力发展的基础上产生的"。原国家教委思想政治工作司1991年编订的思想政治教材给出的"自我教育"定义简而言之即自我修养,实际上仍偏向狭义的自我教育,带有浓厚的政治色彩。鲁洁在《德育新论》中指出自我教育是德育的一种方法,突出了自我教育的德育功能。后来的学者依据各自研究的需要,对"自我教育"进行了重新定义。张晓静扩大了自我教育的功能范畴,强调自我教育的成长功能。兰刚认为自我教育是个体对外部信息进行反应处理并内化为个人品质的过程。胡德海将自我教育视为自学,是文化传承的方式。通过梳理,我们可以看出对自我教育的界定不仅基于自我的本体性含义,还深受自我教育研究的对象及所采用的视角的影响。20世纪80年代以来,自我教育代表性概念梳理如表0-1所示。

表 0-1　20 世纪 80 年代以来自我教育概念界定简表

研究者	出　　处	定　　义
《中国大百科全书》编委会	1985 年《中国大百科全书》（教育）	受教育者以一定的世界观和方法论为指导，认识主观世界并教育自己的全部过程，又称自我修养。即人们以自己已经形成的思想品德为基础，设定一定的奋斗目标，并监督自己去实现这些目标，同时评价自己实践结果的过程。狭义即自我批评，是德育的一种方法
朱智贤等	1989 年《心理学大词典》	个人主动地设定道德修养目标，并以实际行动努力完善或培养自己的人格品质的过程。它是个人品德修养自觉能动性的表现，是在自我评价能力发展的基础上产生的
顾明远等	1990 年《教育大辞典》	将自己作为德育对象，有目的地培养自己的优良思想品德，克服不良品德，建立在自我意识基础上，为形成良好品质而自觉进行的思想转化和行为控制，是道德修养上自觉能动性的表现
鲁洁	2002 年《德育新论》	自我教育是德育的一种方法，是在教育者指导下，受教育者在自我意识基础上产生积极进取心，为形成良好思想品德而向自己提出任务，进行自觉的思想转化和行为控制的方法
胡德海	1998 年《教育学原理》	自我教育也可以称为学习或自学。社会个体对文化知识的学习、继承和吸收过程中表现出来的一种自主、独立和排他的过程，其根本特点是自控性和自授性
黄欣祥	2001 年《从他人教育到自我教育：21 世纪教育理论构架》	个人自觉地促进自己身心发展的活动
兰刚	论传统美德的自我教育价值[J]. 学术论坛,1997(5):55-58	自我教育就是以自我价值判断为标准，在原有观念和价值图式的基础上，对外部信息进行反应所形成的品质的过程
程文晋等	1998 年《自我教育论》	广义的自我教育指的是个人有意识地促进自己身心发展的活动，狭义的自我教育指的是自我修养和自我德育

续表

研究者	出处	定义
张晓静	2004年《自我教育论》	个体作为教育主体,在自我意识支配下,把自我作为教育对象,按照社会的要求和自身发展的需要,发挥主体的能动性,主动求教,使自身在品德、才智、审美、体质等方面得到发展,从而成为一定社会所需要的人的活动。它是自教和自学的统一体,与他人教育相对应,互相依存
周韫玉	1995年《自我教育论》	人认识自我、自我开发、自我改造、自我发展的过程
邓远萍	2016年《人的现代化视域下大学生自我教育研究》	自我教育并不是真正意义上自己教育自己,而是在他者教育的引导下,在自我意识基础上,以自身为教育对象,立足于自身发展的需要,以社会需求为价值判断标准,积极主动地自教和自学,使个体的综合素质和能力得到全面提升的活动
戴晓慧	2017年《高校青年马克思主义者的自我教育研究》	个体在自我认识基础上,根据社会的需求和自身完美的需要,发挥自己主观能动性,自主学习,服务社会,推动自身品德、才智和审美等各个方面的提升

学者们根据研究的需要,从广义和狭义两个层面对自我教育进行了界定。"自我修养""自我完善""自觉转化",这些概念都共同揭示了自我教育的向上向善的本质特征,也是自我教育的价值所在。定义中,自我教育的范围包括品德修养、心理素质的培育和学习能力(信息处理能力)的提升这三个维度。笔者认为,自我教育是主体有意识地、自觉地提升自己品德修养、促进自我身心发展的活动,既包含教育活动的内化过程,也包括自我导向的发展活动。

自我教育的本质属性是具有主客体同一性的教育活动。个体既是自我教育的主体,也是自我教育的客体。主体的"自我"是具有自我意识的个体,可以能动地认识、实践于作为客体的"自我",实现对自我的教育,因此,主客体的同一性是自我教育区别于其他活动最本质的属性。其他个体的活动如阅读、游戏和交往等,都是主体与对象性客体的互动,并可能对主体的身心产生影响,然而这种影响只是活动的副产品,且常常被主体意识不到。自我教育是主体有意识、有目的地作用于自身的一种活动。周韫玉认为在自我教育中,主客体互动受自我意识和社会客观条件的影响,是主客体频繁转换的过程,也是自我管理中知、情、意、行不断统一的过程。黄欣祥认为自我教育是受教育的客体向教育主体转换的过程。胡德海、韩永红认为主客体统一的过程就是促进"自我蜕变"的过程,不断更新的自我寄寓着文化的传承。张晓静认为自我教育的主客体互动是自我意识萌发—目标假定—自我评价—自我调控—自我强化的单向过程和他教—求教的复合发展过程的统一。尽管学者们论述主客体统一的视角不一样,但对自我教育主客体同一的基本属性达成了共识。在此认识上,自我教育自控性、自授性、能动性的本质特征也得到了学者们的广泛认可。

学界对自我教育的目标呈现狭义观和广义观两种倾向。持狭义观的学者从思想政治教育的角度,认为自我教育是促进学生形成正确的世界观、人生观和价值观,提升道德品质和思想素质,简单地说,就是自我修养和自我德育。代表人物有鲁洁、祖嘉合、赵超凡等。持广义观的学者认为自我教育的目标是不仅要促进德育发挥作用,更要促进学生的全面发展。当代自我教育研究专家大多持广义的自我教育观。如周韬玉认为自我教育是促进人的自我实现。黄欣祥认为自我教育是个人身心能动性的体现,其目的是促进自己身心发展。张晓静认为自我教育与教育的总目标一致,即促进智力、审美、道德、政治观、生活技能以及社会参与的多维发展。她还指出自我教育立足于求教者自身的目标,即学会生存、学会学习、学会负责、学会享用的能力目标和自学、自理、自护、自强、自律的素质目标。冉乃彦认为自我教育是促进学生全面发展,成为未来的主人。邓远萍认为自我教育的目标是促进综合素质和能力得到提升。综上,无论是身心发展观,还是全面发展观,都致力于人的能力和素质的综合提升。

自我教育的结构寓于研究对象的结构之中。基于自我教育是自己教育自己的活动,该活动按其发生和发展的顺序具有过程结构。黄欣祥认为自我教育是自我认识、自我评价、自我控制的内部活动。周韬玉认为自我教育包含自我认识、自我反思、自我调控、自我完善的线性过程。张晓静则进一步将其具化为自我意识、目标假定、自我评价、自我调控及自我强化的操作过程。程文晋认为自我教育是自我认识、自我调控、自我发展的过程。冉乃彦认为自我教育是自我认识、自我规划、自我践行和自我评价的过程。邓远萍则将自我教育分为自我认识、自我体验、自我控制和自我教育行为等四个结构单位。关于自我教育过程的梳理,学者们也体现出较强的一致性,即自我教育意识形成、执行的过程。如表0-2所示,其结构分析深入主体内部世界,体现了认识主体与认识对象融为一体的结构观。

表0-2 自我教育结构的层次与类别

梳理项目	表层		深层	
	第一类	第二类	第三类	第四类
直接认识对象	外部世界中已有的知识或新技能等	在改造外部世界中遇到的新事物、新问题	主体外部活动的内部心理过程、状态	主体内部世界(部分或整体状态)

续表

梳理项目	表层		深层	
	第一类	第二类	第三类	第四类
目的	掌握知识与技能	解决实践中的困难与问题,形成经验或理性认识	调节内部状态,发展自己,更好完成外部活动	认识自己、发展自己、完善自己
承担者	学习主体与教育者"二位一体"	实践主体与教育者"二位一体"	认识主体与认识对象、教育者"三位一体"	认识主体与认识对象、教育者"三位一体"
活动主要动机	独立对外在知识或技能由感知、理解到掌握、运用	独立对外部对象进行分析、研究,寻找解决问题的途径	反思与活动相关的心理状态与过程,寻找改善、提高的途径	反思自身的精神和心理世界的状态,寻找发展自我的途径

2．为何进行自我教育

（1）自我教育的可行性研究。

自我教育何以可行？因为,它基于人可以教育自己的判断。

大脑是人自我教育的生理基础。大脑大约由 10^{11} 个神经元构成,每个神经元大约和人体其他 10^4 个神经元有联系。神经细胞或神经元通过其他神经细胞或者感觉器官接收信息,然后把信息投射到与环境相互作用的身体的其他部位。信息通过突触从一个神经元向另一个神经元传递,突触是两个神经元的结合点,具有刺激和抑制的属性,神经元整合所有突触的信息后决定输出。信息的输入和输出决定了认识活动的走向。大脑的构造提供了自我教育活动产生的生理基础。随着神经科学的发展,我们认识到学习使大脑结构发生变化,在神经系统中与学习经验相连的活动使神经细胞创造出新突触,一个人学习的状况影响了大脑的结构。这也是大脑与学习相互促进的结果。

自我意识是人进行自我教育的心理基础。人因为有了自我意识,才能够跳出自我,从而认识自我,因此形成了两个"自我",即现实的"自我"和对象的"自我"。自我教育就是现实"自我"和对象"自我"相互作用的过程。现实"自我"是主体,决定教育如何实施;对象"自我"是教育的客体,体现了主体的教育目标,为教育活动指明了方向。可以说,自我教育是自我意识能动性的集中体现,是个体完善的重要途径。

所谓自我意识,是指自我反省的意识,对自己区别于其他物的性质、地位、作用以及由此形成的与其他物关系的意识。它包含三个层次:对自己生理及其状态的意识;对自己身体活动的意识;对自己的思维、情绪、情感、意志等心理活动的意识。能够认识自己是人的意识的最突出的特征。人的自我意识是不断发展的过程:从出生到七八岁,处于萌发阶段,逐渐有了主客体分化的意识,思维方式从动作思维慢慢转向形象思维,处于前运算的发展阶段;七八岁到十二岁,进入局部意识阶段,对自己的认识不全面,但思维特征上开始形成可逆思维和整体思维,儿童的自我控制力也开始养成;十二岁之后,进入少年期,是全面自我意识阶段,对自己内心世界的发现是少年的最大收获。正如苏霍姆林斯基所说,"步入少年时代,仿佛就是人的再生。第一次生命是本体的诞生,第二次则是一个公民的诞生,一个积极的、富于思考的个性,一个不仅能够认识周围世界,而且也能认识自己的活动的个性的诞生"。人因自我意识产生多层次的自我需求,20世纪80年代,马斯洛的"自我实现"理论广为流传,他提出了需要层次论和自我实现论。马斯洛一改传统病态心理研究的视角,从健康人的心理出发,按照人的需要把人类的动机分为沿生物谱系延展的生物本能需要,以及沿生物进化延展的心理需要。这些需要具体分为五个层级,分别是生理的需要、安全的需要、归属和爱的需要、尊重的需要和自我实现的需要。人的自我意识推动着人不断认识自己以及与社会的关系,必然要求人追求自我完善,正如马斯洛认为的那样,人的天性就是追求一个更加充实的自己,如同橡树种子迫切地想长成橡树。人的自我意识和自我实现为自我教育提供了有力的支撑,但人的自我意识不一定都是积极的、正向的,有时也可能是消极的、负面的,从而影响个人的认识,不利于个人和社会的发展。因此,对人的探索不能止步于自我意识层面,而应探索如何通过自我教育来完善自我意识、超越自我意识。

教育学为自我教育提供可行性基础。教育学是研究教育规律和教育现象的科学,自我教育是教育的途径、方法,自然也要符合教育的基本规律。自我教育的目的是促进个人发展,进而适应社会、推动社会发展,体现人生价值。自我教育的标准离不开社会的规范和要求,它是主体、客体和环境相互作用的结果。许多教育的普遍原则,同样也适用于自我教育,比如知行合一、教学相长等,都能指导自我教育活动的开展。但是,自我教育也有着不同于教育的特点。教育的主体与对象分别是老师和学生,教不能代替学,教与学的矛盾始终是推动教育发展变化的主要矛盾。然而自我教育的主体是自己,教育对象也是具有主体性的自我。从哲学上解读,自我教育是主体的对象化,是对自我的超越,它使自我具备教育自己的能力。在自我教育过程中,主体的对象化过程受个体认知水平、环境、先验认知等一系列因素的影响,使教育主体具有极强的差异性,所以每个人的自我教育呈现出不一样的具体形态。综上所述,教育与自我教育的关系是共性与个性的辩证关系。

(2) 自我教育的功能研究。

自我教育体现了教育的本质。学界主要有两种看法:一是从教育目的的角度出发,认为自我教育是解决教育基本矛盾的关键,是教育的目的。钟秉林指出,自我教育是体现教育的本质、真正有效的教育。教与学是学校教育的基本矛盾,教是外因,学是内因,外因通过内因起作用,教的效果要通过学的效果来体现。因此,学校教育要促进二者相互渗透、相互转换,就必须重视学生的主体性,提升学生学习的兴趣,引导学生将外在教育转化成内在教育,即自我教育,才能真正实现教育的目的和功能。二是从教育发展的视角来看,强调自我教育是教育的关键内在动力。周韫玉认为学生学习境界有三个层次:第一个是"要我学",是社会、学校、家长、教师的要求;第二个是"我要学",是自己有了学习动机和需求;第三个是"要学我",是自我教育的目标,成为更优秀的人。因此,自我教育发挥了境界转换、促进教育发展的关键作用。

自我教育推动了社会发展。一是自我教育是适应社会主义市场经济发展的要求。当前社会的挑战主要是科技革命浪潮的冲击和社会主义市场经济形势的不断变化,需要人具有更好的素质、更强的学习能力和更高水平的心理适应能力与之相匹配。因此,很多学者论述了自我教育的社会功能:自我教育的精神内涵与社会主义市场经济下的价值观念高度一致,社会主义市场经济要求主体具有自我判断、自我调控的能力,要求表现出独立自主、参与、创造的时代精神。自我教育还有利于当代社会主义主流文化的形成。自我教育帮助主体判断、选择,"于繁荣中辨析良莠,于混乱中明确信仰,于多元中达成共识"。二是自我教育是学习型社会对每个人的要求。学校必须要培养善于独立思考、学习和工作的人。21世纪,我国社会将是更开放的社会,我国将在国际事务中发挥更重要的作用,我国的经济建设将有更大的发展,社会的民主与法治将更加完善。在这种新形势下,具有独立品格和自我教育能力的人对于社会发展就越显得重要。

自我教育促进了个体成长。程文晋认为自我教育有内动、定向、推动和自持的功能,以"自我"的变化为核心,促进自我教育发生、发展,形成新的更有价值的自我。因此,学生能掌握自主、自发、自省、自查的能力,就会促进自身形成良好的品德和能力,从而具备幸福生活的能力。具体来说,自我教育有助于大学生形成正确的世界观、人生观和价值观,能把握自己人生的发展方向;有助于帮助学生社会化,增强适应和改造社会的能力;有助于促进个体个性形成和能力提升,使学生成人成才。

3. 如何进行自我教育

(1) 自我教育的机制研究。

学者们都认为自我意识是自我教育的发生机制,几种代表性的观点如下。韩永红从系统论的视角论述自我的诞生是缘起性机制的发端,认为自我保护模式是缘起性机制的根源性追求,"操作—反应"的行为模式是缘起性机制的内在调控,"尝试—错误"的行为模式是缘起性机制的外在评价。他论述了自我内外互动引发自我教育的机制。闫振存认为主体自身的二重化及其矛盾性构成了自我教育的内在机制,他所说的二重化的矛盾运动体现在五组对立统一上,即映像自我与本体自我的对立统一、主体自我和客体自我的对立统一、理性自我与感性自我的对立统一、现在自我和过去自我的对立统一、理想自我和现实自我的对立统一。这一观点非常系统地揭示了自我教育的发生发展机制。黄欣祥从学生成长的角度认为,自我教育是理想自我与现实自我的矛盾运动,以及理想自我的实现过程。李继宏认为自我教育就是个体社会化的过程。张晓静认为自我意识是自我教育的发生机制,自我尊严是其动力机制,自我反馈是其调节机制。上述观点有很强的内部一致性,均强调自我意识发展的基础性作用,同时也揭示了自我教育发展的规律——它不是自我封闭的内在活动,而是不断与环境互动的过程。这里的环境,大多数学者将其指向了社会要求,即个人发展不能脱离现实的生活世界,必须遵循与社会要求相一致的原则。这是因为,个人的自我意识在社会发展中萌生,且伴随着社会的发展不断产生新的内容。

(2) 自我教育的原则和方法研究。

立足于自我教育特点,学者们提出了自我教育的原则。贺乐凡提出的原则包括自我发展与社会要求相结合、理想与现实相统一、积极自我激励、知行统一、持之以恒、自律与他律相结合。在此基础上,他提出自学、自识、自控、自检、自理、自奖等六要素,以及二十多条具体的方法。张晓静从教育的方式和内容上提出教育和自学相辅相成,外显和内化相统一,个体教育和群体教育相结合,德、智、体、美、劳全面发展的教育理念。程文晋特别强调实践教育和自我教育紧密结合。总体来说,学者们一致认为自我教育要遵从个体自觉和集体教育并重的原则,主张采取一切可以调动自我教育因素的方法,如环境熏陶、榜样示范、自我谈话、回顾反思等。

(二) 对大学生自我教育能力的研究

1. 什么是自我教育能力

《辞源》界定的"能",一是指"才能",如《尚书·大禹谟》中的"汝惟不矜,天下莫与汝争能"。二是指"有才能的人",如《周礼·天官冢宰·大宰》中的"以八统诏王驭万民。一曰亲亲,二曰敬故,三曰进贤,四曰使能"。三是指"能够,胜任",如《尚书·西伯戡黎》中的"乃罪多参在上,乃能责命于天?"《左传·成公十六年》中的"夫合诸侯,非吾所能也,以遗能者"。"力"在《辞源》中也指"能力"或"威力"。可见,"能力"一词的界定在汉语语境中并无争议,虽作名词和动词之用,但意指本身有才能或有获得才能的潜力,由此也界定了能力的现实性和潜在性。实际能力和潜在能力是不可分割的统一体,其中潜在能力是各种能力展现的可能性,只有在遗传条件基础上,通过个体的学习、实践,才有可能变成现实的能力,这也说明能力具有可塑性。

能力的类型从不同的角度有不同的划分方法。按胜任的领域,能力可以分为一般能力和特殊能力。一般能力是指在进行各种活动时必须具备的基本能力,它保证人们有效地认识世界。特殊能力是从事特殊职业或专业所需要具备的能力,例如美术领域所需要的视觉分辨力及图像想象能力等。人们在生产生活中,既需要一般能力,也需要特殊能力,二者相互融合、相互促进。按创造性的大小,能力又可以分为再造能力和创造能力。再造能力是指在活动中顺利地掌握前人所积累的知识、技能,并按既定的模式进行活动的能力。创造能力是指在活动中创造出独特、新颖的、有社会价值的产品的能力,它具有独特性、变通性和流畅性的特点。按活动的认知对象,能力可以划分为认知能力和元认知能力。认知能力是指个体接受、加工和运用信息的能力,它体现在人对客观世界的认识活动之中。元认知能力是指个体对自己的认识过程进行认知和控制的能力。

能力的结构依存于研究对象的结构。20世纪20年代,随着认知理论的发展,心理学家致力于研究认知能力,从不同视角破解能力的结构,先后形成了许多能力结构的理论。当时的能力主要指人的智力。其中,英国心理学家C.斯皮尔曼的二因素论(C. Spearman,1904)提出智力由两种因素组成:一种是普通智力或普遍因素,简称G因素,它是人的基本心理潜能能量,是决定一个人智力高低的主要因素;另一种是特殊智力或特殊因素,简称S因素,它是保证人们完成某些特定的作业或活动所必要的。斯皮尔曼试图用智力的这两种因素来解释各种智力测验中发现的相关性与差异性。此后,美国心理学家瑟斯顿的群因素论(L. L. Thurstone,1938)、英国心理学家P. E. 阜南的层次结构论(P. E. Vernon,1960)、美国心理学家J. P. 吉尔福德的智力三维结构模型(J. P. Guilford,1967),都是认知心理学在智力结构上探究的成果,他们认为智力等同于思维能力和学习能力。在认知心理学基础上,其他学者也对能力结构进行了剖析。如美国组织行为研究者麦克利兰(David McClelland)建构了能力素质的冰山模型,又称胜任力模型,他把能力分为"动机""品质""自我认知""角色定位和价值观"四个鉴别性素质,这四个要素属于深层次部分,位于海平面下;"知识"和"技能"为通用性素质,属于浅层次部分,位于海平面上。该模型对于解构能力提供了较好的分析框架,如图0-4所示。

图0-4 David McClelland 的能力素质冰山模型

能力的形成和发展因人而异。能力不是天生的,是后天形成的。由于人的遗传素质、环境影响、教育条件和实践活动不同,不同的人发展了不同的能力,有的擅长音乐,有的擅长体育。同一种能力,不同的人发展水平也不一样,有的人能力突出,有的人能力欠缺。在能力发展的过程中,能力的萌发、成熟时间也不一样,呈现较大的个体性差异。

自我教育能力是开展自我教育活动必备的能力,它在活动过程中不断得到发展。学界对自我教育能力的直接研究较少,但是在自我教育理念指导下,中外教育界开展了一系列以发挥学生主体性为核心的自我教育实践,实践的目的便是促成学生在自我教育过程中形成自我教育能力。

20世纪60年代以后,各种不同类型的教育思潮相继涌现,如社会教育、继续教育、开放与个别教学、全面教育及解放教育等,以"自我"的主体作用为核心,提出了不同的学习机制,如自我计划学习(self-planned learning)、自我调节学习(self-regulated learning)、自我管理学习(self-managed learning)、自律学习(self-discipline learning)、自我教学(self-instruction)、自己学习(self-learning)等等。美国教育家诺尔斯(Malcolm Knowles)还提出自我导向学习(self-guided learning)正在作为一种过程、一种能力发生在每一天,并成为成人教育的重要方式,而教师则像书本、录像带一样,只是学习资源的一部分。20世纪90年代初,美国纽约城市大学的齐莫曼(Barry J. Zimmerman)提出的自主学习广泛渗透到各行各业,引起了较大的反响。对中国影响较大的还有苏联教育学家苏霍姆林斯基的自我教育实践理论,他主张到自然中、到劳动和各种社会实践中开展自我教育,把个人的自我教育融入群体的自我教育中。

受国外教育思潮和实践的影响,我国的教育实践体现了教育目标向以"学生学习和发展"为中心的转变,强化了学生的自我教育能力的培养。新中国成立后,教育突出了社会实践导向,向凯洛夫"教师中心"的教育学理论发起挑战,开展围绕自我教育能力发展的教育变革试验。如毛泽东主持"教劳结合"办学模式试验,与苏霍姆林斯基的自我教育思想不谋而合。之后中国科学院心理研究所开始依据儿童心理发展倡导程序教学,引导"要自学,要靠自己学",有效培养学生的探索意识。后来陆续出现了一些单学科的教学改革,如20世纪60—70年代,数学教育者倡导初中数学自学辅导式教学,强化了主体在学习中的作用。20世纪80年代后,11项以指导学生开展自主学习为目标的教学改革实验先后出现。其中有代表性的有中国科学院心理研究所卢仲衡主持的启、读、练、知、结五步走"自学辅导教学"实验,辽宁盘锦魏书生在初中语文教学中推行的定向、自学、讨论、答疑、自测、自结"六步教学法",江苏邱学华倡导的"尝试教学法",等等。这些教学实验以科学严谨的教改实验态度,引导学生发展自主自学能力,提升教学效果。到20世纪80年代末,基于教学实验的众多理论成果相继问世,如卢仲衡出版了《自学辅导心理学》(1987),黎世法出版了《论中学教学方式最优化》(1987)。随后,邱学华的《尝试教学法》(1988),李敬尧、韩树培的《导学式教学体系》(1989)等先后面世,这些理论成果标示着我国呼吁的突出主体性的自我教育理念研究进入了系统的实践研究阶段。20世纪90年代后,专家学者们旗帜鲜明地倡导主体性教育,并开展了以培养学生主体性、推动中小学生自我教育能力为目的的变革试验。具代表性的有北京师范大学裴娣娜主持的学生学习主体性研究,华中师范大学教育系专家主持的"小学生主体性品质培养",西南师范大学(现西南大学)主持的加强主体学习能力的"GX实验"(GX代表高效)等。此类研究有一些共同特征:其一是不断在弥补教育学领域对自我教育的心理机制、影响因素、测量方法等方面研究的不足;其二是都意识到了自我教育的推行,最关键的并不是手段问题,而是学校及个体的意识、态度问题,还认识到,自我教育主体是要在社会中生存发展的,必须把主体的学习能力从学科学习中解放出来,培养学生的非智力能力,因此也适时地提出了"为迁移而教"的口号。进入21世纪,贺乐凡课题组开展"中小学学生自我教育和自我管理实验研究"课题,调查样本覆盖77所学校,涉及家长、教师、学生共计42630人,从学校、家长、学生三维立体的角度推进中小学学生自我教育、自我管理,实证研究了自我教育是教育的内动力、自我教育方法在教育中发挥事半功倍的作用、自我教育能力的提升应作为学校教育的核心任务等。

以上自我教育的实践探索,主要出发点还是探究自我教育在教育系统中的地位和作用,探索自我教育的原理、方法。这些研究有几个倾向。一是聚焦学生的自主学习能力。无论是美国盛行的"自主学习"实践,还是中国的"学科自学""学习主体性"实践,都体现了自我教育在学习领域中的应用是教育界的重大关切,学生自我教育能力提升是大势所趋。二是学校主导教育教学变革模式。以上实践大都是教育界、学校主导及教师引领的改革,教师的主体性作用先于且强于学生的主体性作用。三是中国的自我教育实践较多从思想品德素质的角度出发,以提升学生的政治、道德水平为切入点,从而提升学生的自我教育能力。

大学生自我教育能力培养的目标是促进人的发展。大学生发展的范畴也是自我教育能力作用的领域。《教育大辞典》中广义的发展是指德行、知识、能力素养等的全面发展;狭义的发展是指理性、品德、个性等精神品质的提升。关于大学生的发展,1937年美国教育委员会发布的《学生人事宣言》(*The Student Personnel Point of View*)强调,大学生的发展是人的全面发展,是身体素质、智力、情感、道德、宗教价值观、社会关系、经济资源、鉴赏能力、职业能力等众多内容的发展。由此可以看出,大学生的发展是超越智力发展的全面发展,主要指大学生个性的发展和社会性的发展。那么,大学期间大学生的发展应该达到什么程度?也就是说,大学教育的目标是什么?各种不同的价值观深深影响教育目标和教育制度,不同的社会价值观对学生的发展程度抱有可能完全不同的期望。英国教育家怀特海在其《教育的目的》一书中强调,大学教育的目的在于培养学生的智慧力和想象力,学生通过接受大学教育获得主动性思维和个性发展。德国存在主义哲学家、教育家雅斯贝尔斯在其著作《什么是教育》中阐述了教育与大学生发展的关系,他认为大学的使命在于教师传授给学生新颖的、符合学生境遇的思想,唤起学生们独立的自我意识。他激励大学生批判性地开展学习,在学习中寻找自我、发展自我。帕斯卡雷拉和特伦兹尼关于"大学是如何影响人的"系列研究从学习和认知、社会心理、态度和价值观、道德发展四个维度衡量大学生的发展变化,认为这四个方面的发展变化囊括了大学生发展的内容。全面发展的目标为大学生发展指明了方向。也就是说,大学生自我教育能力发展的过程应该是大学生在大学期间积极能动地运用一切教育资源,促进自身全面发展的过程,自我教育能力的发展与大学生发展在方向上具有一致性,是大学生发展的重要组成部分。具体说来，自我教育能力是大学生在自我修养、自主学习、自主锻炼和自我美育等活动中培养的能力。

自我教育能力的结构分为潜在的认知层面和显在的实践层面。少数学者对自我教育能力的结构和定义有研究。叶澜认为自我教育能力分为表层能力和深层能力，从认识对象、目的、承担者、活动动机的角度具体细分为四个层次。刘献君把自我教育能力分为自我认识、自我激励、自我控制等能力。贺乐凡、周韫玉等学者把自我教育和自我管理紧密相连，认为自我教育能力是在社会、家庭和学校中培养出来的发展自我、提升自我的能力……也有学者在建构主义理论指导下，将大学生自我教育的过程整合为自我认知、自我规划、自我学习、自我激励、自我控制五个方面的模型，并提出了通过明确学习目的、提供专业咨询、创新教育模式、强化以德育人、主动参与实践来提升自我教育能力。张静波认为网络环境下的自我教育能力包括自我认知能力、信息辨析能力、自我控制能力。有学者按自我教育能力结构要素的功能，将自我教育能力结构划分为三个维度——自我基础维度、自我认知维度和自我动力调节维度，分别对应自我意识、自我认知能力、自我情感力和自我意志力。还有学者把自我教育能力分解为思想品德自我修养能力、适应工作生活需要优化智能结构的能力和掌握运用方法论的能力。韩永红认为自我教育能力与自我意欲力共同构成自我教育力，自我教育能力是自我教育活动的"调控"关键，构成了自我教育力的后行性结构。《教育大辞典》把自我教育能力分解为自我认识、自我体验、自我控制、自我锻炼等能力。不同学者提出的自我教育能力的结构要素命名虽然不同，但是都体现了两个共同点。一是都遵循了自我教育活动的过程，即"自我认识—自我调控—自我评价"；不同的是，有的学者把自我调控的动力过程分解成自我规划、自我体验、自我锻炼、自我激励等，其说法不一，但基本都包含了参与调控过程的知、情、意环节。二是都包含意识动机层和行为管理层，认为自我教育过程是一个能动的整体过程。

综上，本书把自我教育能力的结构分解为自我认识能力、自我调控能力和自我评价能力。自我调控能力包含自我规划能力、自我激励能力和自我管理能力。自我教育能力是在自我意识驱动下产生，并在自我教育活动实践中不断发展的能力，是人的其他能力产生的基础。

2. 为何要发展大学生的自我教育能力

（1）大学生发展自我教育能力的必要性。

自我教育能力决定了个体发展的方向。自我教育能力是个体主动发展的能力，个体对自身和发展环境的认知是自我选择、自我判断、自我发展的基础。联合国教科文组织认为，面向21世纪教育的四大支柱是学会认知、学会做事、学会生存和学会共同生活。自我教育能力可以帮助个体认识到以上这些能力与个人发展的关系，同时也帮助个体在自我观察和自我评价中了解自己，评估能力现状及发展水平，确定发展的目标。任何一种能力的形成，都需要自我教育能力的主动建构，这个建构过程包括加深认识、自我规划、自我激励、自我调节、自我控制、自我反思等,使其他能力在学习、生活实践中成为"自我"属性的一部分。

发展大学生自我教育能力是促进学生全面发展的途径,对培养其他能力有基础性作用。它能够帮助学生明辨是非、判断真伪,是提高学生主体性、提升创新能力、开展素质化教育的要求。自我教育能力是思想政治教育的重要媒介。大学生思想政治教育要经历一个分析筛选的过程,不是机械、被动的全部吸收,而是无可替代的"内化"心理过程。大学生自我教育能力也是学生心理健康的前提。发展大学生自我教育能力有助于促进个体自我心理探索、自我心理训练、自我心理辅导,是提升大学生心理健康水平、培养良好心理素质的根本途径。大学生发展自我教育能力不仅是大学生发展的应有之义,还应该是学校的培养目标之一,学校应明确把发展学生自我意识和培养学生自我教育能力纳入教育教学的全过程。

(2) 大学生自我教育能力提升的紧迫性。

大学生具备一定的自我教育能力。大学生是一群处于青年中期的人,自我意识在不断发展和完善。与中小学生相比,大学生是主体性发展的高级阶段,体现出较强的能动性、自主性和目的性。大学生是观念和行为的主体,有着强烈的探索世界的需求,与此同时,他们也不断重整自己的经验世界,开始形成自己的系统原则,由此去观察、看待事物,并评价自己。在这个过程中,他们也是富有创造性的主体,能积极主动地去认识并改造世界。他们开始有意识地确定自己的人生目标,认真、严肃地思考自己未来的发展方向,选择发展道路,自我意识水平更高,自主性程度更强,因而具备更好的自我教育能力。

大学生更需要提升自我教育能力。与中小学生相比,大学生的独立性更强,但他们并不成熟。在社会经济快速发展和社会急剧变革的时代成长起来的当代大学生,有一些新的特点。他们思想早熟、思维活跃;他们自信张扬、表现欲强;他们个性独立、自我中心意识强;他们价值观取向多元;他们面对更复杂的社会环境,心理承受能力相对不强,易沉迷和依赖网络;他们理想信念相对薄弱,常常容易冲动和走向极端。当代大学生更需要培养和提升自我教育能力,发挥主观能动性,在新的时代背景下拥有持续成长的动力。同时,青年中期是个人心理的断乳期、转折期和发现期。这一阶段是人的思想品德、政治观点、人生观和价值观的形成期,是人的社会化过程的重要阶段,对人的一生具有决定意义。对大多数大学生而言,大学阶段是学校教育的最后一个阶段,是连接学校与社会的关键阶段,也是自我教育能力培养和提升的关键时段。如果在这一阶段,大学生未能拥有一定的自我教育能力,他对今后学习、生活和工作的适应性势必会降低,从而影响个人的长远发展。在某种程度上,个人主体价值得不到更高程度的体现,不利于社会发展。

3. 如何发展大学生自我教育能力

(1) 大学生自我教育能力的影响因素研究。

学界对自我教育能力的影响因素鲜有直接研究,但从自我教育活动、自我教育过程和自我教育情境中可发现两种视角的能力影响要素。

活动观的视角认为，自我教育能力是一种在活动中产生和培养的能力，它在内部因素（个体）和外部因素（环境）的共同作用下形成。因此，其影响因素也主要体现在这两个维度。内部因素主要划分为两个层级。其一是先天性因素，即遗传因素，这是开展自我教育的先天条件，如正常的脑部发育和允许开展自我教育的身体条件，这是认知的基础。其二是后天因素，即在学习、成长中形成的自我意识和认知能力等。学者程文晋认为不同的人，不同年龄、性别、职业及不同背景都是自我教育行为的影响因素，他主要从性格差异、气质差异、能力差异分析自我教育能力形成的差异。周韫玉认为个性特点，如认知风格、气质倾向、特殊成长环境等，与自我教育能力水平密切相关。黄欣祥认为建立在生理基础上的自我意识是自我教育能力成为内在可能性的最重要因素。此外，个体的思想品德、道德结构、兴趣、情感体验、意志品质都对自我教育活动及能力形成的推动和保持发挥着重要作用。从外部因素来说，教育环境中，学生的主体地位、教师的教育方法、社会的教育目标都影响着自我教育的效果。还有学者认为，人的意识、人的需要、意志品质都与环境有重要关系，会影响自我教育。

过程观的视角认为，自我教育的启动到实施有自己的过程，总体上分为动机机制和执行机制。影响过程环节的因素即是影响自我教育能力的因素。如将自我教育发展过程分为自我意识—自我尊严—自我反馈，自我意识奠定基础，自我尊严提供动力，自我反馈确保调节。环境氛围、榜样引领、团结合作等因素对于群体自我教育的从众、示范与冲突处理都有作用。

综上所述，自我教育能力的影响因素研究贯穿在对自我教育作用、机制和方法的研究中，主要体现在宏观环境—学校和家庭—个体的三维框架里。

正如刘献君所说，人的遗传素质、环境影响、教育条件和实践活动都影响自我教育能力的形成和发展。大学生自我教育能力是一个在外界环境影响、道德规范约束和教育的主导作用下，由低级到高级、由不自觉到比较自觉、由依赖到独立自主的发展过程，其受到外部和主体的多重因素影响。刘学智等人认为，自我评价、自我态度、自我控制最能反映一个人自我教育能力的水平。大到教育环境、制度氛围，中到管理模式，小到自我要求和自我践行的能力，别人的尊重、理解和信任等，都在对自我教育能力发挥正向作用。

（2）大学生自我教育能力的提升路径研究。

大学生自我教育能力的提升有多条路径。有从外部因素着手的。如认为高校应从更新管理理念、改造培养环境、完善制度保障等方面入手，不断提高大学生自我管理能力。教师应对能力水平不一的学生因材施教，对能力较好的学生，需要为其制订学习成长目标，但不一定规定具体策略，应不定期检查，给予学生自主规划和行动的空间，鼓励其进一步提升能力；对自我教育能力不好的学生要采取小步子、多指导的方法，并给出具体的引导和教育方式。学校应通过德育活动课程培养学生自我教育能力，提高道德教育实效性。也有从个体层面提升不同人群的自我教育能力的。如以"自我体验式的历练"方式达到真正的自知自觉，即教育在于培养大学生成为"反思的实践者"，引领自我教育。另外，集体的氛围、舆论也有助于个体及集体自我教育能力的提升。此外，自我教育能力也是好教师和现代教师的必备条件，是教师教育能力的重要组成部分。

（三）文献述评

自我教育能力发展是一个系统的概念，它是在自我教育理论指导下，在大学场域的互动作用中，主体发挥主观能动性的结果。综合以上对自我教育及其能力研究的文献整体考察来看，有三个明显的特点。一是对自我教育（活动）的本体研究较多。在研究内容上，已有文献详细介绍了自我教育的功能、价值、方法等；在研究方法上，理论研究较多，主要从哲学基础、历史演进等层面论述自我教育存在的合理性及本体论思想；在研究视角上，以学校教育主导的视角为主，推进自我教育活动的开展，从而间接提升自我教育能力。二是自我教育促进人的自我意识发展的研究较多。在较长的历史时期，学者们都认为自我教育就是思想道德品质层面的自我修养，70%的研究从大学生思想政治教育的视角切入，强调自我教育在人的世界观、人生观和价值观形成中的作用，认为自我教育是思想政治教育的途径和方法，从而窄化了自我教育的内涵。三是对中小学生的自我教育意识和能力生成、发展的研究较多。自我教育是伴随自我意识的觉醒开始的，因此从自我意识的发展阶段上看，中小学生开展自我教育，对于自我意识的"发育"和自我教育行为习惯的养成，有着十分重要的意义。

已有文献同时还存在着以下明显的不足：一是对自我教育能力的关注不足，尤其是系统地运用自我教育理论指导自我教育能力培养和实践的研究不足。自我教育活动与自我教育能力是不同的两个概念，中小学声势浩荡的自我教育项目，是基于活动理念开展的，然而，这些活动是否形成和发展了自我教育能力，效能如何，实证研究还十分缺乏。二是对特定阶段、特定人群的自我教育能力发展的系统研究不足。大学生属于青年中期，有相对成熟的自我意识，观念、能力的提升空间虽不及中小学生广阔，但是，大学生同样具备极强的可塑性，且这一时期是学校系统教育关键的收尾期，是学生社会化的重要阶段，也是培养学生终身受用的学习和适应能力，甚至是培养社会竞争力的关键时段。那么，大学生的自我教育能力是如何发展的？有什么规律？高校如何运用这些规律提升大学生的自我教育能力，使其更好地应对未来社会？可以说，已有的研究显示了思想上对自我教育的重视，然而，实践上却进展缓慢。

具体就"大学生自我教育能力的研究"来说，已有的研究在以下这些问题上局限明显，留有较大的探索空间。

第一，已有研究对"大学生自我教育能力的基本问题"还未达成共识。自我教育研究与自我教育能力研究在理论和实践成果上都数量悬殊。这主要存在两个认识误区：一是认为开展了自我教育就必然拥有了自我教育能力。自我教育能力是在自我教育活动中产生的，然而有些自我教育活动并没有为今后的自我教育产生积极促进作用，不足以固化为能力。二是认为自我教育的原则、方法和路径就是自我教育能力提升的原则、方法和路径。自我教育活动的原则、方法和路径，关注重点是促成自我教育开始的动机，以及引导自我教育活动的过程。而自我教育能力则着眼于个体自身的能力结构，除了希望提升能力的"意欲力"，更多的是形成和稳定能力结构的"执行力"，同时受到环境及个体的双重制约。自我教育是自我教育能力的前置阶段，自我教育能力是对自我教育的全部对象进行深度处理的结果，只有进行情境化、具体化的转化，自我教育的方法、途径才能成为提升自我教育能力的方法和路径。因此，要走出误区，有必要揭开自我教育能力研究的黑箱。

第二，已有研究囿于线性思维模式的制约。按照科学哲学的观点，任何观察的背后均有一定的思维内容和思维方式在起作用。目前对自我教育能力的研究，局限于"学校—个体"的线性框架中，对大学生自我教育能力的期待是学校系统预设好的，学校变成了自我教育能力的主体，学生变成客体，呈现出简单线性的主客模式，这种线性模式严重阻碍了对大学生自我教育能力发展的基本问题的认识。

第三，已有研究忽略对大学生发展情境的实证考量。大学生主要在丰富多彩的大学场域开展自我教育活动，大学场域的丰富性和学生主体的多样性赋予了发展情境的立体性和动态性。目前，针对大学生自我教育能力的研究，从论证视角上看，大多是从建构主义学习理论和人的需求理论等出发，背景宏观，缺乏情境化的分析，某种程度上削弱了理论的指导意义；从论证范式上看，较少采取实证的方式，深入大学生丰富多彩的生活情境去探索理论的适切性。因此，大学生自我教育能力是如何逐步发展的？整体状况如何？这些大学生自我教育能力研究的基本问题，需要在大学生发展的真实情境中找寻回答。

第四，已有研究缺少多学科范式的整合和创新。目前来看，对自我教育问题的研究，已经出现从哲学思辨范式向实践范式、知识范式的转型。然而，对其下位概念自我教育能力的研究更多还是从教育学或者心理学等单学科视角出发，忽略了大学场域本身的社会性特点，以及场域内学生发展的复杂性，容易导致对大学生自我教育能力问题的偏狭理解。

（四）研究问题及难点

综上，笔者进一步明晰了本研究的研究价值及路径。围绕大学生自我教育能力从可能性到现实性的过程，本研究初步聚焦在以下三个核心问题：大学生自我教育能力是何种能力？大学生自我教育能力发展的规律如何？如何利用这些规律发展大学生自我教育能力？

研究问题不断聚焦、明确后，笔者对本研究的难点进行了初步梳理，以期在研究中突破。

难点之一，在繁杂的材料中发现大学生自我教育能力发展规律。大学生自我教育能力的发展寓于大学生整个大学生涯中。丰富多彩的大学生活都是自我教育实践的领域，因此不仅要总结出大学生自我教育能力发展的主要领域，还要探索其能力在这些领域内是如何发展的。自我教育能力的要素与发展领域就构成了复杂的情境矩阵。

难点之二，采用扎根理论方法对海量材料进行分析。本研究收集了大量的经验性事实材料，以及辅助研究的调查问卷数据。在这些材料中选定研究对象，采用自上而下的方式，建构大学生自我教育能力发展的理论，必须有一条清晰的主线将其串联起来，才能做到化繁为简、条分缕析。此外，扎根理论是把作者本身当作研究工具，研究者的理论水平、主观认识、生命体验和对研究对象的熟悉程度、把握程度都影响着对材料的分析，都制约着研究的规范性和有效性。本书尽量忠实于研究材料，但从众多材料中抽象出回应理论、符合实践的规律，不是易事。

难点之三，对研究过程的把握。本书基本上按照"总—分—总"的思路，先通过扎根的方法建构理论模型，然后根据模型分别解释过程单元，最后总结大学生自我教育能力发展的整体性模型和特征性原则。经历从理论到实证，再从实证到理论这样反复呼应的过程，才能把握整体规律，展示发展过程单元的变化机制。

五、概念辨析与界定

本研究分析的核心概念是"大学生自我教育能力"。在大学场域内，大学生自我教育能力与自我教育活动紧密依存，自我教育能力的目标是促进人的发展，因此，本研究需要界定的对象不仅涉及主体——大学生，还与组织环境（大学生学习生活的场域）密切相关。同时，能力的形成和发展是一个实践过程，大学生自我教育能力发展，是实践活动目的、计划、实施、评估等一系列要素的集合体。因此，厘清大学生自我教育能力的发展规律，必须对自我教育、大学生、自我教育能力、发展过程等概念进行简要的辨析与界定。

（一）自我教育

自我教育与教育、主体性教育有着千丝万缕的联系，应通过辨析自我教育与二者的区别，来明确本研究对自我教育的操作性定义。

1. 自我教育与教育

自我教育从字面意义上看，是"自我"和"教育"的组合。历史上很多中外哲学家、教育家都或多或少提倡过或实践过"自我教育"的思想。这些观点、实践活动伴随着社会哲学思潮和主体自我意识的觉醒而产生和发展，同时也受制于二者的演进水平。这些观点和实践虽然不是完全意义上的自我教育，大多只是从自我教育思想出发,以"自我教育"的目标探索"自我"价值的实现方式,但是体现了从自发到自觉、从零散到系统、从粗浅到深刻的理论探索过程,为自我教育理论的发展奠定了基础。

教育和自我教育,二者是什么关系呢?它们如何共处于教育系统?学界主要有两种观点。一种是以胡德海、韩永红等学者为代表的观点,他们认为"自我教育"是"教育"的平行概念,认为"教育"就是"他人教育",与"自我教育"同属于文化的下位概念,是文化传承的不同方式。教育是主体对客体对象化作用,具有他控性、师授性特点;自我教育是主体对主体的教育,有自授、自取的特点,是客体主体化的过程。教育的内容是德智体美四位一体的理性构建;自我教育则存在于具体的、感性的、非理性世界,包含生命、道德、知识和审美。另一种观点认为"他人教育"和"自我教育"是平行概念,同属于"教育"的下位概念,代表学者有贺乐凡、周韫玉、张晓静、程文晋等。这些学者更倾向于打通他人教育和自我教育的关系,并在教育的系统背景中考察自我教育的作用。正如贺乐凡在著作《自我教育:教育的至高境界》序篇中所说,"古往今来,任何一位古圣先贤都在参与家庭教育、学校教育、社会教育,也必须经过自我教育才能转化为人的发展"。尽管概念类属不同,但学者们都认为自我教育不仅是一种教育方法,更是一种教育理念、教育思想,是促进人的发展的重要途径,有着十分重要的教育价值。与上位概念相比,笔者认为教育与自我教育的依存关系具有更重要的关注价值:教育提供了自我教育的内容,提供了自我教育的方法,教育使人具备一定的经验知识和自我认识的能力,是自我教育的基础。但是教育又不能独立存在,它要通过自我教育的内化才能真正促进人的发展。反过来,自我教育又为教育提供了有效的方式和手段,丰富了教育内涵。

2. 自我教育与主体性教育

在历史的长河里,他人教育一直占据着主导地位。直到20世纪80年代,主体性教育思想才在我国教育领域兴起。自我教育是主体性教育(或称教育的主体性,subject-oriented education)的表现形式之一。主体性教育思想是建立在主体哲学思想基础上的教育观念,是激发、培育和发展受教育者的自主性、能动性和创造性的教育实践活动。其基本观点包括:人是教育的出发点,人的价值是教育的最高价值,教育的根本目的是培育和完善人的主体性,使之成为时代需要的社会活动的主体。

自我教育是主体能动性、积极性的集中表现,是主体成熟的重要标志。主体既是教育者,也是教育对象。自我教育是在自我意识发展过程中,主客体不断分化的结果。自我教育离不开主体性的发展,只有当人的自我意识萌生并不断成熟,人才能够认识自己、教育自己,从而超越自己。在中国教育史上,20世纪80年代之后,教育理论界放眼世界,对教育问题进行彻底反思,引进了许多新的教育思想和理论,如苏联的凯洛夫、赞可夫、苏霍姆林斯基等学者的思想和理论。同时,杜威、布鲁姆、马斯洛、罗杰斯等一批人本主义哲学家的思想受到人们的关注,引发对教育理论本质问题的探讨。理论界由此达成了基本的共识:第一,主体性是教育的本质特征,加强自我教育是主体性的基本要求;第二,自我教育是主体性教育的目标之一。主体性教育的近期目标是通过增强学生的主体意识和发展学生的主体能力,培育和提高学生在教育中的能动性、自主性和创造性,使他们具有自我教育、自我管理和自我完善的能力,从而成为教育活动的主体和自我发展的主体。主体性教育的远期目标则是造就主体性的社会成员,弘扬人在社会发展中的能动作用,把学生培养成社会历史活动的主体。由此可见,主体性教育是自我教育的先天属性,自我教育是一种特殊的主体性教育。

然而,教育的主体性和自我教育并不能完全画等号。主体性观念是近代历史和近代哲学发展的产物,基本倾向就是回归人的生活世界,寻求人生存的价值和意义。教育的主体性是在教育理念和教育实践上,充分体现出受教育对象的自主性、能动性,它除了包含自我教育,还囊括了他人教育,因此具有更宽泛的内涵和外延。郭文安指出主体性教育内容研究不仅包括研究作为教育主体的学生主体性及发展内涵问题,还包括研究学生主体在其对象性活动中的地位和作用,具体包括主体认识和改造世界的活动(主体指向物的活动)、人文和社会活动(主体指向人的活动)和自我认识及调控活动(主体指向个体内在的活动)。大学生的主体性教育,与其他教育阶段相比,处于高级阶段、成熟阶段、理性阶段,大学生主体性发展也拥有自己特殊的内涵,即自我教育和个体社会化。而自我教育,作为主体的自我和作为对象的自我的矛盾运动,仅仅是培养主体性的一种特殊活动。自我教育并不排斥他人教育的引领,但重点在于利用自我认识和调控作用的转换功能,自己教育自己,促进自身的发展。

根据以上分析,本研究认为自我教育是个人有意识地、自觉地提升自己品德修养、促进身心发展的活动,既包含教育活动的内化过程,也包括自我导向的发展活动。

(二)大学生

根据研究需要,本研究把大学生定义为在高等教育环境中涵养品德、学习知识和技能、获得能力的,正在接受全日制大学教育的或已经毕业的本科生。

(三)自我教育能力

在众多语境中,自我教育能力常常与学习力、自主学习能力两个概念通用,但作为严谨的学术概念,三者之间到底有何共性及差异,下文通过辨析三者的内涵明确自我教育能力的定义。

1. 自我教育能力与学习力

学习力与自我教育能力常常被混淆。学习力(learning capacity)概念源自学习型组织研究,原指组织学习力,后来超越组织限定,在教育领域中广泛使用。学习力被定义为一种促进学习者学习意愿与学习结果的动力。按其构成要素来说,包含顺应、策应、反省和互惠四种能力。国内学者裴娣娜认为学习力包含知识与经验、策略与反思、意志与进取、实践与活动、协作与交往、批判与创新六个具体要素,分别从属于素质、路径、境界三个层次。贺武华从宏观系统的角度认为学习力包括动力、行为、调节、环境支持四个系统。可见,学习力的内涵及其构成要素是一个复杂的综合体,是以"学生学习"为核心形成的各种能力的总和。

学习力与自我教育能力有共同之处:都是主体的能力范畴;都是由诸多要素组成的综合体;都有自己的形成路径。不同之处在于:自我教育能力是在自我教育过程中形成并发展的能力,学习力是在学习过程中形成的能力;自我教育也是一种学习,生成以主体自我教育为特征的学习力,而学习力的内涵更丰富,外延更广阔,是各种学习范式中形成的能力;学习力作为一种上位能力,为自我教育能力的提升提供了拓展的空间。

2. 自我教育能力与自主学习能力

从目的上看,自我教育能力是为了促进主体身心发展,自主学习能力是为了掌握知识,习得学习能力。前者涵盖人的思想修养,具有更宽泛的内涵。从内容上看,自我教育能力既包含品德学习,还包括知识、能力和素养的学习;而自主学习能力主要侧重后者。从过程上看,自我教育能力的形成是作为教育者的"主体"和作为受教育者的"客体"互动的过程,是意识驱动和行为对话的统一体,是行为互动及其线性过程的网状结构;而自主学习能力的形成是一个线性过程。从本体因素上看,不同个体自我教育能力的差别在于自我教育意识和自我教育行为能力的差异,是基于自我教育活动的整体判断;而不同个体自主学习能力的差异则体现为具体心理能力的差异。从外在因素上看,自我教育能力的发展受教育及环境的双重影响,而自主学习能力主要由环境决定。如此看来,自主学习能力与自我教育能力既相互联系又相互区分,自我教育能力需要提升自主学习能力;然而,自主学习能力却不能涵盖自我教育能力的全部所指。从严格意义上说,自主学习能力是自我教育能力的分支概念,是自我教育能力发展的影响因素。

在以上概念辨析的基础上,明晰自我教育能力有几个关键点:一是自我教育能力在活动中形成;二是自我教育能力涵盖品德、智慧、知识、能力、意志等要素;三是自我教育能力是动态形成的过程。因此,本研究认为自我教育能力是大学生作为自我教育主体,自觉地、能动地运用一切教育资源,在促进自我认识、自我规划、自我激励、自我管理和自我评价的反思实践活动顺利开展过程中所具备的和着力培养的心理特征的总和。

(四)发展过程

发展过程是一个复合概念,是发展及过程的统一。在《教育大辞典》中,广义的发展是指德行、知识、能力素养等的全面发展;狭义的发展是指理性、品德、个性等精神品质的提升。本研究中自我教育能力的发展,指的是自我教育能力水平从低到高的提升。发展过程涵盖发展的促发、发展的过程及发展的目标等。本研究中自我教育能力的发展过程,指的是自我教育能力的发展如何驱动、经历了哪些发展的路径、达成了什么状态,以及遵循怎样的持续发展规律。

六、章节安排

绪论部分提出研究问题,进行文献综述,通过对相近概念的辨析,界定核心概念,逐步明确研究的主要问题及需要突破的难点。从整个研究现状来看,大学生自我教育能力还没有形成统一的学术概念,仅少数学者对此有所涉及。因此,在从个人感知、研究背景、研究意义中逐步明晰研究问题之后,本研究需要弄清楚自我教育能力是什么、为什么及怎样发展自我教育能力等基础问题。围绕自我教育及自我教育能力,从两条线展开综述:一是自我教育理论的形成和发展。自我教育是自我教育理论下位概念,是在自我教育理论规范下开展的活动。二是自我教育能力的研究状况。重点探讨大学生自我教育能力是何种能力,在大学生能力发展体系中有什么地位,逐步形成大学生自我教育能力的概念、结构和研究范围。

第一章主要介绍研究设计。围绕"大学生自我教育能力的发展过程"这一核心问题,明确研究的学科视角、理论视角,选取研究对象,确定研究过程及研究路径。重点阐述为何采用质性研究范式及扎根理论的研究方法,不断明晰每一种方法具体要解决什么研究问题,细化本研究的研究策略。

第二章至第四章是本书的主体部分。主体部分按照事物发展的规律,也遵循"总—分—总"的研究思路,探索大学生自我教育能力发展过程。第二章用扎根理论的方法,建构大学生自我教育发展过程规律的理论模型,从事实材料和理论分析中得出"成长需求—自我教育反思实践—自我同一"的研究结论;通过理论关联分析及与材料的深度互动,深化模型中三要素内容,探索其联系,形成本研究的分析框架,为后文的研究奠定基础;探讨研究理论及研究结论的信效度和扩展性。第三章探寻大学生自我教育的"驱动—需求"。这些需求也是大学生自我教育的内容及领域。从丰富的个案事实中探寻自我教育内容选择、方向确立和境界跃迁的动态发展过程。第四章重点探讨自我教育能力发展的反思实践过程,即大学生如何在自我认识、自我规划、自我激励、自我管理和自我评价的实践中,在环境和自我的互动中达成自我教育目标。

第五章主要探讨大学生通过自我教育达到的阶段性目标。这是大学生自我教育能力发展的一个重要任务——自我同一,即形成自我一致的目标和行为,自我贯通的需求和能力,自我恒定的情感和态度。

第六章通过对案例的再分析总结,提出大学生自我教育能力发展的规律,并从学校、家庭和个人发展的立场提出大学生自我教育能力构建的思路。

章节安排思路图如图 0-5 所示。

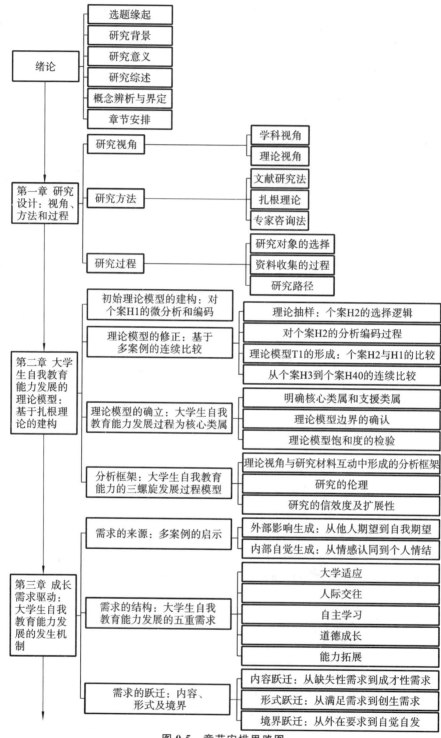

图 0-5　章节安排思路图

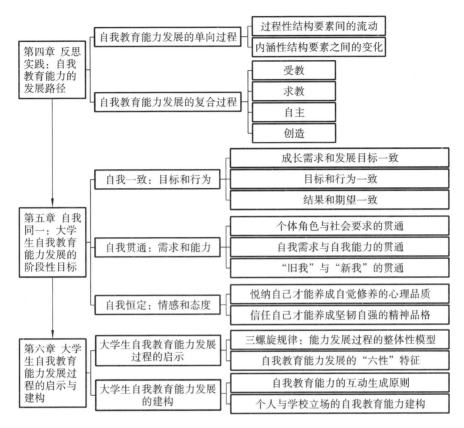

续图 0-5

本章参考文献

[1] Hornby A S.牛津高阶英汉双解词典[M].石孝殊,王玉章,赵翠莲,等译.北京:商务印书馆,2004.

[2] Seel N M. Encyclopedia of the Sciences of Learning[M]. Boston: Springer, 2012.

[3] Pascarella E T, Terenzini P T. How College Affects Students: A Third Decade of Research[M]. SanFrancisico: Josscy-Bass, 2005.

[4] Tinto V. Completing College: Rethinking Institutional Action[M]. Chicago: The University of Chicago Press, 2012.

[5] 韩永红,侯立新.试论自我教育的缘起性机制[J].教育导刊:上半月,2010(6):12-14.

[6] 韩永红,邵青山.论自我教育的文化功能及自我教育力[J].当代教育科

学，2011(7):63-64.

[7]　贺武华."以学习者为中心"理念下的大学生学习力培养[J].教育研究，2013(3):106-111.

[8]　呼和,彭庆红.大学生社会实践的群体自我教育机理及其实现[J].思想教育研究，2016(8):78-81.

[9]　黄葳.主体性教育理论:时代的教育哲学[J].教育研究，2002,23(4):74-77.

[10]　姜衍."陌生人社会"理论视域下大学生自我教育与管理研究[J].教育与职业，2015(17):113-115.

[11]　兰刚.论传统美德的自我教育价值[J].学术论坛，1997(5):55-58.

[12]　李继宏.论自我教育与个体社会化[J].当代教育科学，2003(21):40-42.

[13]　李宗建,朱慧.从四个维度解读当代大学生自我教育的现实必然性[J].思想政治教育研究，2012,28(4):29-31.

[14]　刘献君.试论培养大学生的自我教育能力[J].教育研究，1982(16):18-23.

[15]　闵维方.高等院校与终身教育[J].中国大学教学,2004(2):9-10.

[16]　苏海舟.试论引导大学生自我教育的意义及途径[J].思想理论教育导刊，2010(10):93-95.

[17]　徐瑞青.国外社会心理学中自我意识理论的发展[J].中国人民大学学报，1994,8(6):72-75.

[18]　戴晓慧.高校青年马克思主义者的自我教育研究[D].长沙:湖南大学，2017.

[19]　邓远萍.人的现代化视域下大学生自我教育研究[D].南京:东南大学，2016.

[20]　陈戍国.四书五经校注本[M].长沙:岳麓书社，2006.

[21]　陈鹤琴.陈鹤琴全集(第五卷)[M].南京:江苏教育出版社，2008.

[22]　程文晋,渠长根.自我教育论[M].北京:气象出版社，1998.

[23]　程文晋,付华.管理视域内的自我教育论[M].北京:中央编译出版社，2012.

[24]　何九盈,王宁,董琨.辞源(第3版)[M].北京:商务印书馆，2015.

[25]　冯建军.生命与教育[M].北京:教育科学出版社，2004.

[26]　顾明远.教育大辞典(第1卷)[M].上海:上海教育出版社，1990.

[27]　顾明远.教育大辞典(第2卷)[M].上海:上海教育出版社，1990.

[28]　顾明远.教育大辞典(第4卷)[M].上海:上海教育出版社，1990.

[29]　顾明远.教育大辞典(第5卷)[M].上海:上海教育出版社，1990.

[30]　顾明远.中国教育大百科全书[M].上海:上海教育出版社，2012.

[31] 郭文安,王坤庆.教育学研究与反思[M].武汉:华中师范大学出版社,2011.

[32] 韩永红.论自我教育[M].哈尔滨:黑龙江教育出版社,2011.

[33] 贺乐凡,周韫玉,黄泰山.自我教育:教育的至高境界[M].北京:北京师范大学出版社,2012.

[34] 胡德海.教育学原理[M].3版.北京:人民教育出版社,2013.

[35] 黄欣祥.从他人教育到自我教育:21世纪教育理论构架[M].海口:南海出版公司,2001.

[36] 刘献君.个性化教育论[M].武汉:华中科技大学出版社,2018.

[37] 罗明.陶行知文集[M].南京:江苏教育出版社,2008.

[38] 庞维国.自主学习:学与教的原理和策略[M].上海:华东师范大学出版社,2003.

[39] 冉乃彦.真正的教育是自我教育[M].北京:新世界出版社,2004.

[40] 孙培青.中国教育史[M].上海:华东师范大学出版社,2009.

[41] 王雁.普通心理学[M].北京:人民教育出版社,2002.

[42] 叶澜.教育学原理[M].北京:人民教育出版社,2007.

[43] 郑和钧.学校心育系统协同构建的理论与实践[M].长沙:湖南师范大学出版社,2000.

[44] 张斌贤.外国教育史[M].北京:教育科学出版社,2008.

[45] 张天宝.主体性教育[M].北京:教育科学出版社,1999.

[46] 张晓静.自我教育论[M].哈尔滨:黑龙江教育出版社,2004.

[47] 周韫玉.自我教育论[M].北京:文化艺术出版社,1995.

[48] [法]爱弥儿·涂尔干.教育思想的演进[M].李康,译.上海:上海人民出版社,2006.

[49] [美]班杜拉.自我效能:控制的实施[M].缪小春,等译.上海:华东师范大学出版社,2003.

[50] [英]怀特海.教育的目的[M].庄莲平,王立中,译.上海:文汇出版社,2012.

[51] [古罗马]昆体良.昆体良教育论著选[M].任钟印,选译.北京:人民教育出版社,2001.

[52] [意]蒙台梭利.蒙台梭利教育法[M].李浩然,译.北京:中国商业出版社,2009.

[53] [苏]苏霍姆林斯基.育人三部曲[M].毕淑芝,等译.北京:人民教育出版社,2015.

[54] [德]布列欧卡.教育科学的基本概念:分析、批判和建议[M].胡劲松,译.上海:华东师范大学出版社,2001.

［55］ ［美］约翰·杜威.民主主义与教育［M］.王承绪,译.北京:人民教育出版社,2001.

［56］ ［美］约翰·D.布兰思福特.人是如何学习的:大脑、心理、经验及学校［M］.程可拉,孙亚玲,王旭卿,译.上海:华东师范大学出版社,2013.

［57］ 中共中央 国务院印发《中长期青年发展规划（2016—2025 年）》［EB/OL］.［2024-04-13］.https：//www.gov.cn/zhengce/202203/content_3635263.htm♯1.

［58］ 中华人民共和国国民经济和社会发展第十四个五年规划和 2035 年远景目标纲要［EB/OL］.［2024-03-13］.https：//www.gov.cn/xinwen/2021-03/13/content_5592681.htm.

［59］ 教育部财政部关于实施高等学校本科教学质量与教学改革工程的意见［EB/OL］.［2024-01-30］.http：//www.gov.cn/zwgk/2007-01/31/content_513448.htm.

［60］ 国家中长期教育改革和发展规划纲要（2010—2020 年）［EB/OL］.［2024-07-29］.http：//www.moe.gov.cn/jyb_xwfb/s6052/moe_838/201008/t20100802_93704.html.

第一章 研究设计：视角、方法和过程

本研究主要考察大学生自我教育能力是何种能力，其发展过程有何规律，以及个体、学校、家庭如何利用这些规律发展大学生的自我教育能力，从而促进该能力的不断建构。明确研究问题之后，本章着重探讨研究设计，主要解答如何选取学科视角和理论视角，如何选取研究对象、设计调查过程及访谈提纲、收集研究资料，以及如何部署研究线路等问题，以明确研究的视角、方法和过程。

第一节 研究视角

选取何种视角研究对于研究的走向至关重要。本研究归属于学生发展领域，一般来说，从内容范畴看，主要有两种视角：一种是基于学生发展的视角，研究者从学生成长的角度进入研究场域，细致描述还原"现场"，从学生丰富而多元的生活环节、过程、经历着手，分析自我教育能力的发展和变化。这种下沉式视角有利于建构规律。另一种是基于学校视角，从学校的价值要求、目标出发，剖析学校教育环节中不利于自我教育能力培养的问题，进而提出改进策略。本章将讨论研究视角转换、综合的过程。首先，需要从学生发展的视角来探索大学生自我教育的规律，因为学生的参与和实践对能力形成具有最显著的意义。其次，影响大学生自我教育能力的因素很多，包括社会因素、家庭因素、学校因素等，它们或多或少对大学生自我教育产生影响。但是，在大学场域中，我们主要考察与大学生发展密切相关的因素，重点从学校与学生互动的视角提出自我教育能力提升的影响因素和路径。此种视角实际上是学校视角和学生视角的综合。因此,本书的研究视角既不完全是从学生视角探其发展,也不完全是从学校视角观其发展,而是立足学生个体成长与学校互动的视角。在此基础上,还应具体考量学科视角和理论视角,进一步明确研究的学科范式和分析视角。

一、学科视角

不同的学科视角有利于研究问题的深化。能力发展研究通常采用心理学、教育学的视角,而本书的研究对象是大学生,他们的发展不是单纯的心理现象或纯粹的教育现象,而是场域内各种因素互动和结构塑造的结果。因此,笔者综合运用哲学、心理学和社会学的视角进行研究。

第一,哲学的视角。哲学视角关注的是能力的价值,在本书这里,就是自我教育能力对于学生发展的意义。其基本假设是能力可以通过学校教育和学生的实践,在学生的自我建构中最终形成和发展。围绕基本假设,有几个核心的问题需要探讨:自我教育能力有何种价值?学校教育如何促进自我教育能力的价值生成?解决这些问题的基本途径是深入大学生的具体学习生活中,研究学生自我教育能力的变化。大学生能力的培养是大学的职责和使命,其理论基础是建构主义教育哲学。本研究主要利用建构主义学习理论,探讨学生在应对具体任务和问题时如何进行自我建构,形成稳定的能力结构,并在成长的过程中实现能力的价值。

第二,心理学的视角。从心理学视角看,能力就是一个心理学的概念,指的是人们在完成活动中能使活动顺利完成的个性心理特征。这种特征直接影响活动效率,它包含着强烈的个人倾向,是感知能力(观察力)、记忆力、想象力、思维能力、注意力等构成的系统。在西方心理学中,能力包括实际能力(actual ability)和潜在能力(potential ability)。实际能力是已经具备的能力,潜在能力是指通过训练可以达到的水平,这也说明能力本身具有可塑性。本研究中,自我教育能力依赖于自我的特性,源于自我意识的发展,离不开对个体意识水平、心理状态、个性特质的深入分析。大学生发展的过程,是自我同一性达成的过程,这与教育心理学密切相关。此外,对于能力的测量和感知,我们可以通过成就测验来了解个体的实际能力,也可以通过倾向测量来了解其潜在能力。本书目标抽样的选择、能力发展的考量,都需要建立在心理学基础之上。

第三,社会学的视角。影响能力的因素很多,不仅有个人因素,还包括环境因素,其中学生与学校教育因素的关系、学生与成长微环境的互动关系对能力发展产生重大影响。因此,能力发展研究离不开社会学的分析。社会学研究的基本问题包括:自我教育能力所代表的是何种立场的能力?这些能力是由谁来建构的?如何建构?个人与外在环境如何有效互动?这种建构方式对其他群体来说是否有益?我们需要分析能力标准、能力结构、能力内容、能力变化过程和能力评价。这一研究的理论基础主要有现象学社会学、符号互动论和常人方法学。通过这些理论和方法,我们可以呈现能力发展的模式、过程和机理。

综合运用上述三种学科视角,是因为其中任何单一学科视角都不可展现本问题的全貌。正所谓"横看成岭侧成峰,远近高低各不同",本书不追求展现研究问题的全部面向,但力求围绕核心问题,得出更丰富、全面且深刻的解释。因此,笔者采用三种学科视角,具体包括以下考量因素:

一是研究问题的综合性。大学生自我教育能力的提升问题既是一个教育学的问题,也是一个心理学的问题,同时它的发展过程又是一个社会学问题。因此,我们不能背离这些问题的学科起源,而应该采取适切的解释方式,还原大学生自我教育能力的发展过程,以便最真切地接近事物本源的"真相"。

二是学科视角本身的模糊性。要十分清晰地界定哪些属于哲学、哪些属于心理学、哪些属于社会学,并没有显著的意义。建构主义学习理论源自建构主义哲学,建构主义哲学是认知主义发展的产物,同时,能力心理学也以认知主义为基础,人的需求理论、大学生发展理论都依赖于认知哲学和认知心理学的发展。此外,能力社会学也以建构主义为基本假设,认为人的能力是可以在自我建构中形成和发展的。个体心理与社会学有着千丝万缕的联系,个体心理往往是促成个体行动的关键因素;而教育学也离不开对心理和社会学的把握,因为社会心理对于整体的教育氛围的形成也有重要作用。教育学要促进个体心理的发展和积极健康社会心理的形成。

二、理论视角

(一)马克思主义关于人的全面发展理论

大学生的自我教育,从本质上说,是大学生自我认识、自我调控、自我评价,进而提升自我教育能力,促进自我发展的过程。因此,在认识自我教育能力发展过程中,我们必须把握马克思主义关于人的全面发展理论和事物发展的内外因辩证关系原理。

马克思主义哲学把现实的人作为最重要的研究对象,提出社会发展的最终目的就是促进人的全面、自由发展。马克思、恩格斯在《德意志意识形态》中阐释了关于人的全面发展思想,他们指出人类的特性就是自由的、自觉的活动,是人通过活动对人的本质的占有。"自由自觉的人类主体性体现在个人身上,就表现为个人的自主性、能动性、自觉性和个性。有个性的个人是指在一定历史条件和关系中,具有自主性、能动性、自觉性的,从事实践活动的现实的个人。塑造有个性的个人,就是根据个人自身内在与社会外在实践的推动,促进其自主性、能动性、自觉性和个性的发展"。他们认为,"每个人全面自由的发展是人自由发展的条件",意即人的自由全面发展既是个人发展,也是社会的发展。发展的内容主要包括人的能力的充分发展、人的社会关系的全面发展和个体个性的充分发展等。关于如何使人的能力得到充分发展,马克思在《资本论》中强调,"各方面都有能力的人,即能通晓整个生产系统的人",而劳动实践则使人的潜在能力转变为现实,使人的体力和智力、自然的能力和社会能力、潜在能力和现实能力都得到最大限度的发展。关于如何发展人的社会关系能力,马克思主义认为人的信念力、政治力、思想力等作为人本质力量的体现,依赖于人的能力的充分发展,也是人自由发展的重要内容。在社会关系中,人的心灵受到启发、智慧得到启迪、情感有所触动,在交流交往中不断丰富和完善自己。因此,马克思主义经典作家断言,社会关系决定着一个人可以发展到什么程度。关于如何充分发展人的个性,马克思主义认为建立在个人的独立性、自主性和自觉性上,既是"类"的特征在个人身上的显现,也是个体自由个性的充分表达。

马克思主义认为,人的全面发展的条件是环境和人的充分互动。环境塑造人,人也改变和影响着环境。人创造着历史,也是历史发展的结果。因此,人发展不仅包括外在因素,即环境的影响,还包括内在因素,如遗传因素,即人的生物水平和主体的自我意识水平。人的自我意识水平决定了人发展空间的可能性。人的实践活动把外在因素和内在因素统一起来,成为决定主体发展水平、方向和性质的根本要素。

发展是主客体对立统一的过程。人作为发展的主体和客体,相互规定、相互制约。主体是社会历史长河里实践着、认识着的人,具有主体地位,有稳定的自我意识和自主意识。而人作为发展的客体,是作为主体要认识、要实践的对象。当它进入主体的实践领域,便具有了客观性。正如马克思在《资本论》中所述,"人起初是以别人来反映自己的。名叫彼得的人把自己当作人,只是由于他把名叫保罗的人看作是和自己相同的"。马克思所论述的主客体关系,主要是指人和自然的关系,即人在改造外部客观世界的同时,也不断更新着内部主观世界。人作为认识的主体和被认识的客体,其最特殊之处在于具有明确的自我意识能力,能够主动意识和觉知自己的主观世界;还具有主观能动性和创造力,不仅改造客观世界,还不断完善着主观世界,能够主动地发展自己。这种发展能力是人区别于其他动物的显著标识,也是人的主体性的集中体现。

发展是内、外因辩证统一的过程。和形而上学的宇宙观截然相反,马克思主义唯物辩证法的宇宙观主张从事物之间普遍的联系去研究事物的发展,认为事物发展由其内部力量决定,把事物发展看成是事物内部必然规律所导致的运动,而事物的运动又和其他事物互相联系、互相影响。马克思主义哲学认为,一切事物的发展是内外因共同作用的结果。内因是根本原因,起着第一位的作用,决定着事物发展的主要趋势;外因是事物发展的外部条件,对事物的发展起着加速或延缓的影响作用,且外因只有通过内因才会起作用。在人的发展中,个体作为内因发挥着决定作用,而环境只是影响因素。

马克思、恩格斯全面论述了人的全面发展的观点,这对大学生自我教育能力发展具有较强的指导意义。主要体现在:

一是人的全面发展观点奠定了大学生自我教育能力发展的根本方向和终极目

标。自由、和谐、全面的发展理想,不仅是大学生发展的高级目标,也是全人类发展的价值取向。每一个个体都对自我进行深刻的、持续的自我教育,追求自我完善的状态,这个社会才能具备永续发展的坚强动力。

二是人的全面发展观点为解释自我教育能力的发展过程提供了依据。促进人的全面发展的目标牵引着自我教育能力的发展,推动人在社会环境中充分实践、充分互动,最终使人的本质力量通过实践具体呈现,达到全面发展、身心平衡的和谐状态。

三是人的主客观对立统一的思想为自我教育活动形式确立了合理性。自我教育能力的发展正是通过自我教育实践活动,在主体和客体双向建构中达到"教育的我"和"受教育的我"的对立统一,实现个体的全面发展。

四是内、外因辩证关系的原理为分析自我教育能力发展的互动生成原则奠定了基础。该原理阐明了自我教育能力的发展因素主要来源于自我内部,自我意识是自我教育能力发展的根本动因,而外部环境则是自我教育能力发展的影响因素,且外部影响因素也可以转化为内在因素,成为新的动力源。

(二)建构主义学习理论

建构主义(constructivism)是学习理论从行为主义发展到认知主义的产物。从哲学角度看,建构主义扎根于对理性主义与经验主义综合的知识观认识,建构主义者认为,主体不能直接连接外部世界,而只能利用主体内部构建的基本认识原则去组织经验和发展知识。在此哲学认识前提下,形成了建构主义理论:该理论认为学习既不是一种"刺激—反应"现象,也不是一种被动接受知识的过程;而是一种适应活动,需要通过反思和抽象来建立理念架构和自我约束机制。学习是一种主动建构知识的过程,个人如何跟新的思想和实践发生互动以及对这些思想和互动如何诠释是影响这个过程的主要因素。简单地说,建构主义认为知识是通过内在主动建构的,是不断发展的,是以社会和文化为中介的。

建构主义主要有两个学派,一个是以皮亚杰为代表的认知建构主义,另一个是以维果斯基为代表的社会建构主义。认知建构主义认为知识是在图示、年龄和发展阶段经验的基础上的,是个人与环境的交互作用的过程中逐渐建构的结果。学习者与环境的关系通过同化、顺应和平衡来调节,在"平衡—不平衡—新的平衡"过程中不断循环,持续改善和发展。社会建构主义认为促使人的心理发展的根本原因是"社会—文化—历史"的发展,人的发展是受社会制约的,学习者通过与集体的互动建立自己与外部世界的信息联系,从而建构个人的理解。认知建构主义与社会建构主义是通向个体知识建构的两条不同路径,事实上,二者是可以有机融合的。正如日本教育学家佐藤学所说:"'学习'这一实践,是建构客体之关系与意义的认知性、文化性实践,同时是建构教室中人际关系的社会性、政治性实践,也是建构自身内部关系的伦理性、存在性实践。"

从两种建构主义学派出发,逐渐形成更多的建构主义分支。1990年起,美国佐治亚大学教育学院组织"教育中的新认识论"系列研讨会,众多建构主义学者参加了大会,讨论中出现了六种核心的范式:激进建构主义(radical constructivism)、社会建构主义(social constructivism)、社会文化认知的观点(social cultural cognition)、信息加工的建构主义(information-processing constructivism)、社会建构论(social constructionism)和控制论系统(cybernetic system)。这六种观念有不同的倾向,具体如表1-1所示。

表1-1 建构主义六种核心范式的主要观点

范 式	代表人物	主 要 观 点
激进建构主义	Von Glasersfeld; Steffe	知识不是通过感觉或交流而被个体被动地接受的,而是由认知主体主动建构的,这种建构是通过新旧经验相互作用实现的。认知的技能是适应并帮助组织自己的经验世界,而不是去发现本体论意义上的现实
社会建构主义	Confrey; Emest	知识是在个体和物理环境的相互作用中建构的,而社会性的相互作用非常重要,促进了人的高级心理机能的发展,形成了大量的个体经验。这些经验是"自下而上"的知识。儿童则从成人身上了解"自上而下"的知识,从而发展和丰富自身经验
社会文化认知的观点	Saxe	心理活动与文化、历史和社会习惯紧密相连,知识和学习存在于一定社会历史文化中,因此,重视研究不同历史文化情境中的个体学习和问题解决策略尤为重要
信息加工的建构主义	Sprio	知识是个体自主构建而成的,这不仅意味着个体对外部信息进行加工,而且是外来信息与已有知识的双向反复作用。新经验的意义以原经验为基础,进而超越原经验信息,调整和改造原经验。这体现了人的认知灵活性理论
社会建构论	Gergon	与社会建构主义一样,社会建构论强调社会对个体发展的影响,但它把社会置于个体之上,认为知识根本不存在于个体内部,而是属于社会的,它以文本形式存在。每个人都可以以自己的方式解读文本,不必考虑知识是否与客体一致
控制论系统	Sterier	这一观点以循环控制思想为基础,强调自我反省。它认为主体是积极主动的观察者,也是社会关系中的参与者,所有的观察都是一种反省性参与。此观点重视交互性教学和协作学习

所有关于建构主义观点的主要分歧在于"外部输入—内部生成""个体—社会"两个维度上的倾向性,从而使之在两个维度所形成的四维象限里处于不同的位置。建构主义具体范式的侧重点不一样,在实际应用中产生了指导教学的不同方式。如

激进建构学者强调要达到教与学的"愉快的一致",倡导"合作学习"等;社会建构主义强调在微观和宏观互动中采取折中的教学方法;社会文化认知观点强调师徒式教学;信息加工的建构主义提出"随机通达教学";控制论系统的观点强调交互式学习和协作学习等。不同观点建构主义的最大意义在于阐释认识的建构性原则,并揭示教学和学习过程中认识能动性的作用,如图1-1所示。

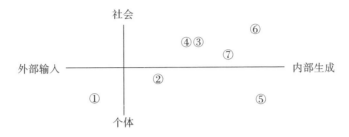

图1-1　不同建构主义范式在四维象限的位置

注:①行为主义;②信息加工的建构主义;③社会文化认知观点;④社会建构主义;⑤激进建构主义;⑥社会建构论;⑦控制论系统观点。

正如保罗·内欧斯特所说,"有多少研究建构主义的人,就有多少种建构主义"。学者们建构知识的来源和建构的具体方式不尽相同,但整体上,他们的共同点在于建构主义的知识观和学习观。建构主义的知识观认为,知识不是一成不变的,它作为事物的表征和揭示,是不断发展和变革过程中的产物。因此,我们对待知识的态度不是拿来就用,而是在具体的情境中灵活运用。此外,对知识的理解也需要学习者的主动建构,如此,知识才能成为对学习者有意义的知识。这种建构,也不是通常意义上的理解,而是在经验基础上对新知识的批判、吸收。这种对知识的自我建构只能由个体自己完成,别人无法替代。建构主义的学习观认为,学习过程不是教师向学生的简单传授,而是在教师引导下,学生自主建构知识的过程。学生获取知识是在特定社会文化背景,即具体情境下,通过人际协作活动达成自我意义的建构。由此,"情境""协作""会话""意义建构"被认为是建构主义学习理论的四大属性。

要深入理解建构主义对大学生自我教育能力发展阐释的意义,我们必须通过考察大学生主体与大学场域的复杂关系来认识。但这种关系不是机械、线性的,而是通过自我教育具体内容这一关联物在互动中联系并发展的。其理论适切性体现在:大学生自我教育能力的提升是主动建构的过程,既包含主体与社会、文化的互动,不断更新着理想自我的观念,又包含自己与自己的互动,促使自我不断地积极建构,向理想的自我靠近。自我教育能力的提升受主体性因素和社会性因素的双重制约。如何在这种双重制约中积极建构并获得能力,需要遵循建构的以下具体原则:关注学习者已有的认知结构;关注学习者的元认知和策略;充分认识学习者和教育者对于学习的差异性;充分认识社会情境的重要性;不仅要关注学习者的认知,还要关注学习者对学习内容的认知、信仰和理解;反思作为教育者和作为学习者的自己……同时,不同观念的建构主义学者关于建构过程的细节对于自我教育能力发展的实践过程也有较强的解释意义。

(三) 人的需求理论

1. 马斯洛的需求层次理论

美国心理学家马斯洛提出了需求层次理论,也被称为动机理论。他认为人的价值体系中存在不同的需求层次,这些层次构成了人的需求体系。他按照生物进化的顺序,将这些需求从低到高分为生理需求、安全需求、社交需求、尊重需求和自我实现的需求五个层次。这五个需求不仅有层次,还有其内部特性,即递升性、主导性和差异性。具体说来,递升性指的是当低一级的需求得到满足后,其对行为的刺激作用就会减弱,更高级的需求才能成为行为新的驱动;另外,当产生高级需求后,对低级需求的要求也会随之降低。主导性指的是在一定时期内,人的需求分主次,当一种需求处于主导地位时,其他需求处于从属地位。差异性指的是人的需求因人而异,同一个人不同时期的需求也不一样。马斯洛还论证了自我实现者的特征,如具有领会和理解自己、他人和自然的能力;拥有良好的人际关系网络;对于现实有敏锐的感知能力,能与现实世界和谐共处;有独立精神,有自主性人格;有强烈的道德感;能欣赏生活;有创造精神等。按照马斯洛的说法,"能成就什么,就要成就什么……要把人的潜能和禀赋发挥到极致"。简言之,自我实现是自我与世界不断协调统一,追寻整合人格的过程。

2. 马克思主义人的需要观

马克思主义学说从横向和纵向两个维度解释了人的需要。从横向视角看,其认为人需要分为物质需要、关系需要和精神需要。物质需要是人得以生存的基础,是人自身存在和发展的自然条件、物质条件和人类繁衍所需的基本要素。关系需要是人对自己所处的社会关系、生活关系和交往关系的需要,关系不是具象的物体,是一种意识形态的联结,往往依赖一定的物质产生和表现出来。精神需要是人对精神生活、文化生活等的追求和向往,是人与动物区别的重要标志。

从纵向视角看,人的需要分为生存的需要、享受的需要和发展的需要三个层次。生存的需要是人最基本、最原始的需要,满足这一需要的物质资料的生产活动构成了人类最基础的活动。享受的需要是人对自己创造出来的物质或精神成果享用的需要,其主要方式是消费和满足享乐。发展的需要是人满足了基本需要之后,对自身发展条件的进一步提升和依赖,其内容比生存需要更丰富,因此人们不断地创造条件去满足发展的需要。从本质上说,人的发展需要是人类积极活动的关键动力,也是人类社会发展进步的需要。

3. 麦克利兰的成就需求理论

成就需求理论是行为科学理论体系的重要组成部分之一,主要探讨人对获取成就的需求。该理论的主要提出者是美国哈佛大学教授麦克利兰(D. C. McClelland),

它指向人的生存质量,把人的需求分为成就需求、权力需求和亲和需求三种,又称"三需求理论"。其主要观点是:人的生存需求得到满足后,最主要的需求就是亲和需求、成就需求和权力需求。这三种需求呈平行结构,亲和需求是建立良好的人际关系,希望被他人接纳、喜爱和欣赏的需求;成就需求是人追求优越感、希望争取成功、努力做到最好的需求;权力需求是希望影响或控制他人且避免受他人控制的需求。这三种需求在人的需求结构中有主次、先后之分,当某种主需求获得满足后,人往往需求更多更大的满足,也就是说,拥有成就者倾向于追求更卓越的成就,拥有权力者倾向于追求更丰厚的权力,拥有亲密关系者倾向于追求更圆满的亲密关系。同时,麦克利兰认为社会需求对人的需求产生很大的影响,个体成就需求的高低对人的成长和发展发挥了特别重要的推动作用。

马斯洛从动机的角度解释需求,马克思从人类历史和社会发展的角度解释需求,麦克利兰从成就角度解释需求,他们建构了不尽相同的需求结构,但均对理解大学生的自我教育实践活动具有重大的解释意义:

首先,需求是大学生自我教育的起因。大学生的需求多种多样,从基本需要到成长需求,从物质需要到精神需求,这些需求都要通过自我教育实践活动来得到实现和满足。当个人的基本需求得到满足后,随着人的自我意识观念的深入,对自我需求的体察会越深刻,高阶层的精神需求就越强,这就会推动人的自我教育活动向更纵深处发展。

其次,需求是大学生自我教育的力量之源。依据以上的需求理论,个体需求所体现的现实感、价值感和社会意义越大,大学生满足需求的迫切程度就越高,就越能引导和促发他们的自我教育行为。从马斯洛的需求层次理论来看,大学生的学习、生活中,生理和安全的需求即为适应的需求;归属与爱的需求即为人际交往、集体认同的需求,也是麦克利兰所述的亲密关系的需求;自尊的需求即为自我认识、自我调控、自我管理及自我评价等活动的价值体现;自我实现的需求即为自我创造和价值体验的需求。大学生在超越基础性、现实性需求后,自我实现的发展需求就迫切起来。自我实现是自我教育能力存续的前提条件,自我教育能力又为大学生的自我实现提供了可能。

再次,人的需求理论决定着自我教育实践的内部结构。大学生需求的内容恰恰是自我教育活动的领域。大学生在大学适应、人际交往、自主学习、能力拓展等方面的需求,就是大学生自我教育的内容。大学生不同阶段的自我教育内容,也由他们的需求来调节。如大一的学生主要需求是大学生活的适应,大二的学生主要需求是自我学习,这些需求均由不同阶段的需求驱动。

最后,需求理论为观测大学生自我教育能力发展的内在动机、外部互动提供了视角。同时,马斯洛需求背后的"满足—匮乏"产生的驱动力为理解不同背景的大学生自我教育能力的发展提供了视角,也促进大学生身心和谐发展,这与自我教育能力的目标高度一致。

（四）理论关联及分析视角

本研究借助马克思主义关于人的全面发展的理论、建构主义学习理论以及人的需求理论，分析这些理论的关联，发现它们从不同层面解释了大学生自我教育能力的发展过程，具备较强的理论阐释力，提供了研究"大学生自我教育发展过程"的分析视角。

马克思主义关于人的全面发展的理论确立了大学生自我教育的总体目标，它把全面发展理念与大学生的学习、生活实践活动紧密相连，强调了大学生在自我教育能力发展过程中的主体性作用，主张作为自我教育的自我和作为受教育对象的自我对立统一、个体因素与环境因素辩证统一等观点，为自我教育能力发展的互动型路径奠定了基础。

建构主义学习理论是认知主义发展的产物，是学习概念从行为主义到认知主义的突破。它强调学习是个体与环境的互动、个体与自身的互动，是自我建构的过程。建构主义从宏观意义上解释了自我教育和自我教育能力存在的合理性，强调大学生要在他人教育与自我教育互动过程中进行自主建构，在建构中自我发展、自我完善。自我教育能力发展过程的本质就是大学生的自我建构。

人的需求理论沿着认知主义的基本脉络，强调基本需求和成长需求是人的核心需求，从认知层面解读人的发展动机源于需求的不同。人的需求理论从微观意义上解释了个体自我教育能力发展的动机变化机理，指出大学生的需求状况决定了自我教育能力发展的领域和方向。结合大学生发展理论的观点，尤其是齐克瑞的七向量的归纳方式，在中国大学语境下，可创造性地转化为大学生成长需求的内容，及解释成长需求如何产生和发展。大学生在通过实践不断满足基本的自我需求后，其需要层次不断发展，新的需求引导大学生抵达不同的发展层次，实际上驱动了大学生的自我教育实践。

满足需求的过程正是大学生自我教育实践的过程。这一过程，也是大学生反思实践过程。"全面发展""主动建构""情境互动"等观点为解释自我教育能力反思实践目标及过程奠定了基础。根据大学生发展理论的观点，大学生自我教育能力发展的维度和关键影响因素与学生参与度（投入度）、融入度、满意度等概念密切相关。大学生以全部学习、生活体验参与到具体的自我教育反思实践中，从而促进自我教育能力水平不断提升。

自我教育实践的目的是促成大学生成长需求的满足，最终达成自我实现。在大学这一特殊阶段，更多地表现为自我同一。自我同一是大学生身心平衡、自我认同的和谐状态，不仅符合马克思主义关于人的全面发展的观点，也符合大学阶段的培养目标。自我同一是大学生发展的重要任务，大学生完成这一目标，才能确立自我认同感，增加自我效能感，形成下一个发展任务所具备的良好的人格品质。同时，自我同一又是下一轮成长需求产生和自我教育实践过程的起点。大学生发展的理论观点从微观上指导了大学生学习建构的过程、自我实现的过程,并在大学生自我认知、实践与院校(环境)影响之间架起了理解的桥梁。

由此可见,在马克思主义全面发展理论的指导下,通过整合人的需求层次,以能力建构的方式,可以形成大学生自我教育能力发展过程的分析视角:大学生的成长需求是自我教育能力发展的驱动力,成长需求不仅规定了大学生成长的内容,确定了大学生的成长需求结构,还引导了自我教育的反思实践。在自我教育实践中,大学生充分进行自我认识、自我发展,确立了自我同一,达成阶段性发展目标,同时也启动了下一轮自我教育活动。这一理论分析框架较好地解释了自我教育能力发展过程的关键问题,成为本研究的理论观测视角。而对于成长需求的发展变化、自我教育实践的组织实施以及自我同一的现实表现,则需要通过对研究对象的材料进行扎根分析,才能深入了解其微观机制。

关于理论视角在分析框架中的具体作用,以及在上述理论视角与研究材料互动中形成的"大学生自我教育能力发展过程理论模型"的具体观点与分析框架,将在后文第二章中详细介绍。

第二节 研究方法

本书主要研究大学生自我教育能力发展过程规律及其提升路径,主要采取实证主义的范式。一般来说,这类主题的实证研究大多采用两种路径。一种是"自我教育能力是什么—现状如何—怎么办"的三步走研究思路,主要采用定量研究的方法,将大学生自我教育能力的影响因素转换为具体测量指标,再进行社会调查和统计,描述现状及相关影响因子。另一种是采取质的研究(qualitative research)的方法,其定义是将研究者置身于研究世界(被观察的世界)之中的研究活动,在具体的研究情境下,研究者尝试对充满意义的生活现象做出理解和阐释。质的研究采用如文字、图片等非量化的方式,对现象进行描述、解释和分析,强调通过研究,理解行为或事件背后的深刻意义。研究者用目的性抽样的方式,选取经历了或正在经历大学生活的个体作为案例,探索大学生自我教育能力如何发展。这个发展过程中包含有个体体验、价值选择和意义整合。研究者进入到学生五彩斑斓的大学生活中,采取观察、访谈等多种方法聚焦于研究问题,"这是使研究人员深入了解研究对象体验的一种途径,从研究对象的立场来发现问题,了解问题赋予行为、事物的意义以及他们的诠释"。此种微观分析使质的研究更具有诠释力,能够对于大学生自我教育能力的发展规律进行系统考察,这是定量研究所无法比拟的。

本书选择质的研究方法,是由以下三个方面因素决定的。

一是由研究领域决定的。本研究的领域划定在大学生发展领域,大学生自我教育能力作为大学生发展的基础能力,其发展规律在学界欠缺系统考察。目前,学界对自我教育能力的认识十分模糊。有人认为推进了自我教育，就一定提升了自我教育能力；有人认为自我教育能力与大学生的其他能力密切相关，但怎样相关则缺乏研究。大学生自我教育能力的影响因素大多建立在自我教育活动基础之上，然而活动的影响因素虽然可以借鉴，但与自我教育能力发展的影响因素还是有本质的区别。以上这些核心的问题都缺乏相应的研究，从而在量化研究中很难科学、规范地提取影响因素，因此量化的信度、效度都值得怀疑。此外，大学生自我教育问题是一个个性化极强的领域，每个学生的自我认知、自我规划、自我管理、自我反思等方式、路径都不尽相同。因此，需要深入案例中，从不同中总结相同的要素，形成自我教育能力发展的规律。

二是由研究的核心问题决定的。本研究需要深入探索"大学生自我教育能力是如何发展的"这个核心问题，才能为如何提升大学生自我教育能力奠定基础。大学生自我教育能力发展不同于中小学生，大学生有相对成熟的自我认知，更强的自我教育能力。每个大学生自我能力发展的轨迹不尽相同，但整体的阶段性、规律性、发展性体现了大学生整体发展趋势。这个规律对高校创设利于大学生自我发展能力提升的环境具有重要参考意义；对每一个教师来说，如何把握大学生自我教育能力发展的规律，在教学、管理、服务的具体环节中促进大学生发展有借鉴意义；对每一个大学生来说，掌握大学生自我教育能力的发展规律，采取适合自己的方式提升能力，对于当前和终身发展都具有强烈的现实意义。对于规律的研究，质的研究能够立足于大学生发展的具体情境，把握细致入微的第一手的材料，这些细节、过程往往是很难量化的。而质的研究，则采取自下而上的资料收集的方式，研究者本身作为研究工具，从研究者和被研究者互动的主体间性的视角去理解研究对象的行为及解释意义。

三是由研究对象决定的。本书这里的研究对象是大学生，无论如何抽样，都不可能找到完全一样的大学生。大学生个体本身具有多重面向、多种特质，各有不同。大学场域里，每个大学生都会经历大致相同的阶段，但是由于个体的差异，与环境互动的差异，自我建构的水平、方式及过程不一样，自我教育能力的发展表现也会有所不同。因此，大学生的个人经验、生活史、日常反省及观察性的、访谈的、互动性的、历史性的和视觉性的文本材料等都描述了人们生活中的日常工作以及值得探索的阶段和意义。

从具体技术层面，本研究主要采取如下三种方法。

一、文献研究法

文献是对人类社会活动的一种记录性存在，包括不同的材料形式。其主要包括政府公开材料，如官方颁布的法律条文、统计资料、行政活动记录等；社会公共文献材料，如书籍、论文、学校档案等；个人档案材料，如传记、日记等。本研究有两个时段主要采用文献法。第一个时段是研究开始前,根据研究主题搜集与大学生自我教育能力相关的文献,主要集中在三大类:自我教育的思想史、理念、原则、方法、功能等;大学场域与大学生发展的关系;大学生自我教育能力的现状、影响因素等。通过这三类文献,了解大学生自我教育能力研究的现状,分析与大学生发展密切相关的理论,形成本研究的分析框架,并通过综述析出自我教育能力的主要影响维度。第二个时段是研究的最后一个阶段,在分析大学生大学期间自我教育能力发展过程中,对材料编码后形成底层理论,需要与理论再对话,因此再次采取文献法,建构发展路径模型,为提出具体的能力提升策略做准备。

搜集文献之后,需要对文献进行甄别。首先,考证文献的真实性。尽量收集第一手资料,在原始文献很难获得的情况下,需要围绕相关主题阅读不同研究立场的文献,通过辨析争议性观点来考察文献的真实性和可靠性,确保材料权威且有利于研究。其次,深度挖掘和分析文献资料,寻找出文献之间的相互联系,形成与研究问题相关的概念网络,并沿着文献线索不断扩大文献阅读的深度与广度,最终为本研究提供丰富的文献储备基础。

在文献分析阶段,具体到本研究的分析问题,需要将获取的有关主体性教育发展变迁、自我教育史、大学生场域与大学生发展、自我教育能力的现状等文献进行梳理。为更好地探讨大学生自我教育能力的发展规律,本研究将所收集到的文献分为几条主线,找出不同文献之间的联系,交织、辨析形成本书的概念框架。

二、扎根理论

在质的研究领域,有些学者不主张对不同的方法进行分类,因为质的研究本身就是一个多元的、丰富的、综合的领域。而有些学者主张围绕研究的问题进行分类,采取不同的策略。如莫斯(Morse)把研究问题分为意义类、描述类、过程类、行为类、口语互动和对话类五大类,并将质的研究的主要策略分成现象学、民族志、扎根理论、常人方法学/言语分析法、参与型观察、质的生态学六种类型。与此同时,他还列出了这些策略相对应的科学范式、具体研究方法和资料来源,如表1-2所示。

表1-2 质的研究的主要策略比较

研究问题的类型	策　略	范　式	方　法	其他资料来源
意义类问题:了解生活经历的本质	现象学	哲学(现象学)	录音"谈话";笔录个人经历中的有关逸事	现象学文献;哲学反思;诗歌;艺术
描述类问题:对文化群体的价值观念、信念和行为进行描述	民族志	人类学(文化)	无结构访谈;参与型观察;实地笔记	文件;记录;照片;地图;谱系图;社会关系图

续表

研究问题的类型	策略	范式	方法	其他资料来源
过程类问题：了解时间维度上事情发生的变化，研究问题可以呈现阶段性和不同的层面	扎根理论	社会学（象征互动主义）	访谈（录音）	参与型观察；备忘录；日记
口语互动和对话类问题	常人方法学/言语分析法	语用学	对话（录音/录像）	观察；实地笔记
行为类问题：宏观；微观	参与型观察；质的生态学	人类学；动物学	实地笔记；观察	访谈；照相；录像；笔记

　　根据对研究问题特点的分析，本研究将围绕大学生自我教育能力规律展开，具体分为"能力发展过程""自我教育能力的影响因素""能力建构路径"三个核心维度。它们属于过程类问题，适宜用扎根理论的策略。扎根理论分为客观扎根理论（objectivist grounded theory）和建构扎根理论（constructivist grounded theory）两种路径。客观扎根理论最早由 Glaser 和 Strauss 提出，其理论基础是实证主义，十分强调资料及分析的客观性，当时的编码技术主要有实质性编码和理论性编码两个步骤，后来 Strauss 和 Corbin 将编码过程发展为三级编码。Charmaz 后来建立了"建构扎根理论"，该理论建立在解释主义哲学基础上，强调灵活使用编码，承认资料所固有的主观性，注重去发现和分析人的行为，并解释为什么会这样。

　　本研究的资料来源包括优秀大学生事迹材料、优秀大学生回忆录、访谈对象日记及"半结构化访谈"的访谈材料。对这些材料按照扎根理论的操作系统进行分析，形成大学生自我教育能力发展的规律模型。必要的时候，也兼用案例研究的逻辑展示大学生发展的具体情境，但主要方式还是"扎根"。此外，一些扎根理论家受实证主义的影响，操作规程极其技术化，不少学者对此提出批评，希望扎根理论的资料处理能留下更多人文学科范式的空间。因此，本研究更倾向于选择"建构扎根理论"，能对研究资料灵活处理，注重与研究资料的反复对话，在互动过程中不断提问和反思，深入到现象中而不与社会隔离。

　　扎根理论主要分为"分析归纳法"和"连续比较法"两种路径。二者的主要差异是参考理论在研究中出现的时间。分析归纳法起源于量的研究，因此研究前会根据研究问题提出若干理论假设，然后根据资料的编码，与之前的理论假设进行对比，如此反复地建构理论。而连续比较法是先选定案例，进行编码，得出初始模型；再选定下一个案例，再编码，如此反复比较，并与理论充分对话，直到理论饱和，具备一定的抽象和解释能力。本研究不同于单纯的过程性研究,无法用单一事实的过程诠释自我教育能力发展,因此,既要通过扎根理论连续比较的方式,形成初步理论,解释自我教育发展过程,又需要在分析归纳中建构关键类属的概念框架,支撑关键类属形成意义体系。为此,本研究整体以连续比较为基础,形成底层理论;但在具体情境中,也辅助采用分析归纳的方式来形成概念。

三、专家咨询法

现当代推崇自我教育并在自我教育研究上取得卓越成果的专家,如推崇主体性教育的华中师范大学郭文安教授、海南师范大学黄欣祥教授等,早年都对自我教育有专门研究。本研究在进行框架构建和内容分析时,为保证结构严谨、规范,提升内容效度,多次采用专家咨询的方式对其进行审核和检验。笔者还长期关注微信公众号"冉乃彦自我教育成长工作室"的研究进展,并与编者就研究的关键问题保持密切沟通,取得本领域专家的指导和帮助。

第三节 研究过程

一、研究对象的选择

(一)案例学校的选择

考虑到本研究选题的"扎根"特性,为了防止自己无法进入"田野"而不能深刻了解、深描大学生的具体学习、生活,笔者主要以自己工作的单位为案例学校。这主要有几个有利条件:

一是对研究环境的深入了解。笔者在这所学校工作了15年,先后在化学与材料科学学院、生命科学技术学院、学校教务处、校团委等处工作,对学校的整体情况非常熟悉。此外,这所学校的特性也适合开展大学生自我教育能力研究——这是因为学校发展条件与成效的反差性显著。该校是一所地方新建本科院校,距离省会城市仅50公里,交通区位优势明显。但省内有普通本科高校37所,其中有7所世界一流建设高校,且全部位于省会城市。在财政性教育经费支持上,地方高校的校均财政性教育经费和生均公共财政预算经费支出都远远低于部属及重点高校。具体来说,不同地区地方高校的校均财政性教育经费仅为部属高校的7.9%～24.2%;生均公共财政预算经费支出仅为部属高校的59.2%～82.6%。因为高校发展受政治逻辑、市场逻辑和学术逻辑等多重制度逻辑的限制,地方院校的发展面临更多的困难和挑战。但是学校在办学历程中,坚持实施"质量立校、人才强校、特色兴校"的发展战略,抓住应用型转型的契机,注重内涵建设,是国家"十三五"产教融合发展工程(应用型本科)重点建设高校、"互联网+中国制造2025"产教融合促进计划试点院校和首批"湖北省2011计划"高校。学校在武书连2020年高校综合排行中居第473位，艾瑞深校友会2020年中国大学教育质量排行中居第401位，被认为是区域高水平大学。另外，学生"进出口"状态的反差性明显。这批在高中阶段资质尚可的学生进入这所地方本科高校后，入学调查发现60%的学生存在失败的心理。因此，学校特别重视学生入学的适应性教育，调适学生心态，树立专业成才的信心。结果，在毕业之际，该校整体就业率每年都保持在93%以上，笔者工作过的两个学院学生考研录取率均在30%以上，学校整体考研录取率约15%。根据笔者多年组织毕业生访谈的经验可知，当年那些有失败感的学生重新找回了自信，满怀对母校的感激之情。从失败感到成就感，与其说是学校的重塑，不如说是学生的自我再塑。记得笔者开题时，一位博导建议："就以你工作单位的学生为研究对象吧，他们可能比重点大学的学生有更强的自我教育能力。"至今想来，处于不利发展环境但心存理想的学生的确更容易激发自我教育能力，因为这种反差性、矛盾性就是自我教育的动力之一。

二是与大学生的密切联系。笔者先后担任过学院辅导员、团总支书记、党总支副书记、校团委书记，一直兼任大学生心理咨询中心咨询师，有10余年和学生朝夕相处的工作经历；工作中，长期保持"我与学生面对面"的访谈作风，深受学生信赖；已经将新生访谈、毕业生访谈纳入了学院的工作制度。同时，围绕"大学生发展"的学生工作项目，笔者带领辅导员、班主任进行过家庭困难学生访谈、学业困难学生访谈、思想困惑学生访谈等专项调研，先后形成4本学生访谈记录、10万余字的专题调研记录和4万余字的调研报告，对大学生发展过程、思想和心理状态、学习生活状况都比较熟悉。

（二）个案的选择

自我教育能力在不同大学生身上有不同的体现：有的大学生自我教育能力较强，善于开展自我教育活动，处于主动发展的状态；有的大学生自我教育能力弱，处于被动发展的状态。对本研究而言，需要探索大学生自我教育能力发展的过程及微观机制。选择自我教育能力发展较好的大学生作为研究对象有四个优势：一是这类学生善于推动自我与发展环境的互动，促进自我积极建构、主动学习；二是这类学生有丰富的自我教育实践和体验；三是这类学生更重视自我认识和自我反思，对研究主题有自己的见解；四是这类学生提升自我教育能力的愿望更强，能主动配合研究。因此，本书这里的研究对象聚焦在自我教育能力较好的学生上。那么，怎么去识别自我教育能力更强的学生呢？

笔者采取从学生发展结果判断学生自我教育能力差异的方式抽样。依据建构主义学习理论，学习和发展是人的主动建构。某种程度上表明，自我教育能力与人的发展呈正相关。大学期间发展得更好的大学生，自我教育能力通常更强。"发展得好"或者"优秀"的标准又是什么？有学者说，很难对此做出一个清晰而又准确的界定。通常意义上,被教育选拔出来的好学生有四个特点:品德优良、成绩优秀、天赋高和学校出身好。这些选择标准也只是"象征性标志",反映了学生注意力的分配及学校利益与荣誉的倾向。对于在校大学生的优秀标准,在大多数学校体系中,学生角色应该符合主流文化,遵守学校的规章和纪律。我国在学生评价上,长期沿用了毛泽东同志强调的"使受教育者在德育、智育、体育几方面都得到发展,成为有社会主义觉悟的有文化的劳动者"的"三好"标准。鲁洁认为优秀学生应首先符合道德角色期待,对社会来讲是好公民,对家长来讲是好孩子,对学校来讲是好学生。还有学者从实证的角度分析,优秀学生在多元能力因素上确实比普通学生略胜一筹,尤其是自我认识智能、人际交往智能、语言智能等比普通学生发展得好。当下,我们强调大学生应德、智、体、美、劳全面发展,主张"优秀"应是特殊性标准和普遍性标准的统一,个性和共性的统一。也就是说,除达到好学生的基本要求外,还应在某一方面表现得特别突出。这些要求,在各高校的各类"优秀大学生"评选细则里可见一斑。以北大"学生五·四奖章"评选为例,该奖项是北京大学授予学生个人的最高荣誉,除个人奖励评选的基本条件外,还要求在思想政治及道德品质等方面表现突出,起到模范带头作用,获得公认。在校期间获得过个人年度奖励,还至少具备下列条件之一:为国家、社会、学校做出了特殊贡献,产生积极的社会影响,为学校赢得荣誉;学习成绩优异,或在学术科研活动中取得突出成绩;在社会工作、志愿服务、公益活动等方面做出突出贡献;在文体活动中取得良好成绩。其他高校的学生奖励评选基本遵从政治要求、综合表现要求及特殊贡献要求相统一的灵活原则,评价方式上兼顾教师评价、朋辈评价和学生自我评价,以获得相对优秀的结果。一分耕耘,一分收获。这些获奖的学生至少体现了两种倾向:一是具备主动谋发展、求进步的发展意识;二是为目标付出过努力。

因此,本研究抽样的"大学生"指的是正在经历大学生活或已经完成大学生活的本科生。根据扎根理论的抽样原则,本研究采取"非概率抽样"中的"目的性抽样"原则,即按照研究的目的,抽取能够为研究提供最大的信息量的研究对象。这种方式也叫"理论性抽样",即按照研究的理论设计、概念框架进行抽样。同时,依据派顿的目的性抽样策略,其中有极端或偏差个案抽样、效标抽样、强调抽样、最大差异抽样、分层抽样等9个门类。依据研究的需要,本书这里从85名学生的自传中,选取50份叙述较为详备的自传,将这50名大学生作为研究对象。这50名学生均属于"优秀大学生"范畴,获得过各级各类荣誉和奖励,属于同质性抽样。抽样主要来源于笔者工作的H高校,选取了40名研究对象(编号为H1～H40);同时,为了深刻理解个案及保证资料的丰满程度,也为了防止案例高校的单一性,本研究还选取了其他6所高校的10名学生(编号为B1～B10),用于检测和验证理论的饱和度及推广性;此外,还访谈了3名自我教育能力较弱的学生(C1～C3),符合最大差异抽样的办法,用来检验差异分布状况下事物具有某种同质或异质的特点。

二、资料收集的过程

笔者确定了大学生发展的研究方向后,就开始有意识地收集相关资料。资料收集过程也是研究主题和访谈提纲逐渐明确、聚焦的过程。主要经历了三个阶段。

第一阶段(2015年9月—2016年6月)。笔者组织学生工作团队开展新生入学访谈和毕业生访谈。访谈提纲内容涉及广泛,主要包括大学生大学适应、大学目标、大学历程、人际关系等。经此调查,大学生的志向、目标、人格特征、自我教育、主动参与、师生交往等影响学生发展的关键概念进入笔者的头脑中。其间,也对发展困难的学生群体,俗称"五困生"的学习、生活现状进行了细致访谈,发现其中让老师们"头疼"的学生并非没有主观向好的目标,只是自我认识能力、自我管理能力、自我反思能力等薄弱,无法确定切实可行的发展目标以及缺乏坚持为目标付出的行动。

2016年5月,笔者参加"H校青年说"活动,听取学校优秀青年的成长故事。他们总是非常积极地创设理想与实践的连接,不断反思自己、激励自己,这让笔者意识到这些优秀青年有一个共同的特点——善于自我教育。

第二阶段(2016年7月—2020年7月)。笔者明确了研究主题为"大学生自我教育"。笔者围绕该主题阅读相关文献,发现自我教育与主体性教育思想的彰显历程密切相关,体现了教育目的的价值转向。中外学者关于自我教育的论述非常丰富,但开始系统研究自我教育理论的是中国20世纪80年代后的一批学者,并开始在中小学进行了自我教育实践。然而遗憾的是,学者们对自我教育能力的研究甚少,尤其是对大学生自我教育能力的发展缺少系统研究。为此,笔者进一步聚焦"大学生自我教育能力的发展过程",并进行深入调研。

首先,笔者组织所在学校部分优秀学生先后两次开展了焦点小组讨论。焦点小组讨论的问题包括对自我教育能力重要性的基本认知、个体自我教育能力评价、大学生自我教育能力影响因素探索和自我教育事件分享等维度。学生们充分讨论后,初步形成了几点认识:一是大学生自我教育能力非常重要,并对大学生其他能力的形成具有先导作用;二是大学生自我教育能力是一个多要素的系统,包括自我认识能力、自我管理能力等具体结构;三是大学生自我教育能力发展水平不一,同一个个体内部结构要素发展也不平衡;四是大学生普遍欠缺自我教育的方法,学校教育教学设计和自我发展设计中没有足够重视对学生自我教育能力的培养。学生们结合各自的成长经历,围绕研究主题畅所欲言。第一次焦点小组讨论,从19点一直持续到22点,学生们还意犹未尽。其中一位学生说:"我常常自我激励和自我调控,原来这是在进行自我教育,通过反思自己、倾听别人,我有种拿到成功钥匙的兴奋感。"

其次,笔者先后组织了三轮访谈。

第一轮访谈重在了解大学生对自我教育能力发展问题的认知。结合焦点小组讨论的结论,设计了8个问题,对大学生基本情况、能力自评、初入大学时的发展目标及自我状态、大学期间自我教育能力变化自评、大学发展过程中的困难及应对措施、自我教育的重要环节及能力要素认知、学校和家庭对自我教育活动的影响等进行详细了解。就问卷内容,笔者请教了相关专家。专家对问题角度及可能性回复做了预测,认为能较好地完成调查的初衷。调查中,研究对象采取回溯的方式,结合相关问题,介绍了他们的大学生活。此轮访谈共收集了15名大学生的访谈资料,其中大三学生10名,大四学生5名。访谈资料约12万字。

第二轮访谈主要是在2020年居家学习生活期间进行的。笔者认为居家学习和生活尤其需要大学生具备一定的自我教育能力,因此,设计了自我教育访谈提纲,重点了解在居家学习生活期间,10名研究对象(第一轮访谈中的10名大三学生,第二轮访谈时为大四)如何设计和实施计划,有哪些事件或经历对人生抉择产生影响,以及这期间的自我教育能力发展状况。

第三轮访谈则是通过"工作通知"的形式,进行安排部署。根据前两轮访谈结果的分析,不断聚焦问题,明确了自我教育能力的内涵,包括自我认识能力、自我规划能力、自我激励能力、自我管理能力和自我评价能力等。大学生学习生活的领域也不断聚焦到大学适应、人际交往、道德成长、自主学习、能力拓展等五个具体维度。因此,围绕着五大能力及五维领域矩阵,笔者设计了"大学生自我教育能力发展问题访谈提纲",并号召优秀毕业生以书写"大学生自我教育传记"的方式,回溯自我教育的历程,以此探寻大学生自我教育的情境及过程,总结优秀学生的成长规律。在全校收集了85名优秀学生的"自我教育传记"及访谈资料。结合前几轮访谈,笔者选取了其中表述深刻、资料详尽的40名学生(年级跨度为2015级—2018级)的优秀事迹材料作为研究对象,并在研究中根据需要,随时联系这40名学生,补充访谈。其他访谈资料作为辅助参考。

最后,针对几轮访谈形成的150余万字的记录材料,笔者一边整理记录,一边撰写反思总结,凝练"最低理论"。

第三阶段(2020年8月—2020年12月)。笔者带领学生兴趣团队申请了大学生科研立项项目,并补充了其他学校10名学生的访谈资料。这些访谈工作全部由学生辅助完成。后期,笔者进一步整理、编码和理论论证,补充了一部分访谈资料,并在3名反例研究对象的支持下,取得了他们的部分日记,对其进行了整理,作为分析的辅助材料。同时,笔者系统收集了一批大学生成长传记和专著,如《清华园日记》(季羡林)、《成长:微软小子的教育》(凌志军)、《做最好的学生》(李婕达)、《感动华园大学生年度人物》(张振刚,房俊东,雷育胜)、《我的大学日记:当代大学生自我教育的启示》(葛明荣)。整合汇总所有的信息材料,试图从自我教育的视角去理解:大学于学生而言,意味着什么;学生于大学而言,又意味着什么。

至此,笔者完成全部资料的收集过程。资料主要包括3名学生的日记、50名学生半结构访谈材料及个人成长叙事材料、3名反例学生材料和其他工作记录辅助材料,共形成200余万字的文字材料。

三、研究路径

第一,组织大学生开展焦点小组访谈,获得对研究主题的基本感知,在此基础上,系统收集文献,进行文献研究。大学生自我教育能力是在自我教育活动中发展、变化的,深入、系统地整理自我教育思想的流变及理论形成的文献,并将自我教育思想作为大学生自我教育活动及能力变化的观测视角之一。由此确定自我教育能力是何种能力,在能力体系中居于何种地位,阐释大学生自我教育能力的结构、发展目标(领域),明晰大学生自我教育能力实践的主要范围,形成大学生自我教育能力研究的主要问题、核心概念。

第二,系统收集资料。本研究所需要的资料有通过目标抽样获得的优秀大学生事迹材料、优秀大学生自我教育自传、研究对象提供的大学期间的日记、访谈材料等。资料基本能涵盖大学生学习、生活的全过程、全方位。

第三,对以上文本材料进行扎根理论分析。这是本研究的重点和核心部分。深入到研究个案的学习、生活中,分析自我教育能力发展的动因、过程,进一步在具体的能力结构要素中考证变化的趋势,探索大学生自我教育能力发展的规律,形成大学生自我教育能力发展的过程及模型。

第四,根据大学生自我教育能力发展过程及规律,提出大学生自我教育能力培养的建议。

自我教育能力发展过程研究设计图如图1-2所示。

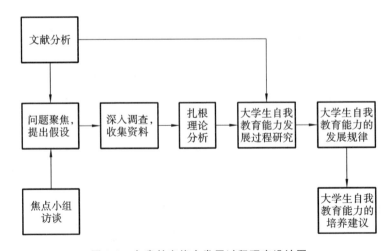

图1-2 自我教育能力发展过程研究设计图

本章小结

本章从研究视角、研究方法和研究过程三个方面详细阐述了本研究的设计。

选取何种视角关系着研究的具体走向。本书主要从学科视角和理论视角两个层次阐释。不同于以往学校视角的自我教育能力研究,本书采用了学生成长和学校教育互动的视角探索大学生自我教育能力发展问题。因为研究问题的综合性和学科视角的模糊性,本书选取了哲学、心理学、社会学的视角,以求对自我教育能力发展的价值、发展过程做出更丰富、更全面和更深刻的解释。在理论视角上,本书的文本研究借助马克思主义关于人的全面发展的理论、建构主义学习理论、人的需求理论,分析理论关联,并对理论进行演绎,发现理论提供了观测"大学生自我教育能力发展过程"的分析视角,即需求是大学生自我教育活动的驱动力,牵引了自我教育实践活动,而自我教育实践的目的是促成大学生成长需求的满足,最终达成阶段性自我同一。这一逻辑思路完整解释了大学生自我教育能力的发展过程,具备较好的理论阐释力。

经详细分析,鉴于研究领域、研究对象和研究问题的特殊性,本书采取实证主义的范式进行探究最为适宜,且选取质性研究方法能更好地解释发展过程的规律性问题。针对研究中的具体问题,本书主要采用文献研究法、扎根理论和专家咨询法三种方法,这三种方法几乎贯穿全书的研究。同时为了增强对研究问题的全面把握,笔者还曾采用问卷调查法对大学生自我教育能力的认知及发展情况进行过调查,但从解决问题的效果来看,本书的问卷调查只是辅助手段,还不能纳入混合研究方法之列。

根据研究问题及方法,设定本书研究过程。首先确定了研究对象,分析了案例学校和研究个案的选择逻辑,重点阐释了采用目标抽样的方式确定研究对象的合理性。其次介绍了研究资料的收集过程,并随着对问题的逐步清晰,说明了多轮访谈调研提纲的生成过程,即调查设计思路、问卷构成及科学性分析。最后确定了本书的研究路径,即经由文献研究和焦点小组访谈,提出问题,深入收集资料,进行扎根理论分析,形成发展理论,揭示大学生自我教育能力发展规律,提出大学生自我教育能力的培养建议。

根据整体设计,本研究紧密将理论推演和扎根理论分析相结合,部署"总—分—总"的章节布局,以期能清晰、深入地展开整体性的研究探索。

本章参考文献

[1] Morse J M, Stern P N, Corbin J, et al. Developing Grounded Theory: The Second Generation[M]. Walnut Creek: Left Coast Press, 2009.

[2] 胡德鑫."双一流"战略下地方高校的发展困境与治理路径研究——基于多重制度逻辑的解析[J].教育科学,2018(3):32-38.

[3] 胡竹菁,戴海崎,唐日新.大学好学生与一般学生的能力结构差异比较研究[J].心理学探新,2000(4):38-43.

[4] 林小英.分析归纳法和连续比较法:质性研究的路径探析[J].北京大学教育评论,2015(1):16-39,188.

[5] 罗泽意,文珉.高校办学经费不均衡的政策问题研究[C]//颜佳华.湖湘公共管理研究(第五卷).湘潭:湘潭大学出版社,2014.

[6] 陈向明.质的研究方法与社会科学研究[M].北京:教育科学出版社,2000.

[7] 范宝舟.论马克思交往理论及其当代意义[M].北京:社会科学文献出版社,2005.

[8] 夏征农,陈至立.大辞海(教育卷)[M].上海:上海辞书出版社,2015.

[9] 袁振国.当代教育学[M].北京:教育科学出版社,2010.

[10] [美]莱利斯·斯特弗,杰里盖尔.教育中的建构主义[M].高文,徐斌艳,程可拉,译.上海:华东师范大学出版社,2002.

[11] [日]佐藤学.学习的快乐:走向对话[M].钟启泉,译.北京:教育科学出版社,2004.

[12] [美]马斯洛.动机与人格[M].许金声,等译.北京:中国人民大学出版社,2012.

[13] [美]约翰·克里斯韦尔.质的研究及其设计:方法与选择[M].余东升,译.青岛:中国海洋大学出版社,2009.

[14] [美]莫妮卡·亨宁克,[荷]英格·哈特,[荷]阿杰·贝利.质性研究方法[M].王丽娟,徐梦洁,胡豹,译.杭州:浙江大学出版社,2015.

[15] [英]迪姆·梅.社会研究问题、方法与过程[M].李祖德,译.北京:北京大学出版社,2009.

第二章 大学生自我教育能力发展的理论模型：基于扎根理论的建构

按照舒尔曼研究如何培养医学生的方法，即从"从业职业专家的思维特点"出发，培养学生向专业人员一样思考，本书选择53名学生进行研究，探索大学生自我教育能力发展的规律，其关键点也是研究这些案例学生如何思考、如何行动。因此，围绕案例学生的自我教育自传及访谈材料，采取三级编码的方法，分析大学生自我教育能力如何发生。

在分析材料和文本时，采用情境分析和类属分析同时进行的方法。情境分析旨在把资料回归到研究现象所处的自然环境中，按照故事发生的时间顺序对相关事件、人物进行描述性的分析。情境分析以再现日常生活的方式叙事，更符合当事人意义建构方式，更忠实于材料。其缺点是可能会忽略叙事中类同的意义关系，对资料内容的异同欠缺类比分析，不利于挖掘差异的意义。类属分析则是一种在研究资料中寻找反复出现的现象，通过归纳以解释这些现象的重要概念的过程。通过比较设定核心概念，即类属，有利于对资料进行系统组织，突出主题；其缺点是忽略了故事的具体情境性和连续性，容易忽视无法分类的情况，同时抽象的文本方式对文章的可读性造成影响。因此，将二者结合起来，采用情境分析补充类属分析的具体内容，采用类属分析明确情境分析的主次关系，以达到共时性和历时性的统一，既保留对叙述者的忠诚，同时按照叙述的主题和大学生学习、生活的维度来提炼核心概念，建构关系意义。

第一节 初始理论模型的建构：对个案 H1 的微分析和编码

第一个案例通常采用典型性抽样的方法，便于进入情境。关于 H1 的案例材料共计 10 余万字，包括她大学四年的个人日记、她个人撰写的 7000 余字的毕业生回忆录和访谈记录材料。如此浩繁的材料，从哪里开始分析和如何开始分析是至关重要的。有学者认为大学生自我教育的内容是自主学习、独立生活和自我建构，通过反复研读 H1 及其他案例的材料，笔者发现以上三个维度不能全面分析大学生丰富、生动而又主题鲜明的大学生活。因此，在分析 H1 时，采取两种路径，一是微观的分析路径。从案例学生的回忆录文本着手，对 H1 个案进行具体编码，首先对其进行开放编码，即对文本进行逐字逐句的微分析，得到若干"属性"和对应的"维度"，"属性"是标记概念的特征，"维度"是属性所指代概念的变化范围；其次在开放编码基础上进行轴心编码，运用一些分析策略寻找已有"类属"之间的逻辑关系（类属又称"范畴"，是通过对低层次概念属性的进一步归纳，形成的更高层次概念）；最后进行选择编码，找到能充分概括案例的核心类属和支援类属。二是宏观的分析路径。笔者反复与这些材料对话，并带着核心类属模型进入她的成长情境，寻找事实依据，并补充回忆录中没有包含的重要类属，依据成长需求理论和大学生发展的向量理论，从成长需求和重要发展向量的角度，形成分析的核心类属。微分析手段在研究开始时使用，是因为它常常被用作一种极有价值的观察工具，就像高倍显微镜被用作精确观察每一份细胞样本一样，可以让我们以最微观的方式思考问题。以 H1 在其大学回忆录中的一段话为示例，展现分析过程，如表 2-1 所示。

表 2-1　H1 的微分析：属性与维度

原文	维度	属性
每个人都想证明自己	证明自己—维持原状	认同
高考失利，是对自己和关心我的人的辜负	失败—成功	考试结果
自信心的破碎	自信—怀疑	成长后果
这一切好像预示着我是个"loser not winner"，我不知道这样的沉重要占领我多久	心情郁闷—心情愉悦	心理状态
我不想这么快就给自己下"loser"的定义	接受失败—不接受失败	矛盾心态
我怀揣着一份不甘来到 H 大学，希望新的梦想在新的天地里能自由翱翔	不甘—希望	初始状态
我渴望尽快地收拾"破碎的旧山河"，通过大学的学习和锻炼来证明自己	重新开始—继续沉沦	内心期望

续表

原　文	维　度	属　性
我对自己的要求是：成为一个全面发展、品学兼优的人	有—无	目标
大一，我积极尝试了学校和院里的各种活动	多—少	参与活动
在班级、学校里任学生干部，这些经历极大锻炼了我的融入能力和交往能力	好—坏	角色适应
让我对自己的适应能力充满了自信	强—弱	适应能力
我理解了应该怎样学习，并在繁忙的学习过程中总结自己的方法，尽量查漏补缺	掌握—缺失	学习方法
强化自己重视的能力，参与了辩论、演讲和师范生讲课比赛，都取得了较好的成绩	重视—轻视	能力锻炼
让我对自己的学习能力充满了自信	自信—怀疑	学习能力
我参与了一些公益项目的组织，帮助我们身边的同学	参与—观望	公益
这让我对人的价值和意义产生了许多思考	多—少	成长省思
我期待我能在这些微小的实践中成为有仁爱品格和助人能力的人，帮助越来越多的人	有用—无用	品格目标
在很多优秀的党员的指引下	有—无	榜样
我也光荣地加入了中国共产党	光荣—屈辱	政治身份
参加了考研，取得了不错的成绩，终于圆了我最初的梦想	成功—失败	目标达成
我相信，所有念念不忘的追求，必将有回响	执着—动摇	信念

　　H1在回忆录的开篇勾勒了她的大学生涯。很多重要的事件都在简短的一段话里表现了出来。笔者从该文本的关键语句、词着手，采用提问的方法厘清语句的多重面向，把握维度和属性。比如，分析"每个人都想证明自己"时，做头脑风暴活动，提出一系列的问题：她想证明自己吗？为什么要证明自己？不证明自己，她会怎样？她通过什么办法来证明自己？结果如何？这一系列探索性的追问，有助于我们能够更好地站在参与者的角度理解问题，也帮助我们在资料中找到合理的属性及维度。

　　对这篇回忆录进行微分析之后，得到了237个属性。对这些属性进行开放编码和归纳，得到36个类属，如表2-2所示。

　　这些类属从H1的回忆录文本高度凝练而来，而大学生活丰富多彩，涉及多个维度的成长和变化，因此，本研究与单一问题的质性研究不同，仅凭这些类属很难对H1在大学期间的发展做出有逻辑的解释。需要通过理论比较的工具方法对概念进

表 2-2　H1 大学自我教育过程开放编码的初步类属化

序号	类属	序号	类属	序号	类属
1	失落感	13	师生互动	25	调整策略
2	校园适应	14	课程学习	26	能力拓展
3	成长规划	15	自我意识	27	团队合作
4	参与度	16	自尊水平	28	道德成长
5	认同	17	自主学习	29	政治角色
6	发展冲突	18	自我反思	30	人格完善
7	目标	19	自我激励	31	外部驱动
8	自我认识	20	朋辈交往	32	归属感
9	角色适应	21	环境氛围	33	价值感
10	榜样示范	22	情绪管理	34	自我评价
11	家庭影响	23	自我监控	35	他人反馈
12	成长契机	24	自我管理	36	社会支持

行审查,把抽象出来的类属还原到原始材料中进行思考和修正。科宾认为,这种方法帮助研究者审视作为研究者以及研究对象的基本假设、偏见和视角,限定或改变最初的解释。H1 的回忆录中,主要陈述了自我发展的能动性及成就,影响成长的外部因素、道德发展的诉求和过程都鲜有提及,而这两个类属在日记中充分且完整地展现出来。因此,在进一步类属化的过程中,整合进了这两个类属,如表 2-3 所示。

表 2-3　H1 大学自我教育过程进一步类属化

类属	初步类属化的概念组
大学适应	1—失落感,2—校园适应,3—成长规划,4—参与度,5—认同,7—目标,9—角色适应,32—归属感
自主学习	9—角色适应,14—课程学习,17—自主学习
人际交往	13—师生互动,20—朋辈交往,36—社会支持
道德成长	12—成长契机,15—自我意识,16—自尊水平,28—道德成长,29—政治角色,30—人格完善,33—价值感
能力拓展	4—参与度,26—能力拓展,27—团队合作
成长影响因素	10—榜样示范,11—家庭影响,12—成长契机,13—师生互动,20—朋辈交往,21—环境氛围,31—外部驱动,36—社会支持
自我发展调控	3—成长规划,5—认同,6—发展冲突,8—自我认识,15—自我意识,16—自尊水平,18—自我反思,19—自我激励,22—情绪管理,23—自我监控,24—自我管理,25—调整策略,34—自我评价,35—他人反馈

从表2-2—表2-3可以看到,大学适应、自主学习、人际交往、道德成长和能力拓展是H1大学自我教育发展的五个重要的内容维度。轴心编码过程中,进一步挖掘与研究主题切近的核心类属。本书采取写作故事提纲的方式,将重要的类属和主题整合到一个统一的理论中。这五个维度是大学生的成长需求,也是大学生自我教育的驱动条件,自我教育活动贯穿于这些成长需求被满足过程的始终。成长影响因素和自我发展调控作为主要的条件,成了自我教育活动开展的重要支援类属,其互动促成了大学生不断进行自我教育活动、推动自我发展。这样,就形成了轴心编码的类属、属性和维度,如表2-4所示。

表2-4 个案H1轴心编码的类属、属性和维度

类 属	属 性	维 度
大学生成长需求	大学适应 自主学习 人际交往 道德成长 能力拓展	适应—不适应 主动—被动 和谐—障碍 主动提升—被动提升 积极参与—消极参与
成长影响因素	外部因素 内部因素	强—弱 主动—被动
自我发展调控	自我教育能力	强—弱

选择编码的目的是找到该案例的核心类属,主要依据轴心编码的核心类属和支援类属,并分析和验证核心类属与支援类属之间的关系。科宾把这个过程称为"整合类属",其是从概念化到理论化的过程。本研究的主题是"自我教育",这是大学生成长的主要线索,所有成长事件都是围绕成长需求的自我教育活动。自我教育的指向并不只是"自我教育能力"的提升,还包括大学生的"自我发展"。"自我发展"比"自我教育能力"有更丰富的内涵,是大学生众多能力发展的综合。这也是本研究与其他质性研究的不同之处。只有将"自我教育能力"的研究主题置于更宽泛的大学生活中,才能把握其发展的本质规律。因此,材料与研究主题并不是完全贴合的,H1的核心类属是"自我教育能力"的更上位概念"自我发展","自我教育能力"是"自我发展"的基础性能力。因此,对H1编码后,可以得到一个初始模型M1,如图2-1所示。H1在成长需求的驱动下,制定了个人的发展目标,开展了诸多自我教育活动,在自我教育活动中受到成长影响因素的影响,通过自我发展调控,最终取得了个人自我教育能力的提升,促进了自我发展。

从上述模型可知,自我教育能力提升是大学生自我发展的重要环节,并以自我教育活动为中心,与成长需求、成长影响因素、自我发展调控形成密不可分的闭环。

以此模型观察其他案例,笔者发现该模型已经具备一定程度的抽象性,适用于

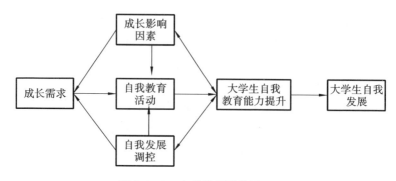

图 2-1　H1 自我发展的模型 M1

任何一个案例的初步解释:大学生在成长需求的驱动下,开展丰富多彩的自我教育活动,在活动中受到成长内外部影响因素及自我发展调控的双重作用,进而促进大学生自我教育能力提升,最终帮助大学生自我发展。

然而,该模型却无法更深入地解释自我教育能力究竟在个体中如何发展和变化。因此,本研究还需要在模型 M1 的基础上,深入众多个案的自我教育活动中,从大学生具体的成长需求出发,厘清大学生的自我教育能力如何发生和发展。

第二节　理论模型的修正:基于多案例的连续比较

一、理论抽样:个案 H2 的选择逻辑

本研究对 H1 的分析只是提供了一种粗略的理论判断,还需要通过分析其他案例来进一步识别类属。个案 H1 是一位本身就具有一定发展型思维的大学生,入学之后,在和校园环境的充分互动下,较快形成了五个维度的成长需求,并在一个个具体的成长事件中开展自我教育能力实践,在实践的过程中实现自我教育能力的发展,最终促成自我的全面发展。因此,个案 H2 最好选择成长需求较为单一的大学生。H2 在高中时期就属于学习成绩一般的学生,比较幸运地考上了 H 大学,但因为开学后第一个暑假就发现自己身患慢性肾炎,于是开始了一段与疾病抗争的自我教育之旅。不同于 H1 的全面发展型自我教育,H2 经历休学、复学等重大人生变故,在不可抗力的影响下度过了属于她的精彩大学生活。

这种抽样方法遵循了理论抽样原则,其目的是"通过选取异质性案例,提升研究结论的普遍解释力"。质性研究对研究对象的把握,来源于最大差异信息的饱和,对差异信息案例的类属进行分析,是为了获取更丰富的异质性信息,明确类属概念的边界。由于假定的社会特征或者特定因素造成了研究对象的信息差异,若仍以此特征或因素来选取调查对象,可能会推翻之前的假设。

抽样过程中,笔者对各类大学生按照某一特征进行了初步分类:按照入学时的

状态,有自认为高考失利进来的,还有高考成功进来的;按照成长需求的一般类型,有能力主导发展型、学业主导发展型及其他主导发展型;按照互动的方式,有自主发展型、互动发展型……尽管所调查案例的大学生们经历各有不同,但如按以上特征归类,就可以把不同的案例放进不同的分类框中。实际上,在抽样的时候,为每个类型找到一个样本,即具有同类学生的普遍代表性。

二、对个案 H2 的分析编码过程

(一)开放编码

围绕 H2 自我教育实践活动的开展情况,笔者去掉资料中一些与本研究无关的材料后,对自传及访谈材料进行编码,得到 164 个属性,再对属性进一步概念化,得到 20 个类属,如表 2-5 所示。

表 2-5　H2 的成长自传开放编码所得的初步类属化

序号	类属	序号	类属	序号	类属
1	认真学习	8	励志奖学金	15	主动思考
2	社团活动	9	自我肯定	16	总结经验
3	丧失信心	10	融入环境	17	调整认知
4	休学养病	11	自我规划	18	锻炼意志
5	与书为伴	12	勇于尝试	19	自我认可
6	病友鼓励	13	实践反思	20	考研目标
7	复学	14	朋辈影响		

为了将 20 个关键类属进一步抽象化,本书这里采取讲故事的方法缩写案例,成长故事内容如下:

H2 是独生女,来自一个经济条件一般,但亲和团结的家庭。她一直以"乖乖女"形象示人。考上大学后,她按照好学生的要求,学习认真,积极参加社团活动,感觉自己的潜能正在慢慢被发掘。大一暑假的时候因为一场迟迟不好的感冒,检查出自己患了较严重的慢性肾炎,这是一种不可逆的疾病。五彩斑斓的大学生活被可能终身相伴的疾病画上了休止符,她选择了休学一年。这一年她经历了心理上的自我教育历程,这期间主治医生的病友群给了她莫大的鼓舞。她在治疗之外,与书为伴,在文字中体悟生命和自我,最终与疾病"和解",认为身体是她改变不了的约束,但她可以保证精神更自由,自我的力量更强大。复学后,她以无比珍惜的心态过着她的大学生活,养成了早睡早起、每天散步、每日读书、及时反思的生活习惯。她采取了坐前排、学习复盘等办法努力提高学习效率,还积极参加了学习竞赛等活动。在复学后的第一个学年,她获得了国家励志奖学金和学校特等奖学金,顺利通过英语四、六级考试,并获实验技能大赛一等奖。她对自己的认识进入了全新的阶段,她选择考研,最终考取了某"双一流"建设高校的研究生。

这段故事展现了 H2 的大学之初、人生境遇、重建自我、返校适应、取得成绩等关键节点,有助于将 20 个类属进一步类属化,并清晰界定 H2 自我教育过程,如表 2-6 所示。

表 2-6　H2 个案类属进一步类属化

类　　属	初步类属化的概念组
成长需求	1—认真学习,2—社团活动
个人境遇	3—丧失信心,4—休学养病,5—与书为伴,6—病友鼓励,7—复学
信心重建	8—励志奖学金,10—融入环境
反思实践	11—自我规划,12—勇于尝试,13—实践反思,14—朋辈影响,15—主动思考,16—总结经验,17—调整认知,18—锻炼意志
自我认可	9—自我肯定,19—自我认可
需求跃迁	20—考研目标

（二）轴心编码

采取与分析 H1 一样的模式,笔者结合研究备忘录,通过访谈总结、对案例不断提问的方式,厘清 6 个类属的逻辑联系,对各个类属进行情境化的排列组合,最终得到 H2 自我教育能力发展过程分析模型,如表 2-7 所示。

表 2-7　H2 自我教育能力发展过程分析模型

因果条件	现　象	情境条件	干预条件	行动/互动策略	结　果
成长需求(身体适应、自主学习)	自我教育实践活动	生病休学	自我/他人多维支持	反思实践	悦纳自我挑战自我

表 2-7 所示的故事线表明,H2 在经历疾病后,自我教育的驱动力主要来源于身体适应和自主学习两种成长需求,因此自我教育实践活动主要集中在这两个领域。生病休学这个情境条件,让她有了一段与众不同的人生体验,更多地思考了人生的意义和价值。正如稻田和夫所说,"真正塑造人格的是挫折和苦难"。在巨大的生活挫折面前,她也有过无法接受、丧失信心的经历,最终在他人(病友)的鼓励和自我调适下,借助书籍等精神食粮,走出了低谷。复学后,在正常生活和努力成才这两方面开展反思实践,用实际行动悦纳了自己,并不断提出更高的发展目标,挑战自我,形成了自我发展的良性循环。

从以上的故事线中抽离哪些因素后,整个自我教育能力发展过程将完全停滞不前？笔者按因素的重要程度逐一抽离，并借用分析 H2 案例形成的本土概念不断去反推，由此得到 H2 的轴心类属：成长需求、反思实践和自我肯定（见表 2-8）。由此可知，H2 是由不同阶段的成长需求牵引着，开展不同类型的自我教育活动；无论是否经历生病这一特殊事件，她的自我教育实践总是以反思实践的方式推进，最后获得自我肯定，完成阶段性的发展目标；随之又在新的历史条件下，产生新的成长需求，进入下一轮自我教育实践之旅。

表 2-8　个案 H2 轴心编码的类属、属性和维度

类　属	属　性	维　度
成长需求	个体境遇	好—差
	实际状态	主动—消极
反思实践	调整认知	好—差
	自我规划	有—无
	自我调控	好—差
自我肯定	悦纳自我	悦纳—失落
	挑战自我	高—低

（三）选择编码

轴心编码后，围绕三个更为抽象的类属，进一步厘清这些概念余下的其他支援类属的关系，确定核心类属，以此形成研究的理论概念。笔者在听取 H2 的故事后，脑海中已经初步形成关于 H2 自我教育的核心线索，然后以提问的方式确证核心类属，问题如下：

（1）大学生是否能开展自我教育，取决于外在环境，还是自我成长需求？H2 的成长需求是什么？不同阶段的需求是一样的吗？

（2）自我教育活动开展是从认识到行为的线性过程，那么，其中决定自我教育活动取得成效的关键因素是什么？

（3）如何能判断自我教育活动取得成效？

在与类属及材料充分对话的前提下，回答以上问题：

（1）H2 在成长过程中，良好的家庭氛围、师长亲朋的标签"好孩子"是外在环境对她的影响，所以上大学后，她将"好孩子""好学生"的角色需求内化为自己的成长需求。外在环境通过影响内在的建构，才能真正成为驱动成长的需求。生病前 H2 的需求是好好学习、锻炼能力，争取全面发展；生病后 H2 的需求是保证正常生活，即身体适应、自主学习，其他的发展需求在历经疾病后显得不那么重要了。可见，不同阶段的成长需求是不一样的，需求是随着个体发展而跃迁的。

（2）H2 的自我教育活动包含调整认知、自我规划、自我调控等过程，这些过程中最重要的因素是反思实践。H2 每日反思，不断总结、调适，清醒地监控自己的教育

活动。获得自我掌控的能力,是自我教育活动取得成效的关键。

(3)经历自我教育活动后,能够悦纳自己,自我肯定,获得一种自我效能感,对自己的发展充满信心,以全新的自我认识进入下一阶段的自我教育活动,就说明自我教育活动取得了非常好的成效。

从以上问答中,我们可以确信"自我教育能力发展过程"是核心类属,成长需求、反思实践和自我肯定是支援类属。

因此,形成 H2 案例的初步模型 M2,如图 2-2 所示。

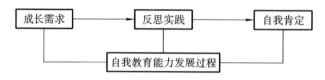

图 2-2 个案 H2 自我教育过程模型 M2

三、理论模型 T1 的形成:个案 H2 与 H1 的比较

在完成 H1、H2 两个案例的编码过程后,它们各自形成了初步模型,抽象出了不同的核心类属和支援类属。现将两个模型及类属进行比较,得到新的模型 T1(见图 2-3),解释两个案例中大学生自我教育能力的发展过程。

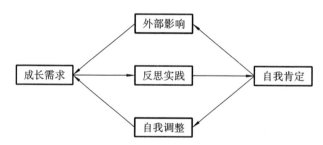

图 2-3 大学生自我教育能力发展过程的初步理论模型 T1

在个案 H1 中,"大学生自我发展"是核心类属,成长需求、自我教育活动、大学生自我教育能力提升是支援类属,成长影响因素和自我发展调控是自我教育活动的重要干预因素,对自我教育活动状况产生影响。T1 模型阐释了大学生自我发展与自我教育能力发展的关系。

个案 H2 以"自我教育能力发展过程"为核心类属,成长需求、反思实践和自我肯定是支援类属。与案例 H1 相比,案例 H2 更加聚焦自我教育能力的发展问题,并凝练出了发展过程的三部曲。两个案例相同点是,都是成长需求驱动,尽管需求的内容不尽一致。不同的是,H2 进一步凝练出自我教育活动取得成效以及自我教育能力得到提升不仅需要开展自我教育活动,而且要开展反思实践,并在反思实践的基础上获得新的自我肯定,取得阶段性的发展。

四、从个案 H3 到个案 H40 的连续比较

上文用扎根理论和连续比较的方法对 H1 和 H2 进行了分析,得到了初步理论模型 T1。但 T1 能不能解释其他案例,还需要继续开展连续比较,不断修正理论模型。通过连续比较,既要厘清大学生成长需求的基本内容,即需求结构,还要进一步明晰自我教育实践的内涵,即自我教育能力的结构,以期具备一定的概念抽象性,能适用于所有的案例。以下内容对案例的选取、编码分析和模型改进不再做机械展示,只做简要说明。

(一) 个案 H3 和 H2 的比较

与 H2 不同的是,H3 从入校起,就有非常强烈的内生成长愿望,愿望来源于她高考产生的挫败感。但与 H1 不同,H3 入学后就积极参加了开学典礼发言代表选拔,有幸从全校新生中脱颖而出,作为学生代表在开学典礼上发言,后来又被选为班长,开始了她非常繁忙的大学生活。在 H3 身上,因理想与现实的冲突而产生需求的痕迹更加明晰。她不愿意让父母和关心自己的亲戚失望。这位亲戚是一所名校教授,一直鼓励她考研,争取考进更好的学校。因此她刚入学就展现了不服输的状态。由于她积极参与各类活动,她比其他同学更快适应了大学生活,并且确定了学习和工作齐头并进的发展目标。在她的大学规划中,有一条是与众不同的:谈一场"势均力敌""纯洁无瑕"的恋爱,与优秀男生齐头并进。爱情需求也是青年大学生正常的需求之一,符合埃里克森人格发展理论,该理论认为青年期(20~25 岁)应完成建立亲密关系、发展爱的品质和能力的任务。通过比较,笔者认为人际交往类属涵盖了师生交往、亲子交往、爱情交往和社会交往等,因此将爱情需求归进人际交往需求类属里。H3 的成长需求与 H1 基本一致。在满足需求的自我教育实践中,H3 的自我认识、自我规划,尤其是较强的自我管理能力,发挥了较大的作用。因此,对于自我教育反思实践的内容,可以进一步阐释为自我认识、自我规划、自我管理。此外,H3 的自我肯定来源于成长需求的满足。综上,理论模型修订为 T2,如图 2-4 所示。

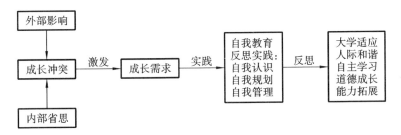

图 2-4　大学生自我教育能力发展过程的初步理论模型 T2

(二) 个案 H4 和 H3 的比较

依照异质性案例抽样原则,笔者选择 H4 案例。不同于 H3 入校之初,受现实与

理想的冲突引发了成长驱动力,H4 最初并没有明确的理想,反而有一种放任自流的发展趋势,通宵达旦玩游戏,直到急性角膜炎导致眼角膜半脱落,才让他意识到他的状态是多么可怕。突发事故成了 H4 具有人生转折意义的重大成长冲突,让他开始重新审视大学生活。这时,他的室友,也是他日后挚友的 LY——一个对自我有认识、对未来有规划的男孩,成了他转变的契机。室友在照顾 H4 的时候,经常跟 H4 谈心,讲他所理解的人生意义,展望他理想的大学生活。慢慢地,这些美好的愿景也开始成为 H4 的期待。在 LY 的帮助下,H4 开始确定了获取奖学金、当好学生干部、多考取等级证书的主要发展目标,并和 LY 结成学习对子,共同奋斗。H4 在之后的自我教育反思实践中,也经常与 LY 互帮互助,在自我认识、自我规划、自我管理和自我激励的时候,都受到 LY 的影响。因此,对 H4 成长需求产生影响的一个非常重要的要件是微环境及重要的他人,这是他积极自我建构的一个正向影响因素。H4 的自我教育反思实践增加了克服不良习惯和自我激励的环节。因此,模型修订为 T3,如图 2-5 所示。

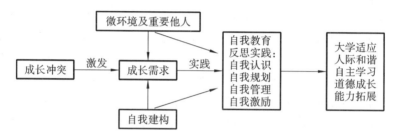

图 2-5　大学生自我教育能力发展过程的初步理论模型 T3

(三) 个案 H5 和 H4 的比较

H5 是能力主导发展型学生的代表。入校后,他认为自己一直以来不算学习突出的学生,大学期间保持学习中等即可,最重要的是锻炼各方面的能力,以适应自己未来发展的需要。因此,他积极加入了学生会、学生社团等组织,广泛参与,不断在尝试中发现自己的优势、特长。后了解到大学生征兵入伍的信息,他立即重燃了曾经的军旅梦。入伍期间,他表现优秀,两次获得嘉奖,获优秀义务兵奖章,后因伤病选择了退役。部队的历练,让他从懵懂少年成长为有独立思想、吃苦耐劳的有为青年。回校后,他继续保持严谨的军人作风,严于律己。在学习、生活上,他处处以身作则,继续担任学生会主要干部,还担任大学生军训指导员、入伍意向学生体能训练指导员等,在学校武装部的工作中充分发挥自己的光和热。最难能可贵的是,经过部队的历练后,他坚持世上万事"只有想不到,没有办不到"的信念,一向认为自己学业平平的他,开始考虑要去更好的平台发展,于是选择考研。他把在部队的拼劲用到了考研上,最终依靠良好的自律精神,拿到了他心仪大学的录取通知书。他认为在他的大学生涯中,最重要的是选择目标和调整心态。每一个目标的确立,都建立在充分自我认识的基础上,并对理想自我孜孜不倦地追求。与 H4 以及之前其他案例相比,H5 的成长需求随着不同的发展阶段而变化,每一个需求的满足过程实际上都是自我教育反思实践的过程,是自我认识、自我规划、自我激励、自我管理、自我评价等自我教育能力要素充分作用的过程。达成初步目标后,H5 不仅收获了崭新的自我,获得了一定程度的自我认同,又产生了新的更高的目标。至此,可以看到,大学生的成长冲突,有激烈的成长矛盾,也有对理想的向往,这些都能产生成长需求。H5 在初入大学、选择入伍、退伍返校、考研这些目标选择的关键阶段,辅导员的鼓励和帮扶,同学们积极进取的整体氛围对他产生了正向的影响作用。而在目标实现即成长需求达成的过程中,H5 的自我主导作用十分明显,这一过程不仅仅是自我教育能力要素的充分运用,还是不断寻求自我认同、完成自我建构的过程。至此,模型修订为 T4,如图 2-6 所示。

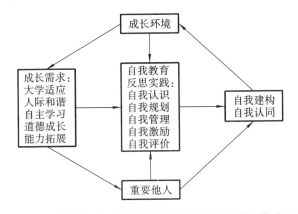

图 2-6 大学生自我教育能力发展过程的初步理论模型 T4

（四）个案 H6 与 H5 的比较

个案 H6 是励志成才的典型。他幼年时父母相继离世,吃村里百家饭,在福利院看护下长大,学校、社会爱心人士、地方政府部门给了他很多成长路上的帮助,他带着满腔的感恩之心考上了 H 大学的体育教育专业。大学期间,他坚持训练专业,成绩从第一学期的全班第十,逐步攀升到第三学期的第一。业余时间,他勤工俭学,校外打工,维持自己的生活；他积极带头参加学校的志愿活动,为灾区捐款。他少言寡语,但是以实际行动回馈他成长路上收获的善良和关爱。H6 的成长之路集中体现了成人与成才的双重需求。感恩回馈已经成为他成才的使命,他的理想即是"成为有用之才——能帮助他人的人"。看上去空洞的理想,对他而言,却有着极其深刻的切身体会。谈及曾经帮助过他的人,他如数家珍,把他们都纳入了"亲人"的行列。H6 的道德成长需求比此前的任何一个案例主人公都强烈。正因为道德感加持,他的自我教育之路,更加自律、更加从容,几乎是自觉自主的行为,成长反思贯穿自我认识、自我规划、自我激励、自我管理和自我评价的全过程。由此,进一步确定自我教育能力的发展必将经过反思实践的过程。当H6因为朴实的行为获得一系列表彰之后,他更加相信,他能够为与他境遇相同的困难学生做一个积极进取的榜样。与H5相比,H6自我教育能力发展基本遵循T4模型,不同的是,成长需求侧重点不尽一致。可以看出的是,H6个案在T4模型基础上,一方面阐释了道德成长需求、能力拓展需求是自我教育反思实践的重要内容,另一方面由此引发了自我教育反思实践活动,最终通过外界反馈和内心衡量,达到阶段性的自我实现,某种程度上获得了个人的价值感。实际上,排除雷同的影响因素,发展轨迹可以进一步抽象为T5,如图2-7所示。

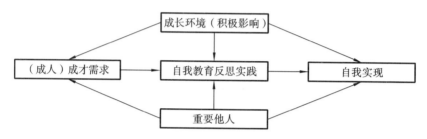

图2-7　大学生自我教育能力发展过程的初步理论模型T5

（五）个案H7与H6的比较

个案H7与H6不同的是,H6的成长选择一直是"利他"型,而H7的选择一直是"利己"型。H7说:"我的起点很低,但我走了很远的路,吃了很多的苦,就是为了成为更好的自己。"H7也是一名孤儿,跟奶奶相依为命长大,初中毕业的时候奶奶瘫痪了。为了能继续上学,完成自己学舞蹈的梦想,她一个人外出打工,在金属加工厂做流水线。两个月省吃俭用,取得了5000元的工资后,她选择去学舞蹈。但这一决定遭到了亲戚朋友的反对,大家都认为她在这样的家庭条件下应该尽早工作,照顾奶奶,而不应该去学投资较高的舞蹈。但是她不愿意希望之光被湮灭在现实的残酷里,仍然选择先安顿好奶奶,买了去X省体育舞蹈学校(中专)的火车票。当她疲惫不堪地站在学校门口时,她困顿、脏乱的样子引起了学校训练科科长的注意。在了解到她是想来学舞蹈的学生,知道她的经历后,科长把她的情况告诉了校长,校长当即表示:"你有多少钱就缴多少学费,像你这样的孩子,我们应该帮助!"从此,她走上了学舞蹈的道路。她深知读书与舞蹈的不易,不辜负学习的一分一秒,慢慢建立了学习上的自信,她甚至觉得自己比其他人更有资格学习舞蹈,因为她更虔诚、更认真地对待舞蹈。三年中专后,她考上了H大学音乐学院舞蹈系。大学期间她一边兼职,一边苦练专业,也许是因为贫困的经历太深重,骨子里的恐惧让她不断地面向未来抓机会。因此,大三时她又确立了考研的目标。她坚信她吃了生活和学习的所有的苦,一定能为自己的未来铺设更美好的发展平台。只有中专学业基础的她想考研并不容易:英语差,就找准真题,花死功夫搞懂记熟;专业课没有复习资料,就自己整理;考研资金紧张,就省吃俭用……她用努力开拓了新的道路,最终如愿以偿,考上了研究生。H7 的故事极为曲折,经历既是苦难,也是财富,激励她形成了不屈不挠的成长型心态,滋生了无数不断向上的成长需求。在每一个阶段,她用清晰的自我认识、强大的意志力和严苛的自律坚持达成了她的阶段性目标,阶段性的自我实现不断强化她的自我认知,形成了稳定的自我认同——相信自己一定能完成一个又一个更艰难的任务。由此,最终推动了自我教育能力发展的良性循环。与 H6 相比,H7 克服的阻力更大,背负的压力更多,对自己成才的要求更高。但即便如此,她依然在成长需求—自我教育反思实践—自我认同的发展框架里。不同的是,强烈的个体意识在成长需求的产生、自我教育反思实践过程中发挥了巨大的作用,充实了成长需求的类属,进一步论证自我教育反思实践的具体要素、环节的合理性。因此,在模型 T5 基础上,自我教育能力发展过程的模型进一步抽象、优化为模型 T6,如图 2-8 所示。

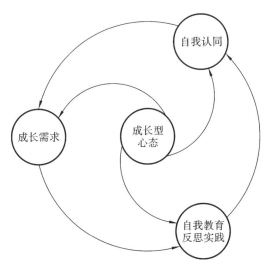

图 2-8 大学生自我教育能力发展过程的初步理论模型 T6

（六）个案 H8 与 H7 的比较

前面 7 个案例,基本呈现了自我教育规律三螺旋循环发展的路径。大学生成长需求及自我教育反思实践两个支援类属并未出现新的内容。但每一个个体的发展,都有独特性。为了进一步论证三螺旋循环发展路径是否适合所有案例,笔者选择案例 H8。H8 与 H7 及前面其他的案例都不同,H8 的成长困惑不仅仅来源于个体成长需求与现实情况的矛盾,还来源于原生家庭的阻力。她的发展过程有两次与自己"和解"。第一次是初入大学,和高中同学恋爱未果,让她对自己充满怀疑。她走出失恋阴影的办法是把自己的日程安排满,积极参加"挑战杯"中国大学生创业计划竞赛、中国国际"互联网"大学生创新创业大赛等,较好地转移注意力。也正因为她的积极参赛,她取得了不错的名次,重新寻回了自信,完成了大学的适应过程,并在能力拓展、自主学习两个主需求驱动下,进一步明确了发展目标,获得了奖学金、"三好学生"等奖励和荣誉。第二次与自己和解是她在大三下学期准备考研时,父亲和母亲发生矛盾,母亲希望她能充当抗争的工具,而她面对偏执的父亲和怨气满满的母亲却无能为力。她一度为此焦虑不堪,严重影响了她的学习和生活,多次找心理咨询师咨询。后来她逐渐认识到父母的冲突和自己并无必然联系,承认自己无法解决,并勇于向他们表达自己的困惑、困境,希望父母能理智地解决问题,尽量不要影响自己的成长和发展。从关系排序上,她慢慢把重心挪回到自己的发展上,逐渐强化自己内心的力量。两次和解,她信赖的老师、朋友和书籍给了她莫大的力量,她认为自我教育之旅就是不断提升认知水平,与自己和解。H8案例中,自尊即对理想自我的向往,产生的具体成长需求,依旧是自我教育反思实践的发展动力;她的自我教育反思实践是对每一次成长挫折的正面回应,是从自我否定到自我肯定的心路历程,是不断重新认识、规划和调控自我的过程,最终达成身心的平衡,收获外部和内部的自我认同,形成稳定的自我同一感。

心理学家埃里克·埃里克森(Erik Erikson)提出了"自我同一性"(self identity)的概念,又称"自我认同"。他认为人的一生都在寻找自我同一,试图回答"我是谁""从哪里来""到哪里去"的问题。埃里克森从人格发展的角度认为自我的发展有三个维度,即生物过程、社会过程和自我过程,并据此提出人格发展渐成说。他将人格的发展放在生命周期的视野中分析,指出自我发展的八个阶段,每个阶段有对应的心理发展核心任务,当发展任务得到恰当的解决,人就会获得相对完整的同一性,即较好的自我认同。大学生正处于埃里克森所描述的第五个阶段,即自我同一性对角色混乱末期(12~20岁),以及第六个阶段亲密对孤独期(成年早期,20~25岁)。这两个时期的心理发展有两个重要的任务:一是实现个体认同,个体如果能较好地实现自我整合,就能顺利形成自我认同的人格;二是与朋友或情侣建立亲密关系,发展爱的品质和能力,即获得集体认同。

如果个体在与环境互动过程中,无法获取自我认同,就会产生自我认同危机和角色混乱,自我发展的连续性就会被打破,个体无法与他人建立亲密关系,可能陷入孤独疏离之中,甚至可能导致社会性退缩或者严重的心理问题。玛西亚(Marcia)认为个体如果无法将自身发展的动力、能力及自我的信仰、历史进行有效组织,持续纳入一个连贯一致的自我形象中,又或者说个体根本没有能力选择,那么就会产生角色混乱。她以"探索"和"承诺"两个变量的组合提出四种状态,分别是高度一致的"成就型",陷入危机的"混乱(扩散)型",在危机中挣扎但仍然积极探索的"延缓型",未经充分探索、屈从权威的"早闭型"。吉登斯进一步考察了自我认同与身体、耻辱感、负罪感、尊严感、自豪感以及理想自我之间的关系,认为身体是维持自我认同感的基本途径。而这些积极或消极的情绪与自我认同的动机系统密切相关。

齐克瑞(Arthur W. Chickering)的自我同一性发展理论是美国大学生发展理论

重要成果之一。他借鉴了以埃里克森为代表的认知心理学"自我同一性"的概念,认为自我同一性的发展是大学生发展的主要任务。他的主要观点包括:第一,大学教育旨在帮助个体形成坚固的自我意识、内在的掌控感与归属感。第二,大学生发展包含发展能力、管理情绪、从独立自主到相依共存、发展成熟的人际关系、确立自我同一性、培养目的感和塑造品格七个维度。这七个维度构成了大学生发展的目标,这些目标以"自我同一性的确立"为核心,具有相互促进的关系。第三,学校目标、学校规模、师生互动关系、课程和教学等是影响大学生发展的关键因素。

因此,根据理论发展变迁史,结合大学生的经验材料,将支援类属"自我认同"修改为"自我同一",以更好地反映自我教育能力发展过程中的心态变化。外部影响因素并不一定都是正向的,对个体的自我教育进程也有可能起抑制作用。外围的家庭教育、学校教育、重要他人、重要经历等都是对自我教育发展的核心过程产生抑制或催化作用的要素,而个体的成长型心态又成为与影响因素对抗的因素。因此,模型进一步修正为 T7,如图 2-9 所示。

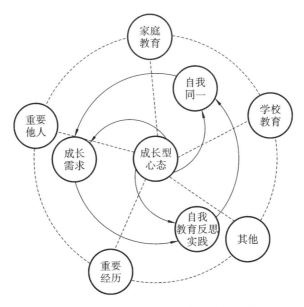

图 2-9 大学生自我教育能力发展过程模型 T7

(七)个案 H9 至 H40 的连续比较

分析了 8 个案例之后,基本形成了"成长需求—自我教育反思实践—自我同一"的自我教育能力发展模型。本研究与其他单一主题的事件性案例研究不一样,不仅要抽象出过程性发展规律,还必须确定每一个支援类属的结构及内容,这是大学生自我教育的内容及方式。因此,接下来除了要进一步检验 T7 的合理性,还要考察支援类属是否饱和。

按照以上同样的方式,本案例研究需要分析个体自我教育能力的发展过程,界定支援类属,并厘清类属之间的能动机制。因篇幅原因,本书这里不再如前呈现每一个案例的分析过程,而是只呈现通过比较所修正的主要内容。

经逐一反复比较,笔者发现大学生自我教育能力发展均遵循"成长需求—自我教育反思实践—自我同一"的宏观发展路径,成长需求是自我教育能力发展的驱动力,大学生在哪些领域开展自我教育,取决于他有哪些成长需求,成长需求的来源有多方面,既可能来自家庭、学校环境、重要他人,也可能来自个体的境遇和自我观念。自我教育反思实践是自我教育能力要素在自我教育活动中的互相作用,最终实现个体发展的阶段性目标——自我同一,形成稳定的自我概念,促进个体身心和谐发展,为下一轮的自我教育反思实践活动奠定坚实的基础。

连续比较还需要确定大学生"成长需求"和"自我教育反思实践"两个类属有没有新的支援类属。经比较,大学生成长需求均未超越 H1 的发展内容,即大学适应、人际交往、自主学习、道德成长和能力拓展五个维度;自我教育能力要素包含自我认识、自我规划、自我激励、自我管理和自我评价五个方面,自我教育能力发展是这五个方面的要素在实践中的具体应用,是反思引导实践的过程。反思实践是自我教育能力发展的核心线索。

多案例反复比较能厘清不同案例所蕴含的微观发展路径。成长需求是怎么来的?大学生成长需求有哪些具体内容?怎么发展变化?从众多案例中,笔者发现不同个体的需求来源不尽一样,需求的结构虽不一样,但均未突破五维结构内容,需求的发展都经历了由现实需求到发展需求、由低级需求到高级需求、由满足需求到自觉创生需求的过程。整体上,成长需求的形成发展机制基本遵循"需求的来源—需求的结构—需求的跃迁"的发展路径,成为自我教育能力发展的驱动机制。成长需求牵引了自我教育反思实践活动,满足需求的过程就是自我教育反思实践的过程。大学生自我教育能力发展过程机制,按照自我教育活动过程,可分为自我认识、自我规划、自我管理三个必经阶段,自我激励与自我评价既可以是独立的过程阶段,也贯穿于自我教育反思实践活动的全过程,通过反思实践促进自我教育能力要素发展;从教育和自我教育的关系视角,个体自我教育能力在受教、求教、自主和创造的主线中不断发展。反思实践作为自我教育能力发展的核心品质,深入贯穿于两种发展路径,并将二者有机融于大学学习生活的全过程。大学生自我教育能力发展的阶段性目标是达成个体的自我同一,自我同一是"自我一致—自我贯通—自我恒定"的发展过程,以身心协调的方式获得自我的稳定、和谐。

大学生自我教育能力发展的外部影响因素基本都在社会、家庭、学校、个体的四维框架里,其中学校与个体的互动对大学生的影响最为深重,尤其是重要他人、个人经历和成长微环境是其中最常见的影响维度。

因此,自我教育能力发展的三螺旋结构可以进一步丰富成初步理论模型 T8,如图2-10所示。

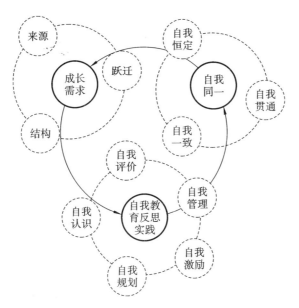

图 2-10　大学生自我教育能力发展过程三螺旋模型 T8

第三节　理论模型的确立：大学生自我教育能力发展过程为核心类属

本章用扎根理论连续比较找到了三个重要的类属：成长需求、自我教育反思实践和自我同一。三个类属构成了大学生自我教育能力发展的过程，初步形成了基本的理论假设：经由成长需求驱动，通过自我教育反思实践，达到个体的自我同一，从而推动个体自我教育能力的发展。该理论的形成本身具有两重性：一是在前面第一章理论基础的视野下，带着初步的理论概念背景进入原始材料，在编码的过程中，尝试用理论释义田野概念，体现出概念的涵盖能力；二是用原始材料去印证分析框架的合理性。在连续比较中修正理论模型，确定核心类属，厘清核心类属与支援类属的核心关联。

一、明确核心类属和支援类属

理论模型最终确立前，先要明确核心类属和支援类属。连续比较最终得出三螺旋模型 T8，对类属进一步抽象，进一步分析类属之间的逻辑关系，具体思路如下：

第一，从类属上下位概念的角度识别核心类属。"成长需求""自我教育反思实践""自我同一"三个类属分别包含了丰富的内容。大学生成长需求一般包含五个维度，从内部关系上看，每个大学生个体需求产生的来源不一，需求结构不同，需求变化轨迹也有差异，由"来源—结构—跃迁"的相互联系，形成了需求的生成机制。"自我教育反思实践"包含了自我教育的具体过程,如自我认识、自我规划、自我激励、自我管理和自我评价五个程序性结构要素,五个要素构成自我教育反思实践的方式;同时也包括从受教、求教、自主到创造的不断发展过程。自我同一是自我教育反思实践的结果,是大学生态度、观念、价值阶段性统一的表征、成果。由此看,较之"大学适应""人际交往"等,成长需求是上位概念;较之"自我认识""自我规划"等具体活动中的认识和体悟,自我教育反思实践是上位概念;较之"自我态度""自我观念""自我价值",自我同一是上位概念。可见,这三个类属具有较好的概念抽象性。

第二,从概念的逻辑关系角度确定概念的核心类属。大学生成长需求包含了自我教育发生的具体领域,由于需求的不同,自我教育反思实践的领域产生了差异。自我同一也是建立在成长需求满足的前提之下,即齐克瑞所述的大学生发展向量,既有发展方向,也有发展标准,达成这些向量才能获得个体发展的"自我同一"。因此,"成长需求—自我教育反思实践—自我同一"就形成了大学生自我教育能力发展过程的完整的逻辑线索。在扎根的过程中,从第一个案例一直到H40都遵循了这一发展路径。不同的是,个体的成长需求、自我教育反思实践方式以及过程的差异,导致自我同一效果和自我教育能力发展水平的差异。从上述分析看,类属的逻辑关系是一个紧紧围绕自我教育能力的发展过程,使核心类属得到确证。

模型T8阐释了以"大学生自我教育能力发展过程"为核心类属的过程模型,具备较好的理论抽象性,能完全解释案例中自我教育能力较好的学生的整体性发展。作为发展过程的影响因素,家庭、学校和个体都对自我教育能力发展过程的支援类属产生影响,从而促进或抑制自我教育能力的发展。影响因素将在后续章节中详细探讨,不体现在三螺旋模型里。

二、理论模型边界的确认

经上述分析可知,在与理论、资料的反复对话中,类属被进一步概念化,核心类属能够统领支援类属,但此模型的样本主要来源于自我教育能力相对较好的学生,对于反面案例,该模型是否也具备解释力,还需要深入反面案例中,进一步确证理论的边界。

(一)自我教育能力相对较弱的学生存不存在自我教育?

根据差异性抽样的原则,三个反面案例尽量覆盖不同类型。C1是看似"听话"的学生,不迟到、不旷课,也能按时完成老师的作业,但是除此之外,处于业余时间的他,几乎都处于"茫然"的状态。打游戏,也不是真的热爱,完全是没有发展目标的表现,用他自己的话说,"总得有点事情消耗时间";不参与学生活动,不参加学科竞赛,觉得都没有意思;只在期末考试的时候跟随主流自主复习下,把通过考试当成目标,其他的时间都窝在寝室看剧、打游戏。C2除了遵守纪律外,主观上特别希望自己能变得更好,也曾经不满意自己颓废的现实状态,但常常是确定了一个新的任务,坚持不了几天,又回到初始的慵懒状态,大学期间一直处在"想突破—放弃"的魔咒里。C3是极少数的旷课逃学派。他在高中时在父母的严密监督下,从中职考到了H大学的农学专业,上了大学后,没有了父母的监管,他彻底表现出父母曾经常用来激励他的"考上大学就自由了"的状态,常常通宵玩游戏,白天起不了床,旷课成了家常便饭。在老师反复劝导后,C3依然无法建立内心的秩序感,并且对专业学习提不起兴趣,最后选择了征兵入伍,在火热的军营里去寻找他的"意义感"。三个案例中,C1是茫然型,C2是挫败型,C3是无序型。C1、C2、C3有明显的共性,即高中时代属于"听话"的一类。高中时期他们始终把"考上大学"作为奋斗目标,最终在父母、老师的严加管教、耳提面命下,他们如愿以偿。然而,到大学后,他们都在重新寻找学习生活的意义,C1、C2跟大多数同学一样,上课、下课,按照老师的要求走;而没有老师在场的时间、空间,自己就全然没有了方向。C3则连校纪校规都无法遵守。一名辅导员说:"大学的学习生活不仅需要'听话',听师长的话,更需要听自己的话。"言外之意,大学更需要在老师的视线之外,发挥自我能动性,主动发展。因此,自我意识和自主能力成为考量学生能否顺利发展自我教育能力的关键性前提因素。

在能否自主的问题上,三个学生又可分成两类。

第一类是未形成独立自主的自我意识的学生,如案例C1、C3。C1类属于大学里的少数派,在他们以往的生命历程里,一直是由高考指挥棒牵引,在父母、老师的严格监督下亦步亦趋,没有形成独立的、自主的自我意识,还不能很清晰地认识自己、认识大学、认识未来。"我也想像许多同学那样,整天跟打了鸡血一样,早出晚归,忙得脚不点地。但是我不知道我可以干什么,好像对什么都没有兴趣,我想这是我的性格,无所事事的性格。"(C1)"我也知道我违反了纪律。但是我玩游戏的时候没有办法控制自己停下来,当下是舒服的就够了,第二天根本醒不了,哪怕是同学喊,我翻个身又睡了。我担心老师找,也怕学校开除,但是玩乐的时候不会想这些。我对我的状态,对我的未来想得很少,我有时候不知道如何看待自己的存在。我是生性糊涂的一类人。"(C3)

C1一类倾向于把自己说不清、道不明的现状归因为性格。很显然,因为缺乏相对明确的自我意识,他们没有能在开学之初建立起如同其他案例一样的成长型心态。按照自我发展的特点,青春期需要将自我的需求观和他人的需求观整合起来,重建一种新的平衡和新的自我秩序。当这种发展的整合无法实现时,个体就无法明确自己的方向,也无法实现自己的愿望。这三个案例因为自我发展的滞后,无法析出符合内心的成长需求。没有自我便没有自我教育,他们即使暂时确定了目标,也因为没有唤起内心的深刻认同,而没有真正进入自我教育的活动过程,没有用自我教育的方法监控实践活动持续进行。正如弗洛伊德所说,当心理活动被"快乐原则"和"现实原则"支配,自我教育实践活动只得以失败告终。

第二类学生有明确的自我意识和一定的自主能力,但是缺乏自我教育的积极心态,或没有实践方法,使得自我教育实践过程不连贯、不顺畅,无法取得较好的实践效果,如案例 C2。"我特别希望自己变得更积极、更优秀,也尝试活得更积极点,去参加了一次社团活动,但是我发现这么多人,闹哄哄,不知道自己的位置到底在哪里,也不清楚我在这里能发挥什么作用,依然觉得好无聊。想想,算了吧,还不如待在寝室打打游戏自在。但我觉得天天在寝室打游戏是有点颓废,决定找个事情做,心想反正要考四级的,于是计划每天去背英语单词,几天后,实在是枯燥得坚持不下去……有时候还是会觉得我是一个不能自律的失败者。"(C2)

C2 代表了大学里更普遍的一个群体:有向善向好的心态,但是无法把愿望变成实际行动。深入他们的故事,便会了解到这类学生有这样几个显著特征:一是虽然能从社会、家庭和自我发展的需求出发,生成自己的需求,但是这种人云亦云的需求还没有变成牵引个体成长的需求,只是形式上的需求,而非实质上的需求。内心缺少对需求的深切认同感,因而难以产生内驱力。二是这类学生缺乏自我教育的方法,无法通过"自我认识—自我规划—自我激励—自我管理—自我评价"的反思实践流程监控自己的自我教育行动,最终导致自我突破的努力失败。

(二) 能否用自我教育能力发展过程的三螺旋模型来解释他们的失败?

通过反向案例,了解到成长需求并非大学生自然生成的,需要以自我意识发展水平为基础。自我意识是主体对自身存在的意识,"对自己区别于他物的性质、地位和作用以及由此形成的与他物的关系的意识"。它表现为对自己需求、能力、责任等的认识,是自我概念、自我评价和自我理想的辩证统一。上述三个案例的自我意识发展水平还未达到大学生应有的水平,因为对自己缺乏认识,不了解"我是怎样的一个人",也无法正确处理外界对自己的认识,不清楚"我这个人怎么样",进而不知道如何去实现自我理想,达成"我应该成为怎样的人"。这样的自我不是真正的主体,因此,自我教育能力的发展必须在自我成为主体的前提下展开讨论。

正因为主体自我意识匮乏,无法形成促进发展的成长需求,所以他们茫然无措,没有目标和方向;即使确定了需求,但是依然无法将形式上的从众的需求变成自我发展的实质上的需求,因此还是缺乏驱动力。换句话说,这些学生并未形成能促进个体发展的成长需求。案例 C1、C3 在第一个驱动环节便无法持续。C2 虽然有了名义上的成长需求,但并未通过对自我意识的深加工,变为自己实质上的向往和渴望,因此,成长需求浮于表面,满足需求的行为难以持续。

没有实质的成长需求的驱动,自我教育反思实践就无法正常开展。C2 因成长需求的表象性,兴致勃勃地开始执行计划,在此过程中,没有认识到目标定向对个体发展的意义,只是抱着"大家都在准备,我跟着走总不会错"的从众思路,没有深入分析达成目标需要克服哪些困难,自己怎样才能达成目标。除了"学英语"这样一个笼统的规划,他没有为什么学、如何具体学的分解指标,因此无法很好地调动自我激励、自我管理、自我评价的监控作用,使得自我突破的行为浅尝辄止。

没有成长需求牵引的自我教育反思实践活动,就无法达成大学期间的自我同一。毕业访谈时,C1、C2虽正常拿到了毕业证,但心事重重。C1遵从父母的安排,到了亲戚的企业就业,但笔者并未从他眼里看到对未来的兴奋与喜悦。最后,C1说:"我觉得我是大学里的失败者。大学期间应该有很多值得去做的事情,我没有尝试;很多老师、优秀的同学希望与我同行,我始终没有兴趣。因此到今天,我依然不知道我真正的方向在哪里。我希望在未来,我还能找到热爱和意义。"

C1的无意义感让他在大学生涯里得了"空心病",拒绝参与、拒绝探索、拒绝改变,放弃了自我的成长。他在自传材料中忏悔:"我知道我错了,从头到尾都错了,但是改变不了。我也很无奈,没有改变的力量,没有被逼到尽头,没有很强烈的刺激真的还改变不了。"

C2认为大学期间的挫败大于成就,累积了众多的负面能量,最后给出一个标签"我就是意志力薄弱的人",对自己充满了怀疑与否定。他说:"我的状态还不光是游戏引起的,而是大学之前的习惯、观念引起的。父母对我的性格培养很少,只是告诫我要好好读书,自主意识没有得到培养。如果大学也像高中那样安排课程,可能好点,固化的模式,告诉我要干什么,把我的时间塞满。但是经历第一次期末考试后,我发现平时不用听,抱佛脚,结果也还可以,知识不是循序渐进来的。"

C2理性地分析了自己的得失,自主意识的缺失、成长需求的欠缺、大学宽松的学习制度共同促成了C2们投机的成长心理。但他们最终都没有从内心接受自己、欣赏自己,也没有形成稳定的自我概念。

关于自我的发展,玛西亚(Marcia)认为,个体如果无法将自身意识、动力、能力、信仰和历史进行再组织,纳入一个连贯一致的自我形象中,或者说个体根本没有能力选择,那么就会产生角色混乱。她按照"探索"和"承诺"两个变量维度,得出了三种自我同一性危机类型。这三种"危机",在本书案例中表现为:C1未经充分探索,屈从权威,属于"同一性早闭"类型;C2有危机意识,在危机中挣扎但仍然积极探索,属于"同一性延缓型";C3则是既不探索也不承诺的"同一性混乱(扩散)型"。他们均遭遇了不同程度的自我认同危机,无法获得来自自我和集体的自我认同感,也就很难形成全新的积极的自我概念,并将这种稳定的自我概念带入下一阶段的人生发展中。

通过对以上两个问题的回答,可以进一步明确"大学生自我教育能力发展过程"研究的理论边界:独立的自我意识是大学生自我教育能力发展的基础,当大学生自我意识发展迟滞时,个体不能作为独立的主体,参与到自我教育活动全过程,自我教育能力发展更无从言说。因此该理论适宜于解释具备一定自我意识的大学生自我教育能力的发展。在大学场域中,自我意识发展迟滞的大学生或许正经受着自我发展的同一性危机,学校首先要解决的是促进这类大学生自我意识的发展,引导其解决如何认识自我、认识大学等关键性问题，帮助其适应独立学习和思考的大学环境，找到他们自己的新定位、新目标。

三、理论模型饱和度的检验

理论模型饱和度的检验主要是对模型的类属解释力的进一步验证，进一步澄清类属之间的逻辑关系。本模型验证主要采取两种途径：一是继续进行访谈，寻找其他学校的案例，与模型进行比较，说明异质性学校的差异是否对模型解释力产生影响。二是通过第一章列举的其他论著、传记、优秀学生汇编材料等进行三角验证。

（一）与其他高校案例的比较

为了保证研究的信度和效度，笔者通过课题组成员补充了其他高校的10名优秀学生案例，对模型T8进行验证。在此前扎根理论分析基础上，重新修订了访谈提纲，聚焦在自我教育能力发展的过程上，关注成长需求的形成及发展、自我教育能力提升过程及结果。通过资料分析，对比发现，这10个案例均在"成长需求—自我教育反思实践—自我同一"的整体发展框架中，其中，对于成长需求的实际性生成，多个案例进一步强化大学生责任（应然）变成兴趣（实然）是自我教育非常重要的变化阶段。因此，需求的来源、结构、跃迁是成长需求内化成为动力必不可少的环节。同时，在自我教育反思实践活动中，自我教育能力发展必须经过自我教育活动环节，通过反思和实践，促进自我教育能力要素的发展。最后，达到对自己的接纳、认同，达到新的自我认知水平，形成较好的自我效能感，为下一阶段的自我教育及发展奠定坚实的基础。由此可见，模型T8对其他案例高校优秀学生的成长轨迹具有较好的解释力。

（二）三角验证

三角验证的资料包括已出版的优秀学生传记材料、新闻媒体报道的优秀学生成长事迹、本校教师的访谈记录、笔者多年从事学生工作的观察及其他访谈笔记等。任课教师、班主任、辅导员、科研导师等不同类型的教师们从认知及发展过程两个角度进行了反馈，一致认为提升大学生自我教育能力是高校教育质量进步的关键因素之一，教师应重视学生自我教育意识及能力的培养。大学生自我教育能力发展确实需要学生有内生的成长需求驱动，经历一个又一个自我教育反思实践活动，采用多种自我教育的方法，才能提升自我认识能力、自我规划能力、自我激励能力、自我管理能力和自我评价能力，最后实现大学生自我教育能力的全面发展，从本质上提升自我的境界。其他材料也充分证明大学生自我教育能力发展是一个有整体规律，有发展阶段，也有个性特点的过程，总体上符合T8三螺旋结论。

综上所述，与其他高校案例的比较及三角验证，结果都表明理论模型T8有非常高的解释力，同时并未发现有其他的支援类属出现。可见，从目前的研究来看，大学生自我教育能力发展过程理论模型T8已基本达到了理论饱和。

第四节　分析框架：大学生自我教育能力的三螺旋发展过程模型

一、理论视角与研究材料互动中形成的分析框架

通过对大学生自我教育能力发展的经验材料进行扎根理论分析，马克思主义关于人的全面发展的理论、建构主义学习理论、人的需求理论以及大学生发展的理论观点，帮我们进一步明确了研究问题，并协助我们发现和凝练本土概念，不断调适底层理论的解释力，并逐步抽象，不仅形成了围绕自我教育能力发展过程的理论模型，而且建构了本书的分析框架。

自我教育能力是贯穿大学生发展的主线，这不仅是从材料中得到的启示，而且从理论演绎过程中也能找到依据。马克思主义关于人的全面发展的理论，一方面奠定了外界环境关于大学生发展的整体认知，即社会、学校和家庭都希望大学生不仅能获得个体成长，而且所得到的发展是适应社会发展需要的全面发展；另一方面，也为个体发展提供了方向参考。大学生全面发展的过程就是大学生运用自我教育能力不断自主建构、提升的过程，每一个大学生的成长史就是一部自我教育能力的变迁史。观测大学生生涯发展，某种程度上就是在观测他们自我教育能力的变化。根据 20 世纪 60 年代兴起于美国的学术观点，大学生发展理论主要包括个体发展理论（individual development theory）和院校影响理论（college impact theory）两大类，这两类理论互为补充，阐释了大学生发展过程的影响因素、机制和结果。个体发展理论认为大学生发展是其自主、自控的发展过程，主要关注大学生在就读期间个体内在改变（intra-individual change）的具体内容、性质，以及内在影响因素如何影响个体发展。早期以科根（Kegan）、巴克斯特-马格达（Baxter-Magolda）的自我主导理论（self-authorship theory）和瑞芙（Ryff）的心理幸福感理论为代表。院校影响理论主要从社会学的角度强调大学生成长的外在环境与大学生发展、学习之间的联系，探索学校及个体因素的影响，如阿斯汀（Astin）建构 I-E-O（投入-环境-产出）模型，提出了学生投入理论（student involvement theory），即学生的发展与其在特定环境的投入及互动密切相关；汀托（Tinto）提出了学生辍学互动模型（interactive model of student departure），帕斯卡雷拉提出学生评价变化的一般模型（general model for assessing change），韦德曼（Weidmen）提出本科生社会化模型（model of undergraduate socialization）等。帕斯卡雷拉认为大学学习经历作为一种长期效应对个人的整体认知发展和思维技能产生了重要的影响，而且大学学习经历为个人终身学习能力的提高和持续的智力发展打下了认知技能的基础。从建构主义学习理论的角度来说，个体只有通过投入、参与以及和院校互动，才能建构大学成长所需要的知识、能力和素养。在这个建构的过程中，自我教育能力的发展即是媒介，也是重

要的发展目标。

  个体的成长需求是自我教育能力发展的驱动力。人的需求理论把需求视为人的一切活动的先行动力，认为需求不仅驱动人的活动，同时也通过满足需求的实践活动"生产人自己"。案例学生把外部环境期待和内部实际情况相结合，生成了自己的成长需求。他们的需求多种多样，有满足大学期间生存的需求，一些学生把获得学费、生活费作为自己成长中最重要、最基础的需求，自强自立的初衷可能只是满足马斯洛所述的生存需求；有学生把获得认可、收获良好的社会关系作为自己的成长需求，这是安全、爱和归属的需求，从某种程度上说，也是成就需求理论中的关系需求；也有学生把学业成就、能力发展当作最重要的成长需求，这是自我实现的需求，也是成就需求。尽管需求的选择不一样，层次不一样，但成长需求都成为个体发展的先行驱动要素，是个体自觉主动开展自我教育实践的内驱力的形成条件。由此可见，关于人的需求理论支持把大学生的"成长需求"作为自我教育能力发展的首要因素。

  自我教育反思实践是满足大学生成长需求的必经过程，是自我教育能力提升的核心环节。按照自我教育能力要素，大学生在自我教育活动中，全面发展自我认识能力、自我规划能力、自我激励能力、自我管理能力和自我评价能力，而这些能力作为重要的自我教育活动方式发挥了核心作用。反思实践贯穿于活动中，以主体自觉、自省的方式促进能力的发展。从大学生发展理论看，无论是院校影响理论还是学生投入理论，最终都要通过大学生自我教育活动中的反思实践和自我建构取得个体成长的突破。归根结底，个体的自我教育反思实践情况是自我教育能力发展差异的最显著的区别因素。由此，自我教育反思实践作为满足大学生成长需求的下一个环节，既来源于理论，又符合案例的发展脉络。

  自我同一是大学生自我教育能力发展的阶段性成果。依据人的需求理论，大学生需要完成特定阶段成长需求的发展任务，才能够获得稳定和谐的自我。自我同一不仅是对大学生自我能力的肯定，更是对大学生精神品格、人格特质的肯定。大学生就是在一次又一次的自我教育反思实践中逐步形成自觉、自信、自强、自律、自立的良好人格，一方面获得积极正面的自我评价，另一方面也相信自己在未来生活中，有能力解决发展中的更多难题。这种对自我的接纳、肯定和欣赏，正是埃里克森、齐克瑞等学者强调的青年时期（大学阶段）的发展任务——要获得"自我同一"。因此，自我同一是自我一致、自我恒定的目标和行为，是对自我贯通的需求和能力的有力总结。因此，自我同一作为大学生自我教育能力发展过程的最后一个核心要素，是理论与材料的共同归旨。

  由此，我们可清晰看到大学生自我教育能力发展过程的脉络：大学生在成长需求驱动下，为满足成长需求，自觉主动地开展自我教育反思实践，不断提升自我教育能力,达到自我同一的阶段性目标。其中,成长需求、自我教育反思实践及自我同一成为模型的重要的三要素。这一模型不仅揭示了大学生自我教育能力发展的阶段性过程,而且大量案例显示,大学生自我教育能力发展过程呈现三要素螺旋式上升的发展趋势。达到自我同一,并不意味着自我教育能力发展过程的终止,而是标志着下一轮自我教育实践的开始,由此达成自我教育能力的动态式发展,贯穿人的一生。综上,可以形成分析框架,如图2-11所示。

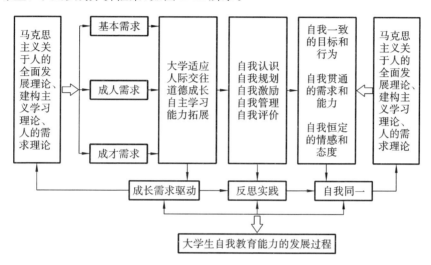

图 2-11 大学生自我教育能力发展过程分析框架

二、研究的伦理

关于研究者与个案的关系。研究者使用多重身份进入个案的学习和生活中,这些身份关系如下。一是师生关系。笔者长期从事学生工作,也担任学校学生心理及发展咨询的工作,在专业性上能赢取学生的信赖。抽样的学生都特别关注自身的发展,也渴望在与老师的交流中更清晰地认识自己,获取发展的建议,因此,老师的身份利于组织访谈。二是朋友关系。笔者长期与学生保持平等的交流关系,学生觉得我是可以互诉衷肠的"知心大姐",该关系有利于获得丰富的访谈信息。三是研究伙伴关系。很多学生非常支持本课题研究,认为探索清楚大学生自我教育能力的发展规律有利于学校教育教学改革,推进大学生个人发展,同时对如何研究有着强烈的好奇心。三位提供个人日记的学生便是其中的代表。

关于研究者的介入对学生学习、生活的影响。本研究的访谈建立在学生发展咨询基础上,所以受到学生的普遍欢迎。不少研究对象回馈,访谈之后,在日常学习、生活中更加注意有意识地进行自我分析、自我规划,还有些学生开始通过写反思日记的方式总结每天的生活,通过跑步有意识地锻炼自己的意志力等。整体上,本研究对学生没有造成困扰,反而促进了学生有意识地开展自我教育。

三、研究的信效度及扩展性

效度是传统的实证主义量化研究的判定标准,采用的方法是通过客观的测量和对量化结论的推论寻求普遍性的法则。质的研究虽然范式不同,但也面对有可能出现的"效度威胁"(validity threat),即那些有可能使我们在效度方面犯错误的因素。效度检验的常见策略有对个案长期、集中的跟踪关注,收集丰富的资料,受访者干预、检验,寻找不一致的资料与反面案例、三角互证、对比等。通常,我们会有意识地去寻找资料中相互冲突的内容以及相互矛盾的结论,寻找反例去证伪,使用不同层次的样本、差异极大的样本去进行效度检测。本研究通过丰富的资料,集中关注大学生发展状况,参考研究对象之外的学生案例,确保本研究效度,同时采取三角检验法和比较法在不同学校、不同学生案例中去检测效度,结果证实大学生自我教育能力发展过程的三螺旋模型具备较好的解释力,适宜于解释不同学校、不同案例学生自我教育能力的发展过程。

大学生自我教育能力的提升是积极建构的过程,虽然不同大学生所经历的阶段趋同,外部环境维度相似,然而不同主体的建构路径却不尽相同。因此,可考察不同主体的意义建构过程并进行比较,从而确保较高的研究效度。

如上所述,本研究采用的是建构主义的理论生成方式,希望从优秀学生身上建构大学生自我教育能力发展的模型。此模型对所有高校和大多数学生是否具备推广性是需要慎重考量的问题,即外部推论和内部推论的问题。有学者指出,质的研究不具备将研究结果推论到样本以外的能力。它的长处在于通过少量的样本的深入研究获得更深刻的理解。而有的学者认为,质的研究具有一种显而易见的推论性,即我们没有确切的理由认为此结论不具备推论性。笔者认为,自我教育能力在某些学生身上发展较好,这些学生的能力如何发展要比能力较差的学生更具有研究价值,有更丰富的个体经验可以总结,这些经验对其他学生本身具备借鉴意义;每一个研究对象都是独立的个体,从个性身上总结共性,共性对其他个体的发展有指导意义。

本章小结

本章通过扎根理论的方法,逐步选取案例,采取连续比较的策略建构大学生自我教育能力发展过程的模型。

首先,通过对个案 H1 资料的微分析和编码,形成 H1 自我发展的初始理论模型 M1,发现自我教育能力是大学生自我发展的重要环节,并以自我教育能力活动为中心,形成个体需求驱动、成长因素影响、自我发展调控的互动网络。

其次,通过差异性抽样的方式继续选取案例,依然采用 H1 的分析策略,获得 H2

的初始模型 M2，并将其主要类属与 M1 进行比较，获得大学生自我教育能力发展过程的初步理论 T1。依此范例，逐步抽样，进行案例间的比较，到分析案例 H8 时，在发展过程维度上基本形成饱和，形成了"成长需求—自我教育反思实践—自我同一"的三螺旋发展结构。本研究与其他研究的不同之处在于，不仅要展示过程规律，还要在过程规律之下，探索支援类属的深层结构，界定"成长需求"和"自我教育反思实践"两个核心理论概念。因此，通过对 H9 至 H40 的连续比较，进一步验证这两个类属有没有新的支援类属，一直到形成成长需求的五个维度——大学适应、人际交往、自主学习、道德成长和能力拓展，且再无新增维度；得到自我教育反思实践的五维结构——自我认识能力、自我规划能力、自我激励能力、自我管理能力、自我评价能力，基本涵盖自我教育活动的过程。同时，通过对多案例比较，厘清了不同案例所包含的微观发展路径，即成长需求基本遵循"需求的来源（产生）—需求的结构（内容）—需求的跃迁（发展）"的发生机制；自我教育反思实践则包含自我认识、自我规划、自我管理三个必经途径，以及自我激励和自我评价两个既可独立又可贯穿发展始终的要素，最后达成"自我一致—自我贯通—自我恒定"的自我同一性状态。

再次，在已经形成的核心类属基础上，进一步通过与资料、与理论的对话确定核心类属。从类属的上下位概念、从概念的逻辑关系中，确立"大学生自我教育能力发展过程"为核心类属，明确生成需求是过程的驱动要素，自我教育能力反思实践是能力发展的核心环节，自我同一是能力发展的阶段性成果。通过对反例分析回答"自我教育能力相对较弱的学生存不在自我教育？""能否用自我教育能力发展过程的三螺旋模型来解释他们的失败？"这两个关键问题，从而确立自我教育能力模型 T8 的理论解释边界：适宜于解释具备一定自我意识的大学生的发展，不适宜解释自我意识发展迟滞的大学生的发展。针对后者，首先要促进其自我意识的发展，才能引领其提升自我教育能力。经对其他学校案例的验证，以及对其他著作、传记、本校教师访谈记录、优秀大学生事迹材料汇编等辅助材料进行三角验证，证明大学生自我教育能力的发展是有整体性规律、有发展阶段、有个性特点的过程，符合 T8 三螺旋过程发展模型。

最后，通过对理论和材料的再审视，进一步明晰概念框架的建构，确定本研究的分析框架。T8 三螺旋过程发展模型来源于对经验材料自上而下的分析，通过需求与理论的不断对话，达成理论和材料的充分贴合，从而确证关于大学生自我教育能力发展过程模型的解释力。分析框架在理论演绎及资料分析的基础上，不仅要关注过程的三要素，而且还要围绕理论模型的形成过程进一步解析三要素之间的相互关系及单个要素的微观发展机制，丰富研究的内容和深度。此外，回溯研究过程，其研究伦理符合规范，研究结论的信效度及扩展性较好。

本章参考文献

[1] Freidson E. Doctoring Together:A Study of Professional Social Control[M]. Chicago:University of Chicago Press,1980.

[2] Terenzini P T, Springer L, Pascarella E T, et al. Influences Affecting the Development of Students' Critical Thinking Skills[J]. Research in Higher Education,1995,36:23-39.

[3] 陈向明.扎根理论在中国教育研究中的运用探索[J].北京大学教育评论,2015,13(1):2-15,188.

[4] 潘绥铭,姚星亮,黄盈盈.论定性调查的人数问题:是"代表性"还是"代表什么"的问题——"最大差异的信息饱和法"及其方法论意义[J].社会科学研究,2010(4):108-115.

[5] 王晓晖,风笑天.定性研究的结论外推逻辑和抽样技巧[J].贵州社会科学,2017(3):87-92.

[6] 车文博.当代西方心理学新词典[M].长春:吉林人民出版社,2001.

[7] 陈向明.质的研究方法与社会科学研究[M].北京:教育科学出版社,2000.

[8] 高清海.马克思主义哲学基础(下册)[M].北京:人民出版社,1987.

[9] [英]安东尼·吉登斯.现代性与自我认同[M].夏璐,译.北京:中国人民大学出版社,2016.

[10] [美]朱丽叶·科宾,[美]安塞尔姆·施特劳斯.质性研究的基础:形成扎根理论的程序与方法[M].朱光明,译.重庆:重庆大学出版社,2015.

[11] [美]约瑟夫·马克斯威尔.质的研究设计:一种互动的取向[M].朱光明,译.重庆:重庆大学出版社,2007.

第三章 成长需求驱动：大学生自我教育能力发展的发生机制

走进大学生的成长故事时，笔者发现他们常常以"入学之初，我希望……"的句式，开启一段生涯讲述。"我希望"是一个愿景，更是个体成长的需求。心理学家认为，有机体内部的某种缺乏或不平衡状态产生了需求，需求不仅是有机体生存和发展对于客观条件依赖性的体现，更是有机体活动的积极性源泉。换句话说，需求导致了理想与现实的矛盾张力，矛盾是一切事物存在的客观条件，同时也构成了人与人、人与社会、人与自然之间的非对称性价值关系，并且促进事物的发展。大学生在一年级时，这种矛盾的表现尤其突出，刘献君称其为"大学生第一个过渡阶段"，大学生在面对思想上的自我教育、目标上的自我选择、学习上的自觉、管理上的自治、生活上的自理等一系列问题的时候，思想和心理发生了急剧变化。此时，重新确立目标和方向，形成实质性的成长需求，培育牵引发展的内生动力尤为重要。

国内外学者对成长需求的概念从不同的角度进行了分析和界定。心理学专家侧重从生理、心理上对需求进行区分，如马斯洛就按照人对需求满足的先后顺序，提出需求的五层次理论，从关注基本需求到关注发展的需求。教育学者则侧重关注个人发展需求与社会需求的关系，强调转化生成。如叶澜认为，成长需求是在人的生命成长过程中产生并与成长相关的个体需求，是学生自我意识觉醒的结果，也是学生自我发展的必经之路。她从增强学生发展内动力和个体能动性的角度，提出应重视学生成长需求的满足与提升。学者李伟认为，成长需求包含成长过程中的需求、学生主体对自身成长的需求、教育者对学生成长效果的需求三重要义，这三层含义依据情境转化，形成关联。本研究认为，分析大学生成长发展的动力必须将成长和需求结合起来,因为成长本身是一个变化的、动态的过程,而随着成长的变化,个体需求也随之变化,无论是自发的生理性成长需求,还是受到社会环境影响的社会性成长需求,都处于不断的变动之中。因此,本研究将大学生的成长需求界定为:在大学生的发展过程中,个体内部与外部环境的互动建构中产生的与成长相关的需求。这些需求具有阶段性和层级递进性,是人发展的重要动力系统。

人的需求理论解释了需求是引起人的发展活动的重要动因,人借助满足需求的自我活动、生产劳动促进了人和社会的发展。在大学生成长资料分析中,也不难发现,成长需求是大学生确定发展目标、启动自我教育实践的驱动力,大学生满足需求的愿望越迫切,就越能激发个体的自我教育。那么,他们的成长需求从何而来,在学习生活中建构出了什么样的需求内容,对于个体而言,需求又是如何发展变化的,这条从产生到发展的线索诠释了自我教育能力发展的发生机制。

第一节　需求的来源:多案例的启示

在所调查的学生看来,大学期间的成长需求有多重来源,按主导类型划分,主要有两类:一是外部影响主导的生成,经历从他人期望到自我期望的发展过程;二是个体的自觉生成,主要是成长经历中综合因素导致的从情感认同到个人情结的发展过程。

一、外部影响生成:从他人期望到自我期望

(一)院系的愿景

愿景是教师们希望看到的情境,是院系人才培养文化的集中体现,是在一定的历史阶段,院系师生团体所理解和认同的标准、价值、信仰、传承等组成的意义传播系统。不同院系有不同的文化传承、办学风格、管理制度及人文环境等,共同塑造了不同的院系精神与专业文化。正如涂又光提出的"泡菜理论",即泡菜的味道取决于泡菜汤,校园环境好比泡菜缸,它影响和决定了浸泡在其中的学生的整体精神风貌和行为风格,从而培养出带有院系独特文化印记的学生。文化对人的影响是整体的、潜移默化的,渗透在学生的方方面面。如受访的化材学院学生都谈到了"学在化材"和"本科生导师制度"对自己的影响。

"'考研率高'成了我们院系的代名词,在师兄师姐分享考研经验时,我被他们那种奋发向上、持之以恒的精神以及考取后的成就感所深深震撼。自此,我的心里便埋上了考研的种子……大二上学期,我进入××老师课题组。实验室浓厚的科研氛围,激发了我的科研热情,考研的种子在这种自然而然的影响下,长势不可挡。"(H22)

"当我正式成为化材学院的一名学生时,我就感觉到我们学院与其他学院的不

同。我们依然沿袭高中的习惯,上早自习、晚自习,更夸张的是经常会有老师也带着书来陪读。几乎没有逃课的情况,你一看这严阵以待的学习氛围,就觉得懈怠是犯罪。一进学院大楼,一楼大厅展示的是各种类型的优秀学生,考研风采榜、竞赛达人榜、科研新星榜、励志成长榜……,好像成为化材人,如果最终不贴在一楼大厅里,这大学是白上了。在这种积极向上的氛围里,我慢慢地被同化成一个拿了多次奖学金的学霸。"(H23)

从案例中可知,院系通过环境设置、氛围营造、宣讲宣传等方式展现其期许,促使大学生产生角色意识,激发其履行角色的责任感,并通过情感动员、行动塑造的方式,催生学生的成长需求。从学生的角度,这样是在外部引导下展开对自我角色的探索,从而确定自我的角色意识,滋生"如何成为一名优秀大学生"的责任感,对优秀典型、榜样事迹产生情感认同,把院系期待内化为自身成长的需求。在H22的经历中,学业成就需求(考研)不再只是一种情绪情感上的认同状态,经过实实在在的科研训练,学生对学业产生兴趣并获得行为上的认同体验,名义上的成长需求变成了切实认同并亟须践行的需求。H23则是在良好的学风氛围里,发展出积极向学的成长需求,养成积极上进的行为习惯,最终成为一个学业优秀的大学生。

(二) 长者的期待

长者的期待是伴随着大学生成长的重要因素。父母、亲友、老师的期待,准确地说,是对大学生理想角色的希望。个体根据自己角色身份和所处的特定位置,并按照外界的角色期待和规范要求所实施的一系列角色行为,称为角色扮演。大学生处于实际情境中的成长需求与长者的期待吻合,更容易取得大学生的内心认同,大学生也将此理想角色作为自己的角色目标,在角色定位、角色学习和角色实践中一以贯之。

"有一段时间,我没有目标和规划,感觉漫无目的,心情格外低落。正好有一天晚上,下着雨,父亲打来了电话。为了不打扰同学,我撑着雨伞站在宿舍楼门口的广场上告诉父亲我近期的生活和感受,父亲跟我讲了一些他的生活体会,给了我一些建议,希望我一个人在外要更坚强,更有目标。和父亲那一次在雨中的谈话给了我很大的力量,那晚我围绕我是一个什么人、我希望怎样、我可以怎样等问题想了很久,决定要勇敢开启我的新生活,像父亲希望的那样。"(H14)

H14从没有需求的迷茫状态,到和父亲的一席深入交谈,慢慢意识到重新认识自己,并找到发展方向和目标,是当下最紧要的事情。对自己状态的不满、与父亲理想女儿形象的差距,激发了H14新的成长需求:考教师资格证,争取在大学期间获得教师资格。此后,她朝着父母和自己希望的样子,充实地度过她的每一天。

"非常奇怪的是,班主任只跟我谈了两次话,就认为我是个有责任心、能当好班长的人,她总是充满信任地看着我,重视我的一切建议,并总是能从我有些不切实际的想法中,理出一条真正有价值的方案,去解决我当下的困境。在她的鼓励下,我带着班集体搞了一系列活动,每一次精心组织的活动都极大地凝聚了班集体的发展共识。在我们班,'自己好,不算好;大家好,才是真的好'慢慢变成了38名兄弟姐妹的共识。我致力于让集体更好的事业,也非常幸运,班主任会把这样光荣而又神圣的事业交到我手上,让我成为这个集体的一只重要的'头羊'。也正是这样的成长经历,让我最终选择了考公务员,站在更大的人生舞台上,团结更多的人,为更多的人服务。"(H37)

老师的角色期待,让 H37 备受鼓舞。他也努力让自己成为不负老师期望的班长。积极的角色期待慢慢演变成为自身的成长需求,成为 H37 自信心和价值感的体现。尤其当他的个人意志变成集体意志时,他的角色实践获得了极大的角色肯定,这种肯定又激发他产生职业理想的需求——成为公务员。

(三) 朋辈的影响

众多的外在影响因素中,对大学生而言,提及最多的是朋辈的影响。大学生朋辈榜样文化弥漫在大学生群体之中,更容易发挥榜样的示范引领作用,更符合教育的潜隐性、渗透性和非强制性特征,能够得到大学生广泛和由衷的认可,从而实现"点亮一盏灯,照亮一大片"的效果。在大学生成长过程中,班级氛围、寝室氛围这样的微环境更能影响大学生的成长,因为朋辈群体为大学生提供了互动、示范和自省的最密切、最直接的微观环境,朋辈新老传承、群体协同和榜样示范的优势,构建了大学生的成长新平台。75%的受访学生都谈到了朋辈的影响,50%的受访学生认为自己的发展目标是在参照榜样的基础上做出的。具体有如下几种类型。

一是榜样示范型。H3 在入学之初参加的一次学院表彰大会上,看到同专业的学姐 WY 讲述自己的成长故事,WY 的故事为 H3 展开了大学的崭新画卷。H3 满心期待:"原来大学生可以做这么多事,可以取得这样多方面的成绩。"后来 WY 又成为 H3 所在班级的班主任助理,在进一步的接触中,她们成了好朋友,关于大学生活怎么过,WY 给了很多建议,帮助 H3 做了大学生涯规划。H3 似乎是沿着 WY 的发展路径,获得了特等奖学金;代表学院参加本省实验技能竞赛,并取了一等奖的好成绩;加入学生会,担任了学习部长的职务……大学生活紧张而又充实。当 WY 考上省内一所 985 大学研究生的喜讯传来,H3 默默地坚定了考研的信心。榜样的选取契合 H3 的成长需求,WY 既满足了作为榜样的优秀条件,又具备亲近的人格魅力,能够与 H3 深度共鸣,激起 H3 的学习欲望。所以在榜样的影响下,H3 结合自己的意愿,选择了与榜样类似的发展目标,主动向榜样学习,并在这一过程中,不断与榜样对照、对话,形成个体持续发展的动力,引导自己成为如同榜样一样积极进取、勤奋努力、目标明确的大学生。

二是群体感染型。大学生进入大学,学生所处集体的整体氛围也会对大学生的成长需求产生深远影响。如上文所述 H37 的班级,曾经获得全省"活力团支部"的称号,这个班集体中有 85%的学生获得过各类奖励。一个好的集体,滋养每个浸润此中的大学生,引导他们产生积极健康的需求。正如刘献君所强调的,环境与人的具体需求密切相关,环境不仅决定了人的具体需求,还决定了人所需要的具体能力,甚至决定了需求的具体内容。因此,学校教育应重视学生成长整体环境的建设,不仅包括大的校园文化环境,还包括学生成长的微环境,以激发学生的需求。案例中,物电学院的 H29 自从加入了电子科学技术协会,就找到和自己志同道合的一群人,在协会骨干成员的影响下,他对制作电子小工艺品及编程产生了浓厚兴趣,随后又被选拔进入电赛团队,开始了一系列的专业竞赛活动。正是小伙伴们那种夜以继日的钻研精神,深深打动了他,让他也义无反顾地成为这个组织中"靠谱"的奋斗者。还有不少受访者谈到了学生会组织成员对自己的影响,他们在积极进取、不怕苦难、勇于挑战等人格特质的加持下,使所在的青年团体充满了吸引青年人、锻炼青年人的魅力,使组织成为优秀青年的聚集地,发挥着育人的"泡菜缸"的作用。很多大学生由此产生在组织中"能力拓展"的成长需求,真正适应组织发展的需求,满足自我成长的需求。

二、内部自觉生成:从情感认同到个人情结

一部分受访者的成长需求来源于个体独特的成长经历,受成长环境、父母师者、朋辈影响较小。体育学院 H6 小时候,父母早逝,他在地方政府部门的帮助下,与某军区结了长期的帮扶对子,在一些军人叔叔的关怀下,他健康成长,并顺利考取了 H 大学,成为一名大学生。刚入校没有多久,他就积极响应学校参军入伍的号召,选择去"做和那些长年关怀自己的军人叔叔一样伟大的人"。可以说,参军入伍就是他从小萌生的想法,是他的个人情结。H6 如愿接受了部队的历练,服兵役期间不怕苦累、不怕伤痛,勇敢地挑战自我、精武强能,在部队的众多训练项目中获得优异成绩。对他来说,参军入伍,是个人道德层面上的一次集中回报,是对长期帮扶他的军人叔叔致敬、感谢乃至传承。受访的学生中有 12 名家庭经济较为困难的学生,与其他受访者不同的是,这 12 名学生身上都有一种早熟的气质,入学之初就有了努力学习、争取拿奖学金等自强自立的想法。学者程猛认为这些家庭经济困难又通过教育向上流动的"读书的料",能够切身体会父母的不易、生活的艰辛,因而在一直以来的求学生涯里,以"懂事"自居,获得了好学生的品性及先赋性的道德动力,督促自己珍惜来之不易的求学机会,形成了独特的文化生产路径,获得较好的学业成就。因此,这类学生往往不大需要外界鼓动,就有着强烈的"独立生活""自主学习"的成长需求。

"在我小学的时候,一场意外的车祸让爸爸成了植物人,但我们都没有放弃,妈妈让我总是跟爸爸说话,或许有一天奇迹会发生。所以,我每天放学后的第一件事,就是在爸爸床头喊爸爸,给爸爸讲我在学校发生的事。那一段时间是我们家最困难的时候,高昂的医疗费花光了所有的积蓄,妈妈一边照顾爸爸,一边外出做零活,年迈的爷爷也要出去工作。在全家人努力下,有一天我跟爸爸说话的时候,爸爸的手指动了一下,全家人兴奋异常。虽然最终,爸爸并没有恢复如常,依旧生活不能自

理,但他能向我们眨眼、回应我们说的话就是一家人的幸福。生活总是在我们满怀希望的时候给我们当头一棒,就在我们认为一切都会越来越好的时候,家里的主心骨爷爷因患癌症去世了。家里全部的重担都落到了妈妈身上,妈妈从来不抱怨,总是跟我说,一切都会好的。她的态度深深影响了我,让我即使在苦难里也并没有觉得自己和其他孩子有什么不同,也让我一直更积极、更乐观地生活。我努力学习、奋力地生长,梦想用知识改变命运……进入大学后,我获得了助学金,很快,我也明白了自己的目标是什么,认真学专业,积极参加活动,一方面希望获取奖学金减轻妈妈的压力,另一方面也努力使自己更加优秀。大二的时候我获得了国家励志奖学金和学校二等奖学金,这些荣誉也激励着我不断向前,激励着我以更乐观的态度去生活。"(H7)

独特的成长经历塑造了H7乐观向上的品性,无须父母、师者谆谆教诲,她已在从小长大的岁月里养成体察父母、师者期待的能力,也深刻明白在没有更多选择的情况下,唯有依靠自己的努力,学好知识,考上大学,才能真正"突围",改变家庭困境。这类学生上大学后,往往有一种来之不易的"珍惜感",同时还有一种普遍的"孤军奋战感、紧迫感、恐慌感"。"上大学的目的是获得今后安身立命的生存本领,我们这些家庭困难的,也没有任何其他的依靠,如果自己不努力,不抓紧时间,怎么能真的改变未来呢?"(B1)与其他学生相比,他们有一种经受历练的成熟,对自己的处境、对自我往往有更全面的认识,能清晰定位大学生的理想角色,并结合自己的情况,从缺失性需求出发,希望首先满足独立生活的需求,然后是成长型需求。

第二节　需求的结构:大学生自我教育能力发展的五重需求

对于需求的结构,20世纪60年代马斯洛(Abraham H. Maslow)在他的著作《存在心理学探索》中提出了需求层次理论,他认为人类需求包括基本需求和成长需求。基本需求有生理需求、安全需求、归属和爱的需求、自尊需求四个逐步发展的层次,而自我实现需求则属于最高层次的成长需求。对大学生发展而言,基本需求和成长需求是两个基本的分析维度。国内外很多学者立足于教育对学生需求内容的关注,提出了不同类型的大学生需求结构。如曼加诺(Joseph A. Mangano)发现大学生的需求由弱至强分别是学业咨询服务、管理政策、理论诉诸实践、个人社交和发展学业能力的需求。戈德伯格(Nancy Goldberger)在巴德学院(Bard College)研究新生需求时强调,大学生有独立自主、自我激励和自我约束的成长需求。国内学者立足于丰富的实证,也提出了大学生的需求结构。如黄希庭认为大学生的需求从强至弱包括发展需求、尊重需求、交往需求、贡献需求、安全需求和生理需求六大类,且某些具体需求成为大学生的主导需求,如求职、友情、建树、自尊自立的需求。在此基础上,孙宝志等在长达20年的大学生需求追踪研究中,认为大学生的需求分为服从需求、成长需求和成才需求，且依次渐强。近几年，华中科技大学院校研究团队从制度设计的层面对大学生的需求也进行了研究，他们采用质的研究方法对开放性问题进行编码，得出大学生需求的类别，包括学校支持、校园环境、管理制度、目标承诺、考核与评价、学生参与六个方面，且每个年级的学生对这六个方面需求的侧重有所不同。尽管学者们研究的视角不一，结论也不尽一致，但基于不同文化背景、不同研究视角的大学生成长需求研究启迪我们要重视需求对大学生成长的意义，把握学生的成长需求，营造广阔的教育空间。正如刘献君所说的，"需要影响了学生的个性结构，大学生需要满足的过程也是他们成长的过程，学生的需要是可以发展和引导的，也是教育的重要依据"。叶澜也指明："在教育中分析需求，主要是因为教育对于个体的意义，就是帮助个体拥有合理、正确地选择自己发展方向的能力，提高个人满足自己成长需求的能力，以及不断发展向新的需求层次跃迁的自觉意识与能力。"可见，个体不断认识自己、发展自己的自我教育活动，就是在需求的牵引下，从无意识到自觉的过程。在这个意义上，大学生的成长需求决定了自我教育能力发展的方向。

在前面扎根理论的分析过程中，"成长需求"是重要的支援类属。但是以"成长需求"为核心类属对 H1 进行编码，又得到大学适应需求、独立生活需求、人际交往需求、自主学习需求和能力拓展需求 5 个支援类属。逐步引入其他案例，采取连续比较的方式，寻找反例，发现"独立生活需求"是大学适应的重要环节，可并入"大学适应需求"类属，因此可删减掉此类属。分析 H2 时增加了"道德成长需求"这一类属，并发现在每一个案例中均有"道德成长的变化"，只是表现形式有的直接，有的含蓄，因此这一类属是大学生成长非常重要的类属。频率较高的类属"爱情需求"可纳入"人际交往需求"类属，"自尊、自信需求"可并入"大学适应需求"类属或"道德成长需求"类属，"职业发展需求"类属可根据具体情境纳入"自主学习需求"或"能力拓展需求"类属，直至没有新的支援类属出现，且不再出现边界交织、概念重叠的情况。同时通过分析 B1—B10 案例、反例及三角验证的方式，明确了大学生成长需求的边界，发现大学生成长需求的五重维度亦符合其他高校案例，且并未出现新的类属。因研究对象的特定性，该结论主要针对普通本科大学生大学期间的成长需求，高职高专学生、研究生、博士生等其他学历阶段学生是否有其他成长需求不在本研究探讨之列。

一、大学适应

大学的第一年是大学适应的关键时期。研究者发现，大学成功在很大程度上取决于新生第一年经历，大一新生一方面要应对较之以往更高难度、更高标准的学习任务，另一方面还要体验并适应强调独立自主、多元文化碰撞的新的生活环境。大学第一年面临目标的失落与确立、自我冲突与认同、理论困惑与选择、学习依赖与主动四对矛盾。第一年的适应不良可能导致新生丧失学习兴趣、降低学习参与率、学习效果不佳、人际关系障碍、精神和健康状态不良等一系列问题，甚至增加中断学业的风险。汀托（Tinto）曾在对学生辍学行为的研究中明确指出，学生个体融入大学学业系统和社交系统的程度对其在校就读行为有显著的预测作用,融入度、参与度越高,大学生的就读体验就越好。因此,大学适应是大学生发展的基础。这一时期的适应主要包括心理适应、学习适应和生活适应。

（一）心理适应

受访学生的心理适应主要包含如下几种情况。一是因高考失利产生的心理落差的调适。这一类学生在 H 大学占比高达 60% 左右,这类充满"高考失利感"的学生,其适应策略是调试这种现实的"失败"情绪,重新获取发展的信心,确立大学期间的发展目标。二是新环境造成的心理困惑的调适。这一类是顺其自然进入大学的学生,他们面对大学新的环境、新的学习方式和新的同学,也会产生许多的适应问题,如自卑心理、独立生活能力差、学习压力大、人际交往能力欠缺、发展目标欠缺等。环境、学习方式和生活的变化等多种因素叠加,使自我的概念面临一系列的挑战。心理学家希金斯(Higgins)的自我差异理论(self-discrepancy theory)指出,个体的自我概念(self-concept)包含理想自我、应然自我和实然自我,当实然自我与理想自我和应然自我的标准产生偏离的时候,个体就会产生负性的情绪和行为,从而滋生心理困惑或问题。对大学生而言,这三个自我无法总保持一致,特别是他们在初入学时,需要重新整合自我概念,从心理、生活、学习等多方面适应和融入新环境,这是大学生首要的成长需求,也是初入大学必须解决的重要问题。

64% 的受访学生认为是高考失利才到 H 大学的。他们的心理适应,首先要走出失败的阴影。正如 H1 那样,在复读和来校报到之间徘徊,最终在开学 5 天后报到了。她的日记里写道:"到了这座古老的小城,换了一辆到学校的麻木,心情就像这辆走街串巷的麻木,碾过的都是泥泞。到了学校,辗转找到一栋老楼里的文学院办公室,接待我们的是年轻白净的辅导员老师,她说,你怎么这么晚才来呢?已经开始军训了。随后,她拿起桌上一沓打印资料,看了看,又说:'你高考分数很高,是在犹豫复不复读吧?没关系的,来这里是一个新起点,你可以再设计你的新目标,比如说考研,考到你想去的学校。'她的话是这么多天我听到的最温暖的话,好像点亮了我苦闷内心深处的一盏灯。或者说,为我这样的选择找到了合适的理由:为了新的发展目标,而不是沉沦在过去的失落里。"(H1)

H1 高考失利了。理想和现实激烈冲突,使她在整个暑假都在批判自己,她对自己的一切都充满了怀疑。到底是上一个不怎样的普通大学,还是复读?一直到大学开学、中学复课,她都还没有明确的想法。好在父母非常尊重她的想法,表示支持她的任何决定。为此,她又多琢磨了几天,回忆了这些年求学的过程,总结自己是勤奋型而不是天赋型的选手,她的心理素质也没有那么好,一次重要的考试或者一次代表全班公开发言的任务都会让她睡不踏实,日夜为此焦虑不堪,直到这个任务完成,才又多了一份自信。她想象,在遭遇这一次失败后,自信心已然支离破碎,她还要带着郁闷的心情在压抑的复读班里继续埋头苦读,这种身心的沉重让她不寒而栗。她还想到,家里的弟弟仅小他两岁,她复读一年,就多花家里一年钱,增加家里的负担。上了大学,她还能去做做兼职,开始独立的生活。想明白这些,大学已经开学了。她对父亲安慰道:"还是去读大学吧,当不了重点大学的凤尾,我就努力去当一所普通大学的鸡头吧。"父母甚是欣慰,仿佛以前那个自信、有主见的女儿又回来了。

不难看出,H1大学适应的关键是重构自我的过程。第一是重新自我认识。她虽然经历了高考的失利,但依然十分客观地分析自己的状态、优势与不足,充分地了解自己,最终选择了去这所二本院校读大学。进入大学后,她冷静地分析自己所处的新环境。既来之,则安之。她积极调适自己的状态,以踊跃参与的精神投入到军训生活中,开始从投稿、播音等事项中找寻自己的自信心。第二是善于自我激励,更善于自我突破。自信心的建立很艰难,她在每一天的日记中都自我鼓励:"除了让自己优秀起来,还有什么办法安抚那样大的失败呢?"她对高考失利耿耿于怀,但同时这次失败给了她更清晰地解剖自我的机会,她迫切走出失败阴影的心态让她更勇于去参与,并选择用自我投入的方式去迎接大学生活。第三,支持她不断变化的原因是自我规划,找到能够激发战斗力的新的目标。她最初的目标是"抛弃那些恼人的妄自菲薄,它们就像绳索捆住了想飞的翅膀;从这里开始,继续想飞的力量,飞向更广阔的天空和海洋"。

到这所新学校,每一名学生都经历了学习场域、生活场域的变迁,新的环境对每一名大学生都是挑战。但面对挑战,学生们的心理适应情况却不尽一样。有一部分学生兴奋而激动,以十分开放的心态去迎接新的人和事,这类学生心理适应能力较强,因而产生的心理困惑也很少。还有一部分学生,如受访中有16名外地学生分别谈到气候环境不适应、饮食习惯不适应、住宿条件不适应、人际交往不适应等,众多学生因为环境变化产生生活上的不适应;还有6名学生谈到对专业的不满意,报考前对专业不了解,来校初步了解后觉得自己没有学习兴趣,其中4名学生有自己喜欢的专业,但是父母做主选报了时下较"热门"的专业,自己处于纠结、矛盾的学习状态中。大部分学生因为对专业的不了解,还存在职业目标困扰。整体上讲,大一新生因为新的学习、生活环境变化,原有的心理平衡被打破,处于无序到有序的过渡阶段。大学生如何去适应,成为他们成长必须掌握的"第一课"。

案例学生采取了多种策略去调适因环境变化产生的心理困惑。一种是转移路径,即积极参与学校组织的新生活动,自我培育新的兴趣。如有的学生积极参加学校组织的"大学生新生适应心理团体辅导营",有的不断强化自己的参与感和融入度,积极地结交新朋友,参加班级、院系系列迎新活动,了解校史、院史、专业发展史,增强自己对学校的认同感、对专业前景的信心,逐步提高对学校的满意度。另一种是破解路径,即直面自己心理不适应的原因,积极找寻解困之法,找到新方向,树立新目标。4名对专业不感兴趣的学生了解了学校转专业的办法后,有针对性地做了个人计划,重新燃起了对大学生涯的期望。36名学生努力在新环境中寻找或培养新的兴趣,在大量的参与体验中挖掘自己的潜能,一些学生学习演奏新的乐器,还有学生对演讲、辩论、电子设计、手工制作等多个领域产生浓厚的兴趣。心理学社会认知结构理论指出,正处于智识、心理、伦理、道德关键性转折阶段的大学新生如果获得新的兴趣和目标,会极大增强他们克服困难和挑战的能力,完成心理层面的适应。

(二) 学习适应

大学生也可能因为多种原因导致学习适应不良的问题。

其一是个体转折期的心理适应问题影响学习适应。心理适应是学习适应的基础,大学生积极昂扬的心理状态有利于大学生学习适应。H1入校时就有非常明确的融入和参与愿望以及发展目标,因此在学习时,"总是坐在第一排,眼睛跟着老师转,所以很少有开小差的时候"(H1),体现出较强的学习自主性。反之,不适应的心理状态会在较长时间内影响学习状态,如H11在上大学后的一段时间里一直纠结"小学教育"到底今后能教什么学科,总觉得选错了专业,直到深入了解了专业后,学习的兴趣才慢慢出现。

其二是学习模式的变化导致学习适应不良。大学学习的内容、方式与高中阶段存在较大差异,大学新生需要在第一年适应期内体会教师教学方法的变化,调适从被动学习到主动学习的状态,把追求得到好成绩的外在学习动机转化为以满足个体求知兴趣为主的内在学习动力。北京大学教育学院课题组曾经对北京地区大学新生进行了调查,结论认为大学生不适应大学管理方式和失去学习目标是学习适应维度较突出的两类问题,如23%的新生觉得"大学的管理方式不如中学严谨",19.8%的新生觉得"初入大学失去了学习目标",16.1%的新生觉得"大学教师的授课方式总让我觉得不舒服",15.6%的新生感觉"不适应大学的学习"。和已有研究较为一致的是,本书调查的案例学生都经历了学习适应的过程。这些学生习惯了高中时代以应试为主的学习方式,高度依赖学校管理的驱动来组织自我学习,对大学相对松散的教学管理、节奏较快的课堂讲授、较少的学习交流和现场反馈存在很多不适应。"学习高数特别困难,老师也不像高中老师一样,给一个解题模式,反复让我们练习,直到我们掌握为止。大学老师一边快速放着PPT,一边演算他认为的难点,稍微走个神,就完全听不懂了。"(H37)H37代表着一群课堂上的茫然者。但是,随着对老师讲授方式的逐渐习惯,他们慢慢摸索出了适合自己的学习方式,也就掌握了适应的办法。"为了跟上老师的节奏,我只得提前预习,上课有针对性地听自己没有搞明白的知识点,这样一段时间后,明显感觉上课的效率高多了。"(H37)与课内的"茫然者"相比,课外的"无措者"更是比比皆是,"课上完了就不知道干什么了,还没有搞明白该怎样学习的时候,寝室里打游戏的、追剧的风气就已经蔓延了"(H32)。H32讲述了在自主学习习惯养成之前同学们的普遍状态。"没有人管我们的时候,我们自己也不知道怎么管理自己,男生们联机打游戏的情况可以从一个寝室,迅速弥漫一整个班级。"(H28)当学生课余时间变多,高校的管理触角若不深入到对学生的业余生活的引领,个体学习上的适应不良会放大成群体的学习、生活习惯问题。

其三是家庭经济原因造成的学习适应困难。尽管学校有对贫困生的资助政策,但其覆盖面、资助金额并不能完全满足极其贫困大学生的学习、生活。如 H7 凭借着一身的坚韧走进了大学,然而她首先要解决的是生存下去的问题,因此她去少儿舞蹈培训中心大量兼课。"最开始,兼职严重影响了我的学习成效,有很多理论的东西需要花时间预习,舞蹈实践更需要花时间练习,为了能兼职,我几乎不预习,大大压缩了学习时间,反而花了很多时间去熟悉少儿舞蹈考级内容,并且时刻担心因教学质量的问题失去工作。那一段时间很艰难,直到兼职进入正轨,不需要花时间备课了,才有时间补齐我之前专业学习上的不足,慢慢找回专业上的自信,那时才真正适应了大学的学习。"(H7)

(三)生活适应

生活适应根据大学生独立的程度,主要有三种情况。一是精神独立,即脱离父母的照顾,能够心绪平和地在学校独立生活。受访的所有大学生都能做到精神独立。二是生活独立,指的是经过一段时间的训练之后,大学生能够在生活中照顾自己,如自己洗衣服、叠被子、做卫生等,获取一些独立生活的技能。受访学生中,农村家庭学生、高中有住校经历学生,普遍适应得较好;而城市家庭学生,特别是长期在父母照顾下生活的学生,则经历了从住家到住校,从由别人照顾到一个人独立生活,从居家生活到集体生活的适应过程,经历了"生活适应关"的考验。三是经济独立。18 名受访学生明确提出有生活自立的需求,其中 12 名家庭经济困难学生、6 名非贫困生希望通过经济自立的方式全面锻炼自己的各项能力。这些学生后来通过勤工俭学、校外兼职等途径,不同程度上实现了经济独立的目标。

综上分析,案例学生完成大学适应主要有两条路径。

一是学校层面的适应性教育与引导。美国哈佛大学的新生指导与服务体系为国内新生适应性教育提供了范本,强调入学前开展新生预备项目、迎新周的指导项目和本科生第一年的体验项目,全方位提供大学生适应咨询、服务和体验活动,正视过渡阶段,强化专业服务。国内学者从加强思想政治教育引导的角度提出帮助新生提高心理素质、重新确定奋斗目标、提高人际交往能力,完成大学适应。H 大学则通过新生入学教育的系统设计引导大学生了解学校、学院,对学校产生认同感;开展专业前景讲座,让学生对专业前景产生信赖感;开展生涯规划教育,让学生对大学生活产生目标感。SK 学院的新生入学教育安排如表 3-1 所示。

表 3-1 SK 学院 2021 级新生入学教育安排

活动时间	活动内容	活动地点	参加人员
9月7—8日	学院报到	SK学院大楼一楼东大厅	新生
9月9—10日	学校新生报到	北大门人文广场	班主任 学生
9月10日 16:00	院领导、专业负责人、班主任走访新生寝室	新生各寝室（请新生留在寝室）	院领导 新生班主任
9月10日 18:30	入学教育一：班级见面会（介绍学院、确定班级临时负责人）	各班指定教室	新生班主任 班主任助理 新生
9月11日 9:00	学校开学典礼	ZL体育馆（8:00在2号门集合，见院旗）	全体新生
9月11日 16:00	军训编队	东区田径场（全体新生以班级为单位，15:00在ZL体育馆2号门集合，见院旗）	全体新生
9月12—24日	正式军训	学校运动场	全体新生
9月16日 9:00—10:30	新生分批领取教材	教务处教材科	全院新生
9月24日 13:00	入学教育二：专业教育（一）	指定教室	各专业负责人 全体新生
9月24日 15:00	入学教育三：教学与学生管理教育	JF楼报告厅	全体新生
9月24日 18:30	入学教育四："我的大学这样规划"主题班会	各班指定教室	全体新生
9月25日 9:00	入学教育五：参观校园、实验室、标本馆	学校校园、SK学院大楼各实验室、标本馆	各专业负责人 班主任 全体新生
9月25日 14:30	入学教育六：专业教育（二）	三园区各专业实践基地	班主任 全体新生

续表

活动时间	活动内容	活动地点	参加人员
9月26日 14:30	新生交流会	各班指定教室	班主任 全体新生
每周末晚点评	深入开展班团主题教育活动,帮助大学生完成大学适应	各班指定教室	全体新生

二是学生采取自我教育的方式,积极自我建构,帮助自己尽快适应大学生活。如前所述,高考失利的学生首先面临着自我情绪的处理,完成心理上的适应。对大部分学生而言,则是在接收外部信息的同时,努力重整自我概念,用总结、反思和自我对话的方式,去理解新环境中的自己,冷静地分析自己的优势与不足,并不断地自我鼓励,合理规划并抓住珍贵的锻炼机会,克服困难,坚持做正确而积极的事情,不断去显露长处,弥补短处,努力融入大学生活。案例中的学生具备较好的自我意识水平,在面对因环境变化产生的个人发展的矛盾和冲突时,案例学生能够持成长型心态,主动适应,一定程度上锻炼了自己的自我教育能力。

综上分析,大学适应过程中的自我教育能力变化路径模型如图 3-1 所示。

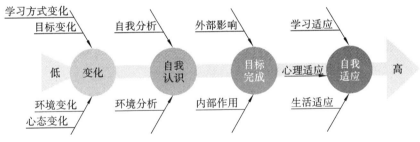

图 3-1 大学适应过程中的自我教育能力变化路径模型

二、人际交往

存在主义心理学认为,人是在"关系"中追求意义的存在。大学生在新的环境中也在追求有连接的意义感。齐克瑞(Chickering)的七向量理论指出,大学生发展的变量之一是"发展成熟的人际关系",齐克瑞认为成熟的人际关系的高级阶段是包容和欣赏人与人之间的差异,有能力建立和维护亲密的人际关系。良好的人际交往能够满足大学生交往、友谊、归属、安全等需求,增强其自信和自尊,使其获得友谊和帮助,增强自我价值感和力量感。

大学生人际交往有多种不同的划分方式。从虚拟现实的角度划分,大学生人际交往分为现实交往和虚拟交往（网络交往）。调查显示，大学生网络人际交往目的是获得更多的情感支持而不是信息支持，因此，其交往仍以现实中的人际圈为基础，且网络人际交往一般不会导致现实生活中人际关系的疏远。从交往内容角度划分，大学生人际交往分为恋爱交往、同宿舍交往、师生交往和亲子交往。从交往主体角度划分，分为同伴交往、师生交往、社团交往等。总体上，大学生以与同龄人交往为主，交往的内容多围绕学习、娱乐、思想交流、感情沟通，交往频率和交往质量与学习效果正相关。从本研究受访的案例来看，自我教育能力较好的学生的人际交往主要集中在朋辈交往、师生交往、亲子交往和社会交往四大领域。人际交往因为个人特质及需求的不同，而呈现出明显的差异性。

国内外研究表明，良好的人际交往有利于大学生身心健康，能够促进其学业进步。反之，如果大学生的人际交往需求得不到满足，人际关系的不良状态常引起大学生心理失衡，导致焦虑、空虚、心情压抑、抑郁，严重者甚至出现自杀倾向等问题。从整体趋势上看，大学生的人际关系困扰日渐增长，问题也更加突出。对大学生而言，人际交往不同于大学适应，前者最显著的特点是要求大学生走出自我，认识交往中的问题并自主掌握交往的技巧和能力。这些技能的习得，不仅是大学生成长的需要，也是自我教育能力发展的过程。

（一）朋辈交往

Astin 在著作《大学里什么东西最重要："四个关键的年份"》里谈到，引起学生变化和发展的原因，首先是"学生同龄群体"。心理学和社会学的研究表明，大学生个体都需要他人，尤其是同龄群体的接纳、认同与支持。笔者曾经在 2018 年新生入学一个半月后的工作调查中，了解到大学生人际交往的情况不容乐观。从朋辈交往现状看，调查显示已经拥有交往密切的好友的学生占 44%，拥有交往频率一般的好友的学生占 34%，还没有好友的学生占 22%。从心理学角度分析，几乎一半以上的学生还未在新环境中建立值得信赖的亲密关系，朋辈支持体系较为薄弱。特别是还没有好友的学生，时常有孤独感，在特定环境中没有有效的外部连接，缺乏归属感，容易成为情绪情感脆弱、行为偏激的学生。从学生对朋辈交往的期待角度看，学生们希望遇见志同道合的室友占比高达 86%，希望在班级中有好友的占比达 75%，期望结交不同专业、不同年级好友的占比达 33%，期望结交外校或社会人士的占比达 9%，期望大学期间能与异性交往的占 78%。这说明大部分学生还是希望有好友在身边，能够朝夕相处，也有很多学生希望能结交异性好友，甚至是拥有爱情。

影响朋辈交往的因素是什么呢？李宏翰等学者把影响大学生人际关系的因素分为客观因素和主观因素。客观因素，即个体受外界环境限制无法进行自主选择的或避免的因素，如时空、需求、外表等；主观因素即个体与个体之间相互作用而引发的心理感受，起到决定性作用，如安全、期望、张力等。而深入到案例学生的朋辈交往过程，本研究发现主要有这几个原因。一是个人观念原因。很多学生认为自己内向,不善交际,很难在人际交往中主动"建交"、勇敢"破冰"。这实际上是个体归因方式的偏狭造成了观念认知偏差,从而影响了朋辈交往。二是行为习惯原因。有些学生更信赖网络社交,认为这种方式让自己更舒服、更自由,忽视了现实中的人际交往。三是自我中心主义。有些学生认为自我的观点并不一定会得到其他同学的认可,也没有必要争取认可,陷入"自我中心"泥沼。骆郁廷认为大学生人际交往的突出障碍是自我中心主义,如果只注重从自我的需要和利益出发,不懂得和不善于推己及人,将阻碍大学生的人际交往和社会性发展。

受访案例学生在朋辈交往中做出了范例。他们一般采取了如下的方式促进朋辈人际交往。

一是建立"和而不同"的人际交往观念,充分尊重个性差异,同时在共同生活领域制定生活规则,减少因"不同"而产生的摩擦。H17 的室友中,有一个来自新疆,有一个来自吉林,她和另外一个同学分别来自本省的两个小县城。刚开始一起生活,生活习惯、性格上的差异就凸显出来了。吉林的同学早睡早起,每天早上跑完步回寝室洗澡的时候,正是大家抢用卫生间的时候,寝室里常常是怨声一片;H17 喜欢熬夜写网文,越晚越兴奋,吉林同学苦不堪言……寝室矛盾越积越多,氛围也越来越尴尬。H17 跟班主任助理、同专业的师姐说明了情况,师姐到她们寝室开展了一次交心谈心,商量应对差异的办法,共同探讨差异并制定"寝室公约",达成了一致。后来,这个寝室为自己命名为"缘来一家人",还专门建起了一面特色展示墙。可见她们在差异中实现了融合,建立起了和谐的宿舍关系。当她们摒弃自我中心的思想和观念,深刻地理解和尊重对方,就获取了信任和友谊。

二是走出"自我",勇于做那个敢于"破冰"的人。H15 所在的寝室住了 6 名男生,两边是上下铺和一组衣柜,中间一排书桌。军训开始了好几天,他们也没有因为同住一个屋檐下,变得熟悉起来。平时吃饭、午睡没有什么冲突,男生之间本来话少,相互之间都非常客气。但是晚上排队洗澡、洗衣服,6 个人分别轮个来,常常搞到 12 点多,大家都觉得还没有熟悉到两两一同进卫生间,寝室氛围微妙而尴尬。H15 总有一种想亲近大家的冲动,他在某天晚上大家都躺在床上的时候,发起了"卧谈会",有一个男生长吁一口气,说:"终于有人挑起要聊天了,我都快憋死了!"寝室里其他人都笑起来,似乎都有共识。融冰之旅非常愉快,大家都详细介绍了自己,其中还有几个人来自同一个县城,他们谈了自己的爱好,各自军训期间的趣事,甚至是喜欢的女孩,陌生的距离一下子拉近了。诸如此类放开顾虑,勇敢自我敞开,结交新朋友的例子不少,寝室的人际交往和谐有利于每一个成员获得归属感。

三是把握真诚交友的原则,以心换心,促进友谊向纵深处发展。H33 寝室的一场"事故",意外拉近了每一个人的心。她们在开学后的第二个周末,班委会商量组织一次集体活动,便于大家尽快熟悉。在政法学院,组织滑旱冰是班级首场活动的传统。旱冰场上,有的人东倒西歪,有的人战战兢兢,有的人姿势别扭,有的人摔跤摔得形态各异,心里的拘谨在嬉笑中很快就消失了。然而,小 X 突然一跤摔下去,就抱着腿痛苦地大叫。工作人员很快就来了,判断是骨折,拨打了120。班里选了几个代表把她送到医院。之后,寝室成员排班去医院照顾她,送饭、辅导功课,大家商商量量,任劳任怨……这个意外把寝室4个女生紧紧地连在一起,班级的其他男生女生也常常结伴来帮忙。寝室氛围、班级感情达到了一个新的发展水平,每个人都感觉自己是这个集体中不可或缺的一个,也是被其他人牵挂的一个。

(二)师生交往

学术界把师生交往的问题往往放在师生互动的课题中研究,已有研究证实师生互动频率的高低与大学生成长的快慢正相关。师生互动类型按内容可分为学术型互动、社交型互动等;按互动地点分为课堂内互动、课堂外互动等。不同类型的互动在学生成长中发挥着不同的作用。调查的案例学生普遍对老师有较积极的评价,其中75%的学生表示特别喜欢跟老师交往,他们称大学老师不仅是"学业导师",还是"人生导师""心理咨询师""职业咨询师"等,老师也成为他们发展中举足轻重的人,甚至是类型不一的"亲人"。因此,根据访谈内容,按照大学生表述的亲子关系印象把师生交往关系分为以下几种类型。

一是"父亲型"师生关系。传统印象里,父亲很权威,与子女不如母亲那般亲和,不苟言笑,说一不二,但父爱厚重,常常藏在那些不经意的小事里,总是在人生的关键路口,像指路明灯一样,协助子女把握人生方向。H9称他的班主任杨教授就是如同父亲一样的人。"他治学严谨,对我们学业要求很高,但是管理上并不事无巨细,班干部是他的得力助手。他跟我们每一个人的几次关键的谈话,应该会让我们每一个人记一辈子:开学的时候,帮我们确立目标;大三的时候,选择分类发展的方向;大四要毕业的时候,谈谈他了解的我们,并给我们每个人不一样的建议……"(H9)有些和学生保持着距离感的女老师也有如同父亲般的威严,如H40谈到她的论文指导老师时说:"她一般不跟我们闲话,但她的行为潜移默化地感染着我们。我论文数据出现问题的时候,她到实验室找到我,安静地坐在我旁边,看着我一步一步重新整理数据,耐心地协助我发现问题。那个过程很漫长,一直到晚上10点多钟,才陪着我处理完这个片段。因为她的严谨、细致,我的论文做得格外认真,被推荐为当年的优秀论文。"这类师生交往虽然频率不高,但交往质量较高,依然能对学生的成长发挥较大的作用。

二是"手足型"师生关系。这类老师往往没有师者架子,喜欢和学生平等交流,把学生当成弟弟妹妹。我们的研究对象中跟随老师做项目、参与竞赛的学生深有体会,因为与老师频繁地接触,深受教师人格、学识、习惯等多方面影响。"李哥常常以幽默的方式让我们的实验从头开始,但是我们知道自己的问题在哪里,也很服气。实验之外,他完全是段子手,非常有趣,他有种魔力,把我们吸附在周围,与我们交流成长中的体会,推动我们成为更好的我们。"(H24)李老师像哥哥一样,指导学业,同时关心学生生活。H16对自己的老师也有类似感受:"跟着她做了调查研究,后来在她指导下参加了大学生挑战杯竞赛,还获得了省级二等奖。这个过程,我学到了非常多的东西。最可贵的,是认识和熟悉了她,她知性、优雅、温和,总是恬淡地和我们讨论赛内赛外的事情,让我们看到一个女性特别美好的样子,不由自主地想成为她那样的女性。"(H16)无论是课内还是课外,当学生感到教师乐于跟他们轻松交谈时,教师对学生的影响是显著的。这种师生交往也较为民主,受到学生们广泛的欢迎。

三是"妈妈型"师生关系。这类教师把学生当子女,像妈妈一样亲切,同时对学生无微不至地关爱,孜孜不倦地照看。"来妈真的像妈妈一样,我们电竞赛事最紧要的时候,她给我们送饭,居然还是她亲自做的。"(H26)"来妈"成了来老师的名片,几乎所有认识她的学生,慢慢都开始喊她"来妈"。妈妈型老师往往事无巨细,爱操心。学生的困惑和问题,也常常被妈妈似的真挚化解了。"那一段时间我十分沮丧,发泄似的把一头黑发染成了沧桑的'奶奶灰'。刘妈妈看着我,一边遗憾漂亮的小姑娘去哪里了,一边牵着我走进理发室,等她嘻嘻哈哈絮叨完,我的形象及我的精神又回来了。"(H21)刘老师是分管学生工作多年的副书记,深谙学生的成长心理,她用妈妈一样的细心、热心和耐心赢得了学生的尊重和信任,是学生成长中可靠的"妈妈"。

（三）亲子交往

探讨亲子交往,实际上是在探讨亲子依恋关系。亲子依恋,主要是指个体与特定养育者在漫长的岁月中形成的情感关系,即"内部工作模型"(IWM),这种关系模式在个体的各个发展阶段持续发挥作用。如果大学生在成长早期与父母建立了安全性依恋关系,此类大学生更受同伴欢迎,更容易建立新的人际关系网络。国内的研究者也指出,良好的亲子依恋关系能帮助大学生形成正向积极的动机取向,如自主取向,避免消极负面的动机取向,如非个人取向。好的亲子关系成为大学生坚实可靠的发展支持力量,促进大学生增强自我概念,从而减少自我伤害。可见,亲子关系的好坏对大学生的成长意义重大。

调查的53名学生中,按亲子关系的自评情况,基本上分为三类。

第一类是亲子关系(依恋关系)较好。这一类学生占比为55%,这一类学生与父母交流沟通畅达,父母整体上更为民主,更懂得与青年人相处。学生们则更容易理解父母的苦心,并将父母的期望变成自己发展的动力,进而在天然亲子联结的基础上顺利形成亲子发展共同体,形成了较好的亲子支持体系。

"上大学前觉得父母特别烦,整天像两个间谍一样,徘徊在周围;上了大学之后,很多事情需要自己处理,才发现,以前能被他们保护着的时光有多珍贵,也就很能理解父母的不容易,所以基本上一天一个电话,关心、问候或者听听彼此的声音,感觉一直有人爱、被支持,特别幸福。"(H35)

较好的亲子关系不仅是大学生良好心理状态的来源,更是他们遭遇挫折和困境时的一剂良药。

"我病了后,眼见着父母的白头发一下子变多了,我每天活在很复杂的心情里,怨恨天地不公,为什么偏偏是我得了这种病;还充满愧疚,父母已经够艰难了,我还在雪上加霜。我不知道我的未来在哪里,我们家的未来在哪里?直到父母那夜到我房间里来,和我彻夜长谈,他们说虽然目前很困难,但是他们还是充满希望,这个病虽然麻烦,但是还不至于致命,保养得好,也跟正常人没有什么两样,和那些更严重的情况比,我们算是很幸运的了;他们说我们三个人就是一体的,每个人都要有信心,我们按照医嘱治病,要更乐观地生活,我们尽量要在生活中发现让我们快乐的事……那晚我们三个人谈得很晚,彼此是真的交心了。我虽然不幸,但有这样的父母,是真的幸运。"(H2)

不仅是受访的学生深受良好亲子关系的滋养,据笔者多年的工作观察发现,亲子关系较好的学生出现成长问题的概率较低,而即使出现成长问题,一般应对及时,学生转换的效果也较好。

第二类是亲子关系(依恋关系)一般。这一类学生占比为38%,他们称父母更多关心是否吃饱穿暖,对个人思想并不了解,平时生活中与父母交流甚少,往往是重复的那些话,但是学生们能够从父母对子女事务的在乎上感知到他们的关爱。正如学者刘胜林在他的专著中所说,"许多父母爱孩子,可他们不知道孩子最需要的是希望父母让他们知道自己该成为怎样的人,并帮助他们成为自己想成为的人"。父母在学习做父母的过程中,因为受教育程度、生活经历不同,所以对养育子女有不同的理解,体现出完全不同的水平和方式。有很多受访学生希望能够跟父母深入交流,但是由于多年的生活习惯,似乎难以开口。一些学生(H15等)在这种交往习惯中养成了"报喜不报忧,自己的难事自己扛"的处事模式。这种模式一方面对大学生独立处事的能力有所促进,但另一方面,大学生正处于青年早期,心智还不完全成熟,如果在遇到重大困境时缺乏稳定、有效的策略支持,常常会导致较大的成长隐患。

第三类是亲子关系(依恋关系)较差。这一类学生占比为7%,调查中有4个人深受亲子关系的困扰。杜威认为,对孩子来说,家长是一个活生生的人、一个榜样、一个他们看得见摸得着的英雄。但并不是所有的父母都能成为孩子眼中的英雄,有些父母,受见识、观念、行为习惯、经历的约束,成了孩子成长过程中的"困扰"。H8在考研的关键时期,父母关系恶化,一度到要离婚的地步,她成了父母拉拢的关键力量。她一方面倍感无力,另一方面又为自己的前途深感焦虑。为此,只能天天去心理咨询中心,向内寻找解决困惑的力量。H40的父亲是一名小有成就的私企老板,父母关系紧张,母亲敏感多疑,常常把对父亲的不信任转嫁到他身上来,"我现在只有你了,你要为妈妈争口气。"成为母子交往的固定格式,让他倍感沉重和焦躁。他在老师的指引下,尝试与母亲沟通,并用让母亲放心的方式,常常跟母亲汇报他的学习收获,主动建设较为健康的母子关系。这些学生努力在自我教育中增强自我能量,用不同的方式应对亲子关系。

(四)社会交往

社会交往指的是大学生在实习、实践和社会活动中与社会人士的交往,通常不含家人及师生。大学生把握礼貌、谦虚、真诚的交往原则,积极在社会交往中学习,可以拓展大学生的交往视野,增长交往见识,积累交往经验,某种程度上提升了交往能力。案例 H6 与军人叔叔的交往,让他有了感恩之心,并立志要做为国为家默默奉献的人。H8 在兼职的过程中,培训老师给她为人处世的建议,让她受益匪浅。社会实践是大学生人际交往的方式之一,甚至有研究表明,大学生的"综合实践"是人际交往中影响力较大的因素,精心组织的综合实践活动能够提高大学生人际交往的频率和质量。

满足大学生朋辈交往、师生交往、亲子交往和社会交往的需求,需要首先树立良好的交往观念。在交往中学习,在交往中实践。要正视理想的人际交往关系与现实情况的冲突,正是这种冲突提供了自我教育的机会。而缓解交往冲突的办法,需要大学生自我再认识,走出狭隘的自我观念,并尝试树立良好的自我形象,掌握必要的人际交往技巧,不断调整自己的交往策略,以建立和谐的人际交往关系。好的人际交往关系能满足大学生在新环境中安全、归属与爱的需求,帮助大学生排解孤独,学会争取支持力量;同时,也能让他们获得寝室集体、班级集体等组织的接纳和认同,极大地增强大学生对自己交往能力的认可。这种积极的心理体验有助于自我意识的发展,也有助于提升自我认知和自我评价能力。正如心理学家柯里所述,在人的心理方面,自我评价对个体产生很大的影响,如果一个人很自尊,能看到自己的价值,就会充满朝气和积极性;倘若很自卑,只看得到自己的不足,认为自己什么都不如别人,就会丧失信心,产生厌恶自己并否定自己的想法。

综上案例分析,大学生人际交往过程中的自我教育能力变化路径模型如图 3-2 所示。

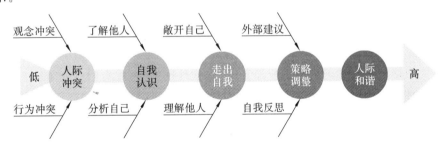

图 3-2 大学生人际交往过程中的自我教育能力变化路径模型

三、自主学习

大学生自我教育的一项重要内容是促进自主学习。齐莫曼(Zimmerman)对自主学习进行了系统研究,他认为自主学习要把握三个要义:一是采取自主学习的策略;二是对学习效果进行自我定向反馈;三是采取策略与定向反馈之间相互依赖的动机过程。因此,齐莫曼把自主学习定义为学生为获得渴望的学习效果,在学习效率和学习技巧反馈基础上,灵活选择和运用自主学习策略。按照建构主义学习理论的观点,自主学习就是元认知监控学习,是大学生根据学习任务要求和自己的学习能力,不断主动地调整学习策略和努力程度,以达到学习效果的过程,也是大学生对为什么学、学什么、如何学等基本问题在自我教育中的反思和实践。而对于自主学习者,奥德曼(Alderman)则认为他们有一些共性特征,如对学习负责,对自己的学业成败能合理归因;有自信心,相信通过努力会取得好成绩;有目标,会根据学习进程设置合理目标;有丰富的学习策略,能够监控、调节、控制学习的过程;有自制力,能有效管理学习时间。

案例学生在自主学习问题上秉承了已有研究的一些特点,但也呈现出中国教育语境下的独特共性。

一是普遍认为自主学习是最适合大学生的学习方式,大学生应实现"从别人叫你学"到"我要自觉学"的转变。"大学靠自主学习与别人拉开差距,成与败都在这四年的时光里。"(H14)H14 把这句写给自己的话贴在书桌上,激励自己把握好每一分钟。"学生的天职就是学习,学生不学习人就'生'了。"H21 用很幽默的语言表明她对学习的态度。

二是善于制订学习计划。案例学生都有明确的学习目标。有的学生有长远的考研计划,有的学生有较近的考级、竞赛目标,有的学生希望获取奖学金。尽管目标不同,但受访学生都制订了符合自己期望的学习计划。

三是善于利用外部条件促进学习进程。庞维国认为,自主学习有其外部条件,也有内部因素。外部条件指的是外部的整体学习氛围,有的学生善用外部条件自我督促,如 H1 很难自觉早起晨读,她就和小 F 结成学习对子,互相监督,结伴学习。H16 在寝室学习的时候,比较容易开小差,一会玩玩手机,一会吃点东西,注意力很分散,学习效率也不高,后来决定去图书馆依靠浓厚的学习氛围激励自己学习,所以之后的几年,除了吃饭睡觉,她几乎都不在寝室。为此她曾被评为年度"图书馆学习达人"。

四是以激发内在学习动机为前提。H1 喜欢外国文学,并有明确的考研目标,具备较强的内在驱动力。在大学学习过程中,她的努力使她学业成绩名列前茅,使她对自己的学习能力和学习策略充满了自信,增强了自我效能感。除 H1 外,多个案例表明,内心的热爱是激发学习动机的关键,大学生要努力找到自己愿学、想学的方向和内容。大多时候,大学生正在学习的内容,起初并不一定符合内心兴趣,然而通过深入学习,也可能会逐渐培养出浓厚的学习兴趣。

五是在学习调控过程中提升自我认识、自我反思能力。不少学生以写日记、深夜自省等方式开展元认知活动,监控自己的学习过程、效果、方法和结果。不少考研的学生认为考研阶段是自主学习能力飞速提升的阶段。他们无数次怀疑自己,无数次否定自己,但又在深刻的自我认识和自我反思中,发现自己的可取之处,不断调整学习方式,鼓励自己坚持下去。

六是注重意志品质的锻炼。H3 是意志品质较好的学生,她总是把大目标细化成小目标,把小目标细化成每一天的作息安排,确保计划能够执行。"我是比较有定力的,一般要求自己做到的,会非常努力做到。"她还会时不时用给自己买一杯奶茶、吃一个冰激凌等方式奖励自己去完成学习目标,从一点小满足里让自己"喜欢上执行力强的自己",从而形成"言必信、行必果"的良好习惯。而 H1 总是在跟自己的惰性做斗争,采取请同学监督和自我反省的方式坚持学习,还用长跑的方式不断锻炼自己的意志力。意志控制对自主学习有维持功能。

七是充分运用学习策略并将其作为保障。H1 不断监控自己的学习状况,根据学习效果不断调整学习策略,呈现出"会学"的特质。"会学"的能力需要在不断自主学习的实践中摸索和调整。H1 认为英语学习中语感非常重要,于是以背诵为突破点。她还总结出早晚躺在床上的时候,在脑袋里"放电影",能够保持长久的记忆,有时也会在记忆中促进"顿悟",帮助深刻理解。"那时英语单词天天记,天天忘,搞得人非常崩溃,紧张得晚上失眠。后来跟研友交流他们怎么学的,学习借鉴了他们的一些做法,比如把单词放到句子、段落中去记忆、晚上睡前复盘、早上再大声晨读等,后来经过一段时间,发现写英语作文都文思泉涌了,他们的方法确实挽救了我的英语学习。"还有不少学生根据各个学科的特点,总结出一套适合自己的学习策略、激励策略,让自己的考研之路充实而又有序。

根据以上分析,可得到大学生自主学习过程中自我教育能力的变化路径模型,如图 3-3 所示。

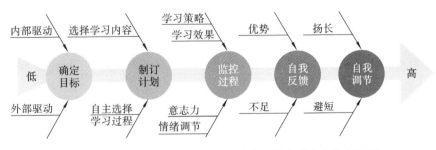

图 3-3　大学生自主学习过程中自我教育能力的变化路径模型

四、道德成长

阿内特认为大学生处于"成人初显期",一般在 18~25 岁,进入自由探索的阶段,但还没有充分履行成年人角色,既不属于青少年,也不属于成人,处于特殊的发展时期。这一时期,他们还没有形成成熟的世界观、人生观和价值观,是"不稳定的、自我关注的、处于中间段和充满可能性的年龄段"。他们的道德认知、道德情感、道德意志等品德要素的发展还不均衡、不协调。因此,道德成长既是大学生成长的重要向量之一,也是满足大学生自尊需求的必然要求。道德成长对大学生而言,是对理想自我的追求,"是一种自由精神的解放,是对自主意志的弘扬,他们理应从道德追求中得到超越自我境界的快乐"。不同于知识性学习,道德学习更加关注人生活的意义,着眼于精神生命的丰富。因此,鲁洁强调:"道德学习要使人学会的是关注生活、反思生活和改变生活。"道德学习是在生活因素的影响下,通过自我教育的参与,不断建构自己作为"人"存在的意义和价值,不断提升人的精神境界。

道德成长既是生命境界的不断自我超越,又是每一个大学生成长的需求之一。通过案例调查,发现受访学生的道德成长无处不在。从开学初走出目标失落的自我,鼓舞自己建立新的学习和生活目标,实现了对生活的第一次超越;学习中,向老师和比自己优秀的同学学习,克服自己的畏难情绪,调整学习策略,实现在学习能力上的超越;工作中,大学生从自我立场走向他人立场,用换位的视角推己及人,帮助自己在交往和工作能力上不断超越。道德的提升是其他能力提升的基础。总体而言,个体道德成长是一个在一定的道德本性的基础上经过道德冲突、道德实践、道德体悟和道德升华的过程。

有研究者在调查研究中发现,大学生普遍具有"崇德向善"的道德风尚、"向上向善"的道德追求、"相善其群"的公德意识和"乐于奉献"的精神风貌。学者陶孝芳的研究也显示,高校道德教育引导持续获大学生好评,大学生积极投身道德实践,拥有较好的道德本性基础。可见,大学生的道德成长既是社会的关切,也是个体的需求。

鲁洁说:"德育是受教育者接受影响的过程,是内部矛盾运动的过程,也是个体内部道德环境形成的过程。"这种内部矛盾就是道德冲突。对于大学生而言,道德冲突并不激烈,而是对原有道德感受、道德理解的一次次冲击。从某种程度上讲,社会和学校实施道德建设的目的就是希望引起个体内心的道德冲突,从而滋生丰富的道德体验。受访学生表示,学校举行的大量道德讲堂类活动,非常容易引起内心较大的震动,常常让他们思考和确定"应该成为什么样的人""应该以什么样的姿态去面对生活"等人生的关键问题。

"今天下午,学校邀请全省优秀大学生宣讲团来学校演讲。说实话,从头到尾,我内心一直汹涌澎湃,几度为他们的故事落泪。在我的世界里,我原以为认真学习、善待生活,积极参加学校的活动,勇于锻炼自己的能力,作为一个大学生已经算优秀了,但是听到他们的故事,我才觉得,我的世界不过是一口深井里看到的天空。LY身患重病,在病房里还在继续完成和老师一起参与的重大课题,其间还发表了影响因子颇高的论文;XH家境优越,几乎没有吃过什么苦,但她总是想过更有价值的生活,于是她每年都去贵州山区支教,后来发现一己之力很微薄,又成立了公益组织,开启了许多个援助计划,改变了很多农村孩子的命运;还有FLY,他是坐在轮椅上被推出来的,他10岁患病,高位截瘫,即使这样,也没有阻止他奋进的步伐,他不开口则已,一开口,普通话标准,英文流利,如有莲花绽放,芬芳阵阵……他们的事迹极大地震撼了我,原来一个人可以有这么大的能量,超越自己的疾困,克服自己的惰性,追求卓越的自己;原来一个人可以有这么崇高的情怀,像一棵福荫四方的参天大树,唤醒更多的同伴,去播散希望的种子;原来一个人可以如此自尊和倔强,哪怕生活待我不公,我也要感谢它赐予我生命的恩情,成为世界上发光发热的小太阳。与他们相比,我给自己的限制还是太多了。除了狭隘的个人目标——考上研究生,将来找到好工作,过好一点的生活之外,我还应该有更宏大的人生目标,应该追求更有意义、更有价值的人生。我觉得,作为大学生的意义是善待自己的学业,除了达成个人目标,还要能成为一个用所学回馈社会、建设祖国的人;除了学业的目标,我还应该有生活和品格的目标,争取做一个被需要的温暖的人,用我的微光去驱散别人的阴霾,过有精神境界的人生。"

这是 H33 在日记中第一次思考自己人生的意义和价值。诚如她自己的认识和规划,那场报告会后,她在学业上更加主动了,并加入了学校帮助留守儿童的"微光计划"。这些走近乡村留守儿童的经历,让她见到了一些有缺憾的社会现实,也从孩子的笑脸上体会到"赠人玫瑰"的愉悦感和幸福感。

道德不是纯理性的建构物,不是"我思"的存在,它的基本形态对于社会生活来说是活动的、现实的关系,其本质是实践的。道德实践就是需要人循着做一个人的目的去生活,去追求理想的善。因此,鲁洁认为道德之所以为人之"道",就在于它涉及的是整体生活的善,而不是教人"应该如何做"的外在强制规范,道德使人顶天立地,活得更像一个人,更有意义,更有价值,更幸福。道德实践要求大学生在生活中知行合一,不断提升自己的道德标准和道德判断,在助人中自助,完善个体人格,形成内在的个人准则。

以 H33 的道德实践为例,她的同班同学 WCZ 不幸得了尿毒症,这让未经世事的 H33 震惊不已。身为班干部的她觉得作为同学应该做点什么,于是组织班上的同学募款,同时也向社会发起了募捐;他们还倡导同学们多跟患病的 WCZ 联系,鼓励他面朝阳光,战胜疾病。按照这些设想去做了,H33 觉得自己的"能量"超乎想象。后来 WCZ 返校复学,H33 了解到该生的持续治疗加上学杂费,对他的家庭而言是十分沉重的负担。她又在班上发起"共助同窗圆大学梦"的月捐零花钱计划。第一个月执行得不错,有些家境好、慷慨的同学都捐了不少零用钱。到第二个月,同学们的各种声音就来了,甚至有同学指责她为了个人的英雄主义反复"搜刮"全班同学。她委屈而又难过。她在日记中深刻反思:

冷静下来吧,好好琢磨一下这个事:帮助人肯定是没有错的,但是同学们对长期在班级募捐生活费的方式会有不同的声音。我想有这样几个原因。一是我们班上来自农村地区的同学将近 70%,有不少自己也是贫困生,有些同学是贷款上的学,自己尚且艰难,实在无暇他顾;二是从组织捐款到悄悄给 WCZ,都是我一个人在跑前跑后,担心伤害 WCZ 的自尊心,这个事情一直都是只做不说,整个环节缺乏"两人为公"的监督,也没有让同学们感受到帮助人的愉悦。从这两点看,这种方式很难继续下去。那怎么办,这件事我要放弃吗?他会因为此退学吗?或者,因为要用钱的地方太多而放弃治疗?我提供的帮助只是杯水车薪。到今天,我才意识到,我的初衷好像并不是解救谁的危难,我还欠缺那种力挽狂澜的能力。我只是安慰自己的内心,不能看着身边的同学受难而无所作为。仿佛这样,才是我作为班干部、作为他同学、成为我自己的意义。

最终,H33和同学们商量,不继续在班级里募捐生活费了,而是采取"公益回助同窗"的方式,在同学们所在的楼栋设点,回收同学们捐赠的空矿泉水瓶、快递包装盒等废品,变现后补助重病学生的生活费。这个项目后来成为学校公益组织的特色项目,一直在学校推广。

"对于任何一种道德学说而言,无论它的内部说服力或外部权威怎样,如果无法在人的道德本性中找到牢固支点,都只是纸上谈兵、苍白无力的言论和学说。"学校的道德教育不断激发了大学生本就存在的向善向好的道德火花,使之在无数个具体的道德体验和冲突之后,发觉现实自我与理想自我的差距,唤起了他们成长的省思。受访学生通过总结外部因素、内部因素的方式,总结经验和教训,开始重新规划自己的生活和计划,并坚持行动,把道德体验升华为道德品质,不断超越自我、超越生活,建构、重构更有境界的生活。

综上分析,可见大学生道德成长过程中自我教育能力的变化路径模型,如图3-4所示。

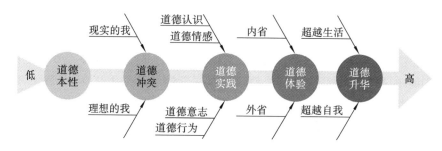

图3-4　大学生道德成长过程中自我教育能力的变化路径模型

五、能力拓展

随着知识经济时代的发展,国际教育理论和国际教育实践从知识教育转变为能力教育,能力培养成为学校教育的重要使命。联合国教科文组织提出面向21世纪教育的使命在于帮助学生学会认知、学习、做事和生活。在此背景下,《中华人民共和国高等教育法》将高校培养的高级专门人才的特质归纳为有社会责任感、创新精神和实践能力,回应了教育价值目标转型的需求。国内外很多理论为大学生能力发展提供了框架,如人力资本理论认为教育通过知识传授使学生的认知能力和非认知能力得到提升,这些能力为未来的劳动力市场做出了重要贡献,所以,经济学家舒尔茨(Theodore Schultz)认为教育是最大的人力资本投资。心理学对大学生的认知能力和社会化能力做了大量研究,帕斯卡雷拉(Pascarella)认为大学学习经历存在长期效应,不仅对个体的认知发展和思维方式产生了深重的影响,而且为个人终身学习和持续发展打下了认知技能的基础。教育学领域围绕大学生学习和发展研究对学生能力进行相关调查,对大学生能力发展做了积极的探讨。其中,"2008年首都高校学生发展状况调查"采用的是从学生学习、就业和发展需求的角度,提取科学思维和领导沟通能力、知识和一般技能、公民素质、职业和心理素质四个维度共24个方向的能力,并指出积极的学习参与、社会活动和集体活动参与与个人能力呈明显的正相关。史秋衡认为大学生应该具备适应能力、对社会的预备能力,包括压力应对能力、人际沟通能力、竞争能力等,才能在知识结构和能力结构上实现优质成长。西安交通大学团队从大学生认知能力、非认知能力两个维度对大学生能力进行了调查,结果表明学生能力发展不平衡,核心能力即分析能力、批判思维能力最需要加强;学生学习环境、个人投入状况都对能力有不同程度的影响。还有学者从人力资源管理的角度提出"能力素质模型",它包含知识、技能、品质、个性和身心五个维度,以及人文科学知识、法律知识、语言表达能力、科学思维能力、文字能力等25个具体指标。这些重要的能力,与自我教育能力有何关联?它们又如何通过大学生的学习和实践成为大学生素质的一部分呢?

从已有的研究看,自我教育能力作为大学生能力发展的基础性能力,发挥了重要的作用。不同的能力框架体系均强调了个体自主维度的重要性。OECD发起的DeSeCo项目包含的关键能力分为三大类(见图3-5),把自主行动作为其中的核心因素之一,具体包括大环境中行动的能力、计划和规划个人生活的能力、维护个人权利的能力。这与自我教育能力自我认知、自我规划、自我发展的要义不谋而合。此外,DeSeCo项目另外两个维度的能力,是个人使用物质工具(如信息技术)和社会文化工具(如语言的运用),有效地与环境进行互动的能力,以及个体在异质社会群体中互动的能力。这两种能力均与个体的主动建构有关。具体来说,个体如何运用语言、符号、文本等,如何在社会互动中学习,需要个体主动参与学习建构的过程,也需要个体自主选择学习的媒介,更需要个体调控学习的过程。可见,DeSeCo项目把自我教育能力放在极其核心的位置。

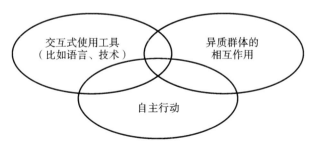

图3-5 OECD能力选择及分类

美国劳工部为回应布什总统提出的"面向21世纪的美国"在教育方面的要求,曾在1990年成立专门的委员会(Secretary's Commission on Achieving Necessary Skills,SCANS),开展测定年轻人工作成功所需要的技能调查,提出了SCANS能力的具体指标,由此指出的五种能力分别是有效运用资源、人际关系、信息、系统和技术的能力。同时,SCANS提出了五大能力的支持能力,包括基本技能,如读、写、运算、听说等,以及思考技能;另外还提出个人品质的重要性,尤其是责任心、自尊、认知、社交能力、自我管理和价值观等。SCANS把自我管理能力进一步具化为正确评价自我、建立个人目标、调控自我以达成目标的能力,这十分符合自我教育能力的界定。尽管表述不同,却依然能清晰揭示自我教育能力在此系统中的基础性作用。

2011年,伯尼·特里林和查尔斯·费德尔在《21世纪技能:为我们所生存的时代而学习》一书中,通过研究强调了职业和生活技能、学习和革新技能,以及信息、媒介和技术技能,并把传统的基本技能3Rs(读、写、算)与3Rs三个维度能力的具体化能力7Cs(批判性思考能力和问题解决能力;创造性和变革能力;合作、团队和领导力;跨文化理解力;交流、信息、媒介素养;计算机和信息交流技术素养;职业和自学能力)相乘,得出了一个有趣的公式:3Rs×7Cs=21世纪学习。这一能力体系的最大意义在于把学习能力和生活、职业技能进行了有机关联,特别强调自我学习等具体方式在能力发展中的作用,凸显了自我教育能力的中介性地位。

澳大利亚国家职业教育研究中心(NCVER)对能力的分类较有代表性。NCVER能力体系把关键能力置于终身教育及能力发展的宏大背景下来分析,如图3-6所示。自主、自控、自我定位的能力居于核心位置,是最关键的能力,其他一切能力分别围绕该能力展开。

图 3-6　NCVER 能力体系

国家、市场等不同主体对能力模型的建构,因其目的、研究方法的差异而略有不同,上文对具体的能力模型做了阐释。这些模型为大学生能力体系的建设提供了参考维度:一是强调胜任力,这在以人力资源为基础的能力建设观中十分突出;二是重视通用能力,即关键能力或核心能力,主要包括个人的品质、学习能力及听说读写、信息使用、人际交往等能力。除此之外,高校为应对市场问责,还提出了基于学生学习结果的能力评价维度。如 OECD 开发了学生学习结果评价指标,主要对高校学生的通用能力和专业能力,如批判性思维、问题解决、沟通、推理等,进行评价。美国学者巴奈特对人力资源理论持批判意见,认为大学不应把学生仅仅作为"人力"进行培养,而应该把人之为人、人之立世的通用能力与专业能力相结合,避免学生培养的工具化倾向。为此,他专门提出了大学生发展模型(见表 3-2),希望从教学和课程改革的视角来发展学生的通用能力。该模型主要包括自我管理、信息管理、合作管理、任务管理四个维度的 42 条具体要求。其中,关于自我管理的要求,明确提出自我教育能力的核心要求,即自我规划能力、自我反思能力以及自我控制的能力,不过,该模型忽视了自我认知能力在整个能力体系中的作用。该能力模型在某种程度上证实了自我教育能力的培养对大学生而言是非常关键的。

表 3-2　巴奈特大学生发展模型

自我管理	信息管理
有效管理时间; 设置目标、优先项和标准; 对自己的学习负责; 有意识地倾听; 运用学术方法(分析、综合和辩论等); 发展和应用学习策略; 灵活运用智力; 在新的或者不同的情境中学习; 规划长远的目标; 有目的地反省自己的学习; 能够辨识建设性的批评; 应对压力	合理运用信息资源(文献、检索系统、人物等); 合理使用技术,包括 IT; 合理使用媒体; 高效处理庞杂的信息; 在不同活动中合理运用语言及其他沟通方式; 解析不同形式的信息; 完整地呈现信息(以口头或者书面形式等); 对不同情境/目的/听众做出回应; 批判性运用信息资源; 以变革和创新的方式运行信息资源

续表

合作管理	任务管理
共同协作执行任务； 尊重彼此的价值观和观点； 在合作中卓有成效地工作； 适应集体的需求； 维护观点和行动的合理和正义性； 主动并带领他人； 退让； 协商； 提供建设性建议； 发挥领导作用； 在合作的情境中学习； 在学习中协助或者支持别人	鉴别关键特征； 运用概念； 设置并保持优先项； 鉴别策略； 规划并实施系列行动； 任务分解； 运用并发展合适的策略； 评估结果

综上所述,当代的能力研究越来越关注大学生主体性能力的发挥。自我教育能力是人的主体性最充分的体现。有的研究直接将主体性能力作为关键能力的重要指标,有的研究将主体性能力渗透在能力发展的各个维度。自我教育能力作为主体性能力的实体化,以其建构主义的基础性品质、作用发挥的内隐形特点以及能力形成的中介性作用,成为专家学者论证大学生发展所具备能力的元能力。正如弗兰克斯能力模型所示(见图3-7),元能力对促进和发展各维度的能力发挥着重要的作用。对能力的认识应从整体考量,不仅要考察外显的、可测量的能力,还要考察人作为能力建构的主体,如何去建构能力。由此可见,自我教育能力作为大学生发展的元能力,是根植于人自我意识的能力,是以人为中心,从人所创造的各种形式外物和一切自然物中反思和发展的能力。

从案例上看,大学生的自我教育能力体现了自我认识、自我选择、自我反思以及自我突破的作用,为大学生其他能力生成奠定了基础。

自我认识是能力发展的前提。受访学生通过两种方式认识自我:一是通过自我认识的"镜子",对自己建立整体的觉知。分析自己有哪些优势、哪些不足,希望成为什么样的自己,从而不断清晰自我观念。二是通过他人的视角认识自己。一种方法是经常征求别人的意见,虚心采纳有利于自我完善的建议,并积极改变。另一种方

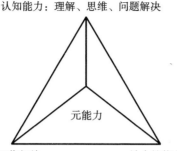

图 3-7 弗兰克斯能力模型

法是在比较中发现自己和他人的差距,从而明确改进方向。在本研究的调查案例中,自我教育能力较好的学生均具备一定的自我认识能力,对自己的思想、性格等有一定的了解。如案例 B2 刚入学不久,就意识到大学是一个全新的起点,能力培养和知识学习同样重要,能力培养"关系着我现在是谁,也关系着我未来是谁"。她把能力看作是自身的符号,是自己核心竞争力的最大体现。通过自我分析,她觉得自己性格外向,善于沟通,可以在学生社团中发挥作用。因此在搞好学习之余,她参与了学生社团,组织了很多学生活动,在活动中充分历练自己,提升组织能力、协调能力、策划能力等。

自我选择是能力发展的关键。案例学生立足自己的自我教育能力,在自我认识的基础上,首先选择发展不同的能力类型。有的学生立足优势能力,使优势能力变成特色能力。如 H21 认为自己的专业基础扎实,学习兴趣浓厚,选择认真学习,充分发挥自己的专业能力;H33 认为自己善于做社会工作,因此在班团活动和社工工作中勇打头阵,充分锻炼自己的活动策划、组织能力。有的学生立足自己能力的缺陷,大胆地突破短板,比如 H1 在进校时参加广播台播音员选拔落选,她发现自己的普通话和北方学生相比,有非常多的系统性问题。这一失败的经历激励她突破自己,自荐成为班级推广普通话活动的主持人。她组织系列推普活动,并踊跃参加演讲、辩论、主持人大赛等,弥补自己的缺陷。大学生自主选择通过什么样的方式发展自己的能力?在案例学生中,有的选择担任学生干部充分锻炼自己的综合能力;有的通过参加各类学习竞赛,充分检验自己的专业应用能力;有的选择参与乐器、舞蹈、球类运动等社团,充分拓展自己的艺术能力、体育能力;有的选择参与社会兼职、暑假实践等,充分培养自己的人际交往等社会能力。

自我反思是能力实践过程的必要环节。几乎每名学生都谈到了其在大学生涯中学习、工作和生活中碰到的挫折,他们如何认识挫折、如何处理问题、如何改进策略,并最终克服困难,都需要发挥自我反思的作用。案例学生中自我教育能力稍好的,均比较善于自我反思。有的通过写日记的方式,对自己的生活全面复盘,深刻反思;有的喜欢在散步、晚上躺在床上的时候"三省其身";有的是阶段性反省,有的是过程中反省,还有的是时时处处反省。如 H17 谈到她参加学校辩论赛的经历:第一次参加班级辩论联赛,她作为四辩,一上场就被紧张的氛围刺激得大脑一片空白,双方辩手你来我往,而她,手心冒汗,思维不能集中,她只能微笑地看着对方……这场辩论,就像梦游一般结束了,她除了说完准备好的词,没有即兴讲一句话。她在尴尬后深刻反思:"到底是什么原因呢?我害怕对面坐的谁吗?不是。我头脑里的东西已经准备好了吗?从现场的情况看,是没有的,至少是不充分的,因为不充分,所以那些东西会因为情绪而直接消失,而不是像肌肉记忆一样,瞬间就来。准备得不成系统,都没有完全地说服自己,所以胆怯,进而增长了紧张情绪。我给自己的压力过大吗?是的,因为在一开始,我就认为自己应该比其他同学表现得好,因为我的锻炼要多些。不少同学也说期待我的表现。这种对自己的高期待和准备不充分形成了强烈的反差,所以才会有让我极度郁闷的一幕。"(H17)

H17 常常跟自己对话。通过这种方式,她回到事件本身,通过分析,一方面可以找到出现这种情况的原因,找出自己今后的优化路径;另一方面,在冷静的条分缕析中,她处理了低落的情绪,特别是知道了如何改进,对她来说,就又是新的开始。第二场比赛前,她夜以继日,查资料、和同学讨论,设想辩论双方可能会问的问题、会纠缠的节点,做了更充分的准备。同时,她还做了心理建设:"担心什么呢?说得不好或说错了,都是同学,又丢不了多大的丑。"这一次丢掉包袱,她的表现格外好。现场,她的论辩节奏明快、语言清晰有力;限定对手辩论的环节,没有一个辩手敢向她提问;自由辩论的环节,她紧扣对方的问题,准确还击……这一场比赛的结果,让她直接进了院里的辩论队。经过两场辩论的对比,她对自我教育能力又有了新的看法:"感谢自己的迎难而上,它让我突破了自己,站在了一个更高的起点上。每一次对挫败的反思、总结总会帮助我收获再前行的力量。而克服曾经畏惧的困难,我的能量就迎来了新的水平。同时,在今后漫长的人生路上,请记住:任何事情做好充分的准备,无愧于心,胜负不论。"(H17)

自我突破是能力发展的瓶颈。大学生以投入的态度参与各种能力拓展活动,突破自我的局限就意味着能力的发展。首先要有敢于自我突破的意识,就如同 H1 的普通话水平,并不是有优势才要挑战。她是在兴趣引导下,明知目前有差距,却要弥补短板,突破自我。其次是创造利于突破的实践环境。很多考研的学生称自己的考研并不是老师动员、氛围影响的结果,而是因为早早进了实验室,和指导老师、科研团队朝夕相处,培养了科研兴趣,考研是顺其自然的事。这种科研环境,是帮助学生完成考研突破的关键环境。最后是扎扎实实地参与突破实践。只有如同 H17 那般的自我锻炼,才能最终在语言能力上获得巨大突破,H17 因此成功并获得了很多相关奖项。这种突破式的行为,增强了 H17 的自我效能感。她感觉"自己就像雪山上的流水,只要有沟渠、有路径,总有活水来"。这种不断强化的自我意识帮助她更加大胆地挑战和尝试新的东西,形成了她敢于打破疆界,不待在舒适圈的突破型人格。

大学生能力拓展的过程是系统工程。学者们从学生发展理论的角度,提出应从提高学生投入度、丰富大学生大学体验、加强大学生与教育环境尤其是师生互动等方面提升能力水平。也有研究者建议在微观上关注与大学生学习发展相关的各类认知、意志与行为因素的影响力。在教学层面,关注各种课内与课外、正式与非正式教育教学因素的作用;在院校层面,关注学校硬件设施、学校文化与管理服务等因素发挥的功能;在政策层面,关注招生、社会需求及评估、社会环境等对人才培养质量的影响。在此过程中,大学生个体的角色是一切因素的整合体和落脚点。如 H17 的案例,其中自我整合的过程就是自我教育的过程。H17 发挥了自我认识、自我反思的作用,设立新的目标和路径,并采取积极的心理暗示、思维重整、方法调整等方式自我调控,克服困难,完成自我的突破,实现能力水平由低到高的发展。更难能可贵的是,在自我评价时,H17 保持时刻归零的心态,减少浮躁,促进行为改进。从多个事例可以看出,从主动认识自己的能力水平到主动树立能力归零的心态,不仅从水平上看,能力发展了,从境界上看,认识能力也提升了。

综上分析,大学生能力拓展过程中自我教育能力的变化路径模型如图 3-8 所示。

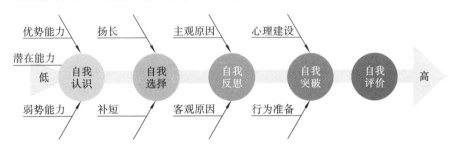

图 3-8　大学生能力拓展过程中自我教育能力的变化路径模型

第三节　需求的跃迁:内容、形式及境界

从教育和引导学生发展的立场,我们着眼于大学生成长需求的分析,就是引导个体正确看待自己的已有能力,正确选择需要发展的能力,提升个人满足合理需求的能力,以及推进个体需求不断向高层次、高境界跃迁的能力。通过对案例的分析,大学生的需求促进成长,成长驱动新需求,两者不断促进,不断形成成长与需求的平衡,又不断打破旧的平衡,形成新的平衡,实现大学生整体上的动态发展。总体上而言,这些自我教育能力较好的学生,擅长完成从缺失性需求到成才性需求的内容转变,从满足需求到创生需求的形式转变,从外在要求层次到自觉自发层次的境界转变。

一、内容跃迁:从缺失性需求到成才性需求

进入了大学生意识的需求才能成为牵引其发展的成长需求。恩格斯强调,人的

头脑是推动人去从事活动的一切的源头,哪怕是吃喝等日常行为,也是由于头脑里、思维上感受到饥渴,同样因为头脑感觉到饱足而停止。需求本身是客观存在的,但只有通过主观的判断、选择、采纳,才进入主体的意识,成为主体的主观需求。大学生的五重成长需求,是大学生群体理性选择的结果,每一名大学生始终把缺失性需求的满足放在首要地位。

对整个大学生群体而言,大学适应需求是首要需求。学生们初入大学,面临心理、生活和学习上的全面适应,只有在大学适应的基础上,才能论及大学生的发展。如果没有良好的大学适应,势必会产生各种各样的适应性问题,影响大学生的身心健康,不利于大学生涯的可持续性,从而导致道德成长、自主学习、人际交往和能力拓展如无源之水。相反,良好的大学适应将促进其他成长需求的发展,并形成互相依赖、互相转化、互相约束的互动。

对大学生个体而言,学生的成长顾虑是缺失性需求。解决了学生的成长顾虑,满足了缺失性需求,才能正视大学生的成长需求。基于不同个体的成长际遇及主观状态,大学生缺失性需求的具体内容不尽相同,主要分为以下几类。

一是家庭经济困难学生首先需要满足的是自立的需求。案例中的贫困大学生,入校后对国家资助政策、大学勤工俭学体系、大学生如何课外兼职等问题最感兴趣。在基本的生活得到保障后,他们才开始认真思考促进道德提升、学业发展、能力拓展等成才性需求。因此,他们的大学适应,最主要的内容就是生活上的适应,关键是找到自立自强的方式和渠道。

二是心理落差较大的学生首先需要满足心理调适的需求。有的学生因为高考失利到 H 大学,充满挫败感;有的从大城市到地方小城,充满不屑感;有的读了自己不喜欢的专业,充满矛盾感;有的生活上极度不适应,充满后悔感……各种情绪归结为对 H 大学及此后的大学生活的不确定、不信赖。针对这些学生,学校需要通过系列教育引导、体验活动,让学生获得更为全面的环境认知及未来规划,在对成长环境的认同下设计个体未来的发展蓝图。大学生也需要通过积极参与、融入来获得新的体悟、新的兴趣和新的发展方向。

三是对大学生活的信心不足是大学生较为普遍的缺失性需求。很多大学生入校后,对自己能否满足大学适应、人际交往、道德成长、自主学习、能力拓展等成长需求缺乏自信心,因此畏首畏尾,不敢尝试,久而久之,容易成为"边缘人"。对大学生自信心的激发,也是入学之初学校和大学生个体需要关注的重点问题。

只有充分解决这些缺失性需求,大学生才能以健康和谐的心态迎接多姿多彩的大学生活,也才能在丰富多彩的实践和体验中认识自我、规划自我和发展自我,从而探索自己的成长需求,并在成长需求的基础上,凝练"如何成为一个优秀大学生"的成才性需求。

二、形式跃迁：从满足需求到创生需求

人类积极地参与实践活动，并通过活动获得生产生活资料来满足自己生活的需求。由于这一过程的重复，这些生产生活资料就被打上了"满足需求"的属性标签，人就"从理论上"把他们需要的外界物与其他外界物有所区分。满足需求是人的特性。对于正在快速成长中的大学生而言，他们不仅仅要满足基本需求，更要学会创生更高级的成长需求，在满足需求的过程中促进个体的长足发展。

满足现实需求，激发未来需求。现实需求指已经被大学生觉知，并计划以行动达成的业已存在的需求。未来需求指未来社会发展对大学生知识、能力和素养等方面的需求，也主要指围绕终身学习为核心的学习需求。现实需求是未来需求的基础，二者紧密联系，互相渗透，相互转化。对大学生而言，现实需求蕴含着丰富的个体成长需求的内容，满足其现实需求，不仅能增强学生的自信心，使他们获得成长的满足感，还能促进他们更好地探索未来需求。案例学生在满足基本的学习、人际交往等需求后，还在进一步寻找自己未来发展所要求的新的需求，如不少学生选择参与社会实践、社会兼职等，获取社会阅历，锻炼自己多维度的能力；不少学生为适应未来创新创业的需求，在大学期间开展系列创新创业活动，积累双创经验。

满足事实需求，涵养价值需求。案例学生的需求层次不断发展，起先是满足围绕大学生活的事实性需求，如素质、学业、能力等硬性要求，这些是个体成长在大学场域中的底线需求；后来在发展中，逐步拓展为将个体需求与群体需要、社会需要相结合，探讨个体与社会的深刻联结，在社会、时代的大方位中去判定大学生应有的位置，如逐渐体悟到自己的发展目标是成为"能够对他人有所帮助的人"(H2)、"对社会有价值的人"(H7)、"能研究出更多社会需要的新材料的科研人才"(H23)等。大部分学生在大学期间参与了志愿者活动、社会工作，以一己之青春，阐释社会之期望。更有一部分学生积极响应国家关于大学生征兵入伍、参与服务西部计划等项目的号召，在更艰苦的环境中去历练青春，追寻人生的意义。

三、境界跃迁：从外在要求到自觉自发

从需求的角度看成长，成长是每个生命体需求的自觉意识和承担的责任；从成长的角度看需求，人的需求就有了时间的空间性和空间的广阔性。正因为需求的时空性，大学生在发展的整个生涯中，体现出不同的境界。不同的大学生，需求不一样，而随着大学生的发展，之后创生的需求也不尽相同，这也体现了需求的多重性和发展的不平衡性。

从案例的情况看，大学生入学之初，仅有少部分是入校起就拥有了明确的成长需求，大部分学生是受外在影响而逐步明晰自己的发展需求。此类学生在新的环境中不断认识自己，认识环境，并善于把外界需求同自我需求结合起来考量，重新自我定位，建构自我成长的需求，勾勒发展蓝图。这种形成需求的方式是外力影响型。

随着大学生的发展，基础的、现实的需求被逐步满足，事关个人实现的更高阶的目标自然形成，就进入自觉自发的需求层次了。案例中 H6 从最初的完成大学学业的现实需求到积极参加志愿服务，再到报考基层公务员，如果说成为大学生是社会、亲友以及他自己的共同期望，那之后的人生选择就完全是 H6 自觉自发的成长需求了。又如，H30 入学之初在老师、学长的影响下，觉得大学生能力发展十分重要，因此希望能在大学期间充分锻炼自己的能力，于是加入学生会，参加了很多学生活动。当听到征兵入伍的动员时，他的军旅情结一下子被激发，他积极参军入伍磨砺品行，因为伤病退伍之后，他毅然选择报考军工类研究生，继续为国防事业贡献力量。从大学期间的个人发展需求到保家卫国的社会情怀，H30 的需求境界已经自然升华了。

本章小结

本章立足于人的需求理论，在马克思主义关于人的需求的论述、马斯洛的需求层次理论及麦克利兰的成就需求理论演绎基础上，发现需求是人的实践活动的重要驱动力，围绕需求可以产生完整的实践活动链。同时，本章在扎根理论对案例材料的分析基础上，详细描述了大学生自我教育能力发展的驱动机制：大学生的成长需求建立在一定的自我意识能力前提下，只有意识水平符合大学生的实际年龄，才有可能产生正确的自我观念和自我行为。

大学场域里，大学生的成长需求产生的来源主要有两种路径：一是外部影响生成，如院系的愿景、长者的期待、朋辈的影响，大学生从他人的期望中，寻找与自我的契合点，建构自我期望；另一种是内部自觉生成，他们的成长需求来源于个体独特的成长经历，受成长环境、父母师者、朋辈影响较小，反而是自我对榜样的选择及情感认同，深化成个体的情结，使大学生在入学之初便有了明确的成长需求。

大学生发展的意愿滋生了成长需求的内容。通过对多个案例的分析，发现大学生发展主要有五重需求，它们构成了大学生成长需求的结构。这五重需求分别是，大学适应需求、人际交往需求、自主学习需求、道德成长需求和能力拓展需求。大学生在满足这些成长需求的过程中，深入开展自我教育，体现出需求发展的个体性、差异性和不平衡性。大学适应包括心理适应、生活适应和学习适应，学校层面的适应性教育和个体层面自我教育实践的积极建构相结合是大学生适应大学的主要策略。大学生人际交往主要包括朋辈交往、师生交往、亲子交往和社会交往，是大学生形成健康的心理状态、获得归属感、完成大学适应的重要途径。自主学习是大学生大学期间的根本任务，案例大学生普遍认为自主学习是大学生最有效的学习方式，并采取制订学习计划、利用外部条件促进学习进程、激发内在学习动机、调控学习环节、不断反思、提升意志力品质等策略提升自主学习质量。道德成长是大学生在一定的道德基础上，经历道德冲突、道德实践，不断获得丰富的道德体验，从而促进道德升华，形成正确的世界观、人生观和价值观的重要渠道。大学生能力拓展与其自我教育能力密不可分,从能力研究体系及案例实证的结论中都能清晰看到,自我教育能力在其他能力形成过程中发挥了基础性作用。大学生在具体的能力发展实践活动中,通过自我认识、自我选择、自我反思、自我突破及自我评价等自我教育方式,实现能力水平的提升。

大学生在满足具体的成长需求过程中实现自我教育和自我发展。其成长需求完成了几重跃迁:一是从缺失性需求到成才性需求的跃迁,促进了需求内容的变化;二是从满足需求到创生需求的跃迁,促进了需求发展形式的跃迁;三是从外在要求到自觉自发,促进了需求境界的跃迁。正是在这一种成长与需求相辅相成的动态变化中,成长需求作为发展的驱动力,牵引着大学生不断向前发展。

本章参考文献

[1] D'Angelo B, Wierzbicki M. Relations of Daily Hassles with Both Anxious and Depressed Mood in Students[J]. Psychological Reports, 2003, 92(2):416-418.

[2] Bennett N, Dunne E, Carré C. Patterns of Core and Generic Skill Provision in Higher Education[J]. Higher Education, 1999, 37(1):71-93.

[3] Heine S J, Proulx T, Vohs K D. The Meaning Maintenance Model: On the Coherence of Social Motivations[J]. Personality and Social Psychology Review, 2006, 10(2):88-110.

[4] Pitkethly A, Prosser M. The First Year Experience Project: A Model for University-wide Change [J]. Higher Education Research and Development, 2001, 20(2):185-198.

[5] Paulsen M B, Feldman K A. Student Motivation and Epistemological Beliefs [J]. New Directions for Teaching & Learning, 1999, 78:17-25.

[6] Terenzini P T, Springer L, Pascarella E T, et al. Influences Affecting the Development of Students' Critical Thinking Skills[J]. Research in Higher Education, 1995, 36(1):23-29.

[7] Thomas R, Chickering A W. Education and Identity Revisited[J]. Journal of College Student Personnel, 1984, 25(5):392-399.

[8] Trilling B, Fadel C. 21st Century Skills: Learning for Life in Our Times [M]. San Francisco:Jossey-Bass, 2009.

[9] 段鑫星,程嘉.成人初显期理论及其评述[J].当代青年研究,2007(2):20-27.

[10] 黄希庭,张进辅,张蜀林.我国大学生需要结构的调查[J].心理科学通讯,1988(2):7-13.

[11] 黄利会.从网上聊天看大学生的网络人际关系——对武汉地区七所高校的调查[J].华中农业大学学报(社会科学版),2008(3):99-102.

[12] 景庆虹.大学生人际关系危机的调查分析及对策[J].中国青年研究,2010(12):97-98,41.

[13] 李伟,张雯雯.道德教育应基于学生的成长需要[J].教育科学研究,2014(8):21-26,40.

[14] 李静.大学新生适应不良问题与心理调适的对策探析[J].思想理论教育导刊,2013(1):118-120.

[15] 李宏翰,赵崇莲.大学生的人际关系:基于心理健康的分析[J].广西师范大学学报(哲学社会科学版),2004(1):116-121.

[16] 李一飞,史静寰.生师互动对大学生教育收获和教育满意度的影响[J].教育学术月刊,2014(8):71-79.

[17] 刘献君,张晓明,杨兴国,等.大学生"第一个过渡"主要矛盾分析[J].高等教育研究,1988(3):32-36.

[18] 刘献君,陈玲.学校特色文化建设的路径探究[J].中国高教研究,2021(3):51-54.

[19] 刘献君.论需要及对大学生需要的引导[J].高等教育研究,2019(4):60-69.

[20] 龙琪,李红燕.大学校园人际交往生成机制调查研究[J].复旦教育论坛,2019,(4):64-70.

[21] 鲁洁.道德教育的根本作为:引导生活的建构[J].教育研究,2010(6):3-8,29.

[22] 鲁洁,冯建军.让道德教育成为最具有魅力的教育——鲁洁教授专访[J].苏州大学学报(教育科学版),2020(2):84-92.

[23] 陆根书,刘秀英.大学生能力发展及其影响因素分析——基于西安交通大学大学生就读经历的调查[J].高等教育研究,2017(8):60-68.

[24] 骆郁廷,赵方.新时代大学生推己及人的交往之道[J].思想教育研究,2020(4):130-134.

[25] 牛端,张杰锋,方瑞芬.学习策略与人际交往能力对大学新生学校适应的影响[J].复旦教育论坛,2017,15(5):50-55,70.

[26] 庞维国.论学生的自主学习[J].华东师范大学学报(教育科学版),2001(2):78-83.

[27] 史静寰,李一飞,许甜.高校教师学术职业分化中的生师互动模式研究[J].教育研究,2012(8):47-55.

[28] 史秋衡.从大学带走什么算得上优质毕业生[J].教育发展研究,2019(11):3.

［29］ 孙宝志,景汇泉.大学生需要理论的二十年追踪研究[J].心理科学,2001(5):608-609.

［30］ 陶孝芳.当代大学生道德观的现状分析与教育对策[J].思想理论教育,2021(12):107-111.

［31］ 王扬,申勇,胡穆.大学生朋辈教育影响机制及其对适应性的影响[J].思想教育研究,2018(2):140-143.

［32］ 王宜静,罗京滨.论大学生人际交往的技巧[J].教育评论,2013(4):84-86.

［33］ 王树青,宋尚桂.大学生自我同一性与亲子依恋、因果取向之间的关系[J].心理与行为研究,2012(1):32-37,43.

［34］ 王艳辉,张卫,彭家欣,等.亲子依恋、自我概念与大学生自我伤害的关系[J].心理学探新,2009(5):56-61.

［35］ 王迎迎.大学生道德观念与行为调查分析[J].思想教育研究,2015(11):55-59.

［36］ 熊静,杨颉.过渡与适应:哈佛大学新生指导与支持服务体系探微[J].高教探索,2018(7):56-63.

［37］ 杨钋,毛丹."适应"大学新生发展的关键词——基于首都高校学生发展调查的实证分析[J].中国高教研究,2013(3):16-24.

［38］ 杨钋,许申.本专科学生能力发展的对比研究——基于"2008年首都高校学生发展状况调查"相关数据的分析[J].教育发展研究,2010(5):17-22.

［39］ 尹弘飚,史练,杨柳.中国大学生学习与发展研究(2015—2019):主题、方法与评论[J].华东师范大学学报(教育科学版),2020(9):179-199.

［40］ 郑学宝,孙健敏.大学生能力素质模型建立的思路与方法[J].华南师范大学学报(社会科学版),2005(5):145-147.

［41］ 朱晓文,刘珈彤.现实交往与网络交往:大学生幸福感之归因[J].中国青年研究,2018(9):99-107,44.

［42］ 班华.现代德育论[M].合肥:安徽人民出版社,2004.

［43］ 程猛."读书的料"及其文化生产:当代农家子弟成长叙事研究[M].北京:中国社会科学出版社,2018.

［44］ 侯玉波.社会心理学[M].北京:北京大学出版社,2013.

［45］ 黄希庭.心理学导论[M].北京:人民教育出版社,1991.

［46］ 刘胜林.让孩子成为最好的自己:启迪自我的教育[M].成都:四川人民出版社,2004.

［47］ 鲁洁.江苏社科名家文库·鲁洁卷[M].南京:江苏人民出版社,2015.

［48］ 鲁洁,夏剑,侯彩颖.鲁洁德育论著精要[M].福州:福建教育出版社,2016.

[49]　庞维国.自主学习:学与教的原理和策略[M].上海:华东师范大学出版社,2003.

[50]　王仕杰.需要德育论[M].武汉:湖北人民出版社,2010.

[51]　奚从清.角色论:个人与社会的互动[M].杭州:浙江大学出版社,2010.

[52]　叶澜.教育学原理[M].北京:人民教育出版社,2007.

[53]　马克思恩格斯选集(第2卷)[M].北京:人民出版社,2012.

[54]　[美]马斯洛.存在心理学探索[M].李文湉,译.昆明:云南人民出版社,1987.

第四章 反思实践：自我教育能力的发展路径

人类具有反思的本性。古语云："知不足，然后能自反也；知困，然后能自强也。"通过反思而知"不足"，知"困"，然后调整自己、纠正自己，以"自强"，是个体发展进步的根本方法。哲学家休谟也曾说过："我们经常省察我们自己的举止和行为，考虑它们在那些亲近和尊重我们的人们眼中形象怎样。这种仿佛在反思中打量我们自己的恒常习惯，使我们所有关于正当和不正当的情感永葆活力，使本性高贵的人对他们自己和他人产生一定的敬畏，这种敬畏是一切德性的最可靠的卫士。"当我们在自我教育实践中把注意力转向我们自身的心理活动时，反思就开始了，反思贯穿活动的每一个环节，像"审查官"一样，对我们的心灵所指引的所有活动，用自我意识的方式提供建议，从而促进自我教育能力的提升。"心灵能够为我们的行动设立判断标准，对于我们的行动，心灵的反应是时而平静，时而欣喜，时而焦虑，时而惆怅。我们的行动源于心灵的力量，我们的良知由这些行动塑造而成，因此它成为它自身的法律，在反思中不断检审过去、展望未来。"可见，自我反思与自我教育实践有着天然的联系，是其固有的品格。大学生的自我教育反思实践，主要指的是大学生利用自我教育实践这个重要途径对思想和行为进行反省，以至觉醒，从而促进实践活动顺利开展，不断提升自我教育能力水平。

研究自我教育能力发展的过程，是对其驱动机制的逻辑延伸。考察自我教育能力的发展过程，首先要明晰自我教育能力的要素，并探讨这些要素按照何种机制发挥作用，从而促进大学生能力提升。通过案例分析，笔者发现自我教育能力要素从过程性要素来讲，包含自我认识能力、自我规划能力、自我激励能力、自我管理能力和自我评价能力；从内涵性要素来讲，包括自我教育意识能力和自我教育行为能力。自我教育能力作为一种人的基础性能力，其发展过程是人的发展过程，虽然复杂，"但它都遵循着行为过程的一般模式"。在特定的自我教育活动中，行为过程是行为结构要素的互相作用，因此，从过程性要素视角和内涵性要素视角解读，可以发现自我教育能力是围绕要素的单向发展过程；倘若把自我教育放在更宏大的教育背景中考察，可以发现自我教育能力的发展是教育和自我教育共同作用的结果，遵循"受教—求教—自主—创造"的复合式发展路径。

第一节 自我教育能力发展的单向过程

一、过程性结构要素间的流动

受访的 50 名学生中，43 名学生从自我教育能力的过程性机制中概括自我教育能力的要素，如表 4-1 所示。

表 4-1 自我教育能力的过程性要素

学生	过程性要素	作用机制
H1	自我认识能力、自我控制能力、自我反思能力	认识—控制—反思
H2	自我认识、制订计划、自我完善	认识—计划—完善
H3	自我规划、自我控制	规划—控制
H5	全面认识自我、正确对待自我、努力完善自我	确立理想自我—细化目标—自我调控
H6	自我独立、自我思考、自我学习、自我提升	独立思考—目标—自律
H7	自我认识、发展定位、总结反思	认识—计划—评价
H9	目标清晰、自律自控、独立思考	目标—控制—反思
H10	自我要求、独立思考、自我鼓励、自主学习	要求—激励—自学
H12	自我服务、自我管理、自我教育	服务—管理—教育
H13	自我认知、自我控制	认知—控制
H15	自我认识、取长补短	规划—总结—反思
H16	思想觉悟、行为管控	觉悟—行为
H17	自我认识、自我控制、自我锻炼	认识—控制—锻炼
H18	自我认识、自我体验、自我控制	认识—体验—控制
H19	自我选择、自我践行、自我反思	选择—践行—反思

续表

学生	过程性要素	作用机制
H20	适应、选择、反思、整合	适应—选择—反思—整合
H22	试错、反思	试错—反思
H23	制订计划、自我展现、自我总结	计划—展现—总结
H24	自我认识、自我执行	认识—执行
H25	认识自己、扎实实践、心理调控	认识—实践—调控
H26	制定目标、完成计划	目标—实施
H27	自我认识、执行	认识—执行
H28	个人经历、个人反思	经历—总结反思
H29	目标方向、自律自控	目标—自控
H30	学习计划、执行计划、评价效果	计划—执行—评价
H31	勇于改变、计划、执行力	心态—计划—执行
H32	进取心、目标、全面实践	进取意识—目标—实践
H33	认识自己、自我反思、自我控制	认识—反思—控制
H35	树立目标、掌握方法、勇于实践	目标—管理—实践
H36	自我监督、自我改进	监督—改进
H37	自我评价、勇于尝试、自我改善	评价—实践—改善
H38	独立思考、确立目标、日常反思	认识—目标—反思
H39	自我规划、自我调节	规划—调节
H40	提升积极性、自律、反思	心态—自控—反思
B1	自我认识、自我要求、自我践行、自我评价	认识—要求—践行—评价
B2	自我意识、目标方向、自制自控	意识—目标—自控
B3	认识自我、激励自己、调控情绪	认识—激励—调控
B4	承担责任、树立目标、严格执行、不断评价	责任感—目标—执行—评价
B6	发展方向、自我认识、自我监督	目标感—认识—监督
B7	自我认识、自我控制、自我管理	认识—控制—管理

续表

学生	过程性要素	作用机制
B8	独立思考、自我管理	认识—管理
B9	独立分析问题、寻找兴趣、自我管理、激发潜能	认识—兴趣—管理
B10	树立目标、自我控制	目标—控制

如表 4-1 之总结，受访学生结合自己的成长经历，从自我教育活动过程的角度说明了自我教育能力的要素。从某种程度上讲，这些过程性的描述阐释了自我教育的活动机制。每位学生尽管对自我教育能力过程性要素的认识有所差异，但都承认自我教育能力是一个由众多能力组合而成，并支持自我教育过程开展的能力，也是一个包含计划、准备、目标、方法、执行、反馈、补救、总结等内在要素的过程结构。综上，自我教育能力包含自我认识能力、自我规划能力、自我激励能力、自我管理能力和自我评价能力五个组成部分，自我激励能力、自我管理能力、自我评价能力是自我调控的具体方式，自我反思实践能力则是作为一条隐形的主线，贯穿于自我教育活动的每一个环节，并成为自我教育活动能否取得成效的关键性因素。自我教育能力过程性结构模型如图 4-1 所示。

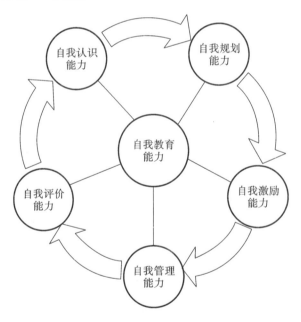

图 4-1　自我教育能力过程性结构模型

（一）自我认识能力："我的内在规范性"

自我认识能力是自我教育实践活动开展的前提因素。自我认识是人区别于其他动物的显著标志,动物依靠本能适应自然和环境,而人却能借助思维、语言,认识自己、自然及社会。正如康德所说:"人能够认识自我,这才使人无限地高于世界一切其他生物,正因为如此,人才成其为人。"人有什么样的自我认识,就会推动个体怎样行动。因为人怎样认识自己,就会按照自己设定的角色目标安排自己的生活。如果人对自己的认识不正确,对自己认识过低会自卑,认识过高会自傲,这对个体的发展都会产生不利的影响。因此,正确的自我认识非常重要,是大学生健康发展的基点。大学生自我认识能力是一个不断发展的过程,是感性认识到理性认识的发展过程。同时,自我认识协助大学生解决"我如何看待社会、学校对大学生的要求?""我是怎样的人?""我有哪些优点,有哪些不足?""与其他人相比,我是否有差距,差距在哪里?"等关键性问题,帮助大学生在认识世界、认识社会和认识自我的基础上,形成自我观念,这种自我观念就是大学生内在的"规范性"。正如哲学家蒙田曾给予的忠告:"这世界最重要的事情是彻底了解自己。"规范性问题的答案诉诸"我们是谁"的意识,并且以一种深刻的方式即同一性的意识做出解答。道德对我们提出非常严苛的要求,甚至要求我们随时准备以它的名义做出牺牲。

自我认识包括自我观察、自我体验、自我态度、自我比较、自我分析、自我反思、自我报告等多个方面,是从感性认识到理性认识的过程。

自我观察是自我认识的基础,是人关于自我形象的认识。具体来说是自己观察自己,是作为观察者的"我"和作为被观察者的"我"的有机统一。国外心理学家把通过观察自己来认识自我的方式叫直接认识,把通过自我的活动和行为观察自己的认识方式叫间接认识。中国文化习惯把自我观察分为外部观察和内部观察,外部观察主要是对自我的显在的外部特征的觉知;而内部观察则是对自我内心的拷问,即自省。案例中很多学生擅长自我观察,如H8在入学之初对自己的观察是:"我长相平平,但是我相信多看几眼,你会发现我的不同。我看了不少书,有一些自己的见解;我阳光上进,爱说爱笑爱尝试,有一个有趣的灵魂。"

自我体验是在自我观察基础上,对自己心灵和肉体所受刺激的感受,是观察活动的升华,是自我状态的积极体悟,是确定自我意识与存在之间意义连接的活动。有研究资料表明,自我体验能力较好的人,见贤思齐,见不贤则自查,将丰富的道德体验转化为自我成长的动力,不断完善自我态度,使自己自尊而不自负、自爱而不孤芳自赏、自信而不自傲、自责而不自暴自弃。案例H1就是自我体验能力较好的学生,能从众多的大学生实践中,丰富自我体验,并将体验记录在日记中,在体验的基础上不断深化对自我的认识。

自我态度是自我观察、自我体验、自我分析等活动的结果,是一种相对稳定的心理准备状态。自我态度一方面决定着对自我的判断,另一方面对自我的反应模式发挥预测作用。心理研究表明,一般人容易用现成的态度去判断自己,一方面根据外界对自己的判断,"别人对我的态度就是我对自己的态度",这是自我意识不够完善的个体的通常做法;另一方面是根据自己已有的经历、经验判断自己,一些自我奋斗历程较为顺利的个人,成功感较强,自我悦纳度就高,反之,就越低。同时,自我态度会潜在地决定自己按什么样的方式采取自我行动,心理学家朗格就在研究时指出,有自我态度的人,比其他没有的被试者所做出的反应要快,且可以通过被试的自我态度去了解实际上的行为方式。

自我比较也是一种常见的自我认识手段。自我比较分为纵向比较和横向比较。纵向比较指的是现在的自己跟以前的自己比,或者此刻现实的自己跟未来的理想的自己比,比较中得到较为客观的自己。横向比较指的是把自己和其他人比,而做出自我认识的过程。社会学家菲斯汀格指出:"一个人对自己价值的认识,是通过与他人的能力和条件的比较而实现的。"他把这称为"社会比较过程"。自我比较是案例学生常用的自我认识方式,通过和自己、和别人的对比,认识到自己与同龄人的差距和不足。

自我分析是对自我认识的全部内容进行分析的过程。自我分析的内容是个体从态度到思想、从言到行、从外部到内部动机的全方位的材料,是对自我观察、自我态度、自我比较等一系列活动的信息再加工,以便形成稳定的自我观念。

自我反思是对自我思想和行为的反省和觉醒。反省使个体重新正视自我、认识自我,以期回归自我。觉醒使个体产生超越自我的观念,是重塑自我的前提。反省主要有两种方式:一是对自我事实的反思,体现为对"旧我""生物我"的批判,对"新我""社会我"的向往,并寻找二者之间的通道;二是自我选择,通过在选择中反思,明确自己的发展目标、发展路径。

自我报告是自我认识活动的总结和结果,是对自己全部自我阶段性省察内容的最终呈现。它常常以自我意识、自我态度的形式来体现。

案例中访谈的每一名大学生,都有自我认识的过程,综合采取了以上多种自我认识的策略。然而,案例学生们的自我认识能力水平不一,包括以下三类。第一类学生的自我认识能力较好,能广泛吸收外界的意见,主动参与自我比较、自我分析、自我反思,对自己有较正确的自我态度、自我观念,并能在此基础上形成明确的发展目标。访谈中,很多大学生谈到入学之初感到迷茫,如 H1 因为高考失利,初入学时沮丧情绪使她几乎全盘否定了自己,即便是曾经她引以为傲的特长优势,她也觉得"无用武之地了"。失败感的困扰,让她模糊了未来。B2 进入到这所重点高校,第一次自我介绍时,他发现很多同学侃侃而谈、幽默风趣、轻松流畅,而自己结结巴巴通报完基本信息,就再也不知道说什么好了,以往学习上的优越感一下子就没有了,原来如高中老师一样特别重视关切的目光也没有了,内心的惶恐、不适及对未来的担忧充斥着他最开始的大学岁月。大一学生很多如 H1、B2 一样,面对新的学习、生活环境,对个体的优势、弱点认识不足,尤其对新的成长环境和个体发展的关系认识不足,短期内无法准确地判断自我能否较好地适应环境,并利用环境促进自身发展。经过一段时间的自我探索,H1 调整了心态,开始在大学生活中深入探索、认识、评价自己,她采取写日记的方式,反思日常生活,与自己的内心对话,不断提升自己的认识能力。B2 经过一段时间的适应,也逐渐对自己的思想、性格、前途等有了较为明确的认识,逐步树立了大学期间的发展目标。第二类是自我认识能力一般的学生。这类学生在最初的时候,并没有强烈的积极探索的愿望,如案例 H4,在打游戏打到患了急性角膜炎后,才开始意识到此前的学习生活状态背离了正常的轨道,开始观察他人、反思自己,走上自我认识、自我调整的道路。第三类是自我认识能力较差的学生。反例中的三名学生,对自我的认识都存在或多或少的偏差,有的认识不到自己的优点,有的认识不到自己的不足,有的甚至认为不遵守学校纪律、不认真学习是"有个性的表现"。

(二)自我规划能力:"我的发展蓝图"

自我规划是自我教育实践活动运行的启动因素。自我认识的目的是制定符合自身情况的发展规划。自我规划不仅要考虑自身的内部环境,如个性特质、知识结构、情绪兴趣等,还必须结合外部环境,如社会需求、集体要求及重要他人的反馈意见等,是包含着社会性与内在契合度的目标。

H 大学非常重视大学生入学后的第一年第一学期,他们称这学期为"大学生入学教育期",也是大学生系"第一粒扣子"的关键期,第一粒扣子系稳系对,才能为大学生整个大学期间的发展奠定扎实的基础。因此,新生教育的目的是使新生认识、了解所学专业,明确专业培养模式、培养目标、课程设置以及大学学习的方式方法等,使学生对在此期间的学习生活做到心中有数、充满信心,并在老师的指导下,做好个人的大学生涯规划。

笔者在访谈中发现,大学生自我规划能力是动态发展的,很多学生最初的行为完全由整体氛围牵引,没有具体的目标,只是认为学生的天职就是认真学习。一旦在自我探索中,发现自己的志趣爱好,发现外部要求与内心发展的契合点,学习就变成了有明确目标、有内生动力的学习。如 H8 刚入学时,老师、父母纷纷动员她确立考研的想法,然而,她始终犹豫不决,始终不清楚为什么要考研。当看到无数医学、药学工作者迎难而上,无畏地救民于病痛,她非常希望将来也成为这样的人。但是,没有过硬的专业本领,也枉有奉献的情怀。于是,接着攻读药学研究生的想法"占领"了她的内心。"想成为怎样的人,怎样成为这样的人",几乎成了受访学生自我规划的金科玉律。正如马克思所说:"人起初都是从别人那里发现自己的。"人从与别人的比较中,发现了自己所不具备的品质、能力,进一步明确了自身的缺点和问题,从而确立了改进的想法。大学生在自我探索中,通过对自己思想、学业、行为习惯的分析,逐步清晰、明确目标,培养自己的良好品质、行为习惯,并在大学生涯中,不断通过自我认识、自我反思修订自己的规划,促进自身长足发展。就像 H21 所说:"每个人都要学会自我规划,因为那是自己的发展蓝图。就像建筑师一样,如果头脑里连蓝图都没有,怎么可能建出宏伟的大厦?"

(三) 自我激励能力："我的定海神针"

自我激励能力是自我教育实践活动的调节因素。自我认识、自我管理等都不是自我教育的目的,自我教育的目的是实现自我教育能力水平的提升,促进理想自我的实现。某种程度上,理想自我和现实自我的矛盾冲突为自我激励留出了作为的空间。对此,N. C. 科恩认为："自我意识发展的完全征程和自然的结果就是现实的'自我'和理想的'自我'不相符合,这也是个体可以进行有目的的自我教育的必要前提。"

在这个实现理想的过程中,难免会遇到困难和挫折,而自我激励,就发挥了关键作用。由此看,自我激励就是个体自觉地激励自己保持理想和克服困难的心理活动,是个体自我调控的方式之一。

对大学生的自我教育而言,自我激励主要发挥了两个方面的作用。

其一,自我激励强化自我教育的内在动力。刘献君认为自我激励能力的大小强弱,取决于个人理想是否远大,以及个体对这一理想是否有深厚的情感,是否有信念去实现它。如上文提到H8,因为钟南山、李兰娟等一大批专家、学者、医护工作者的舍生忘死,她的人生有了方向,她以榜样为激励,认真准备考研,最后如愿以偿,顺利被一所重点高校录取。访谈中有25人明确表示个人理想来源于虚构或现实中的人,有的是影视剧中的人物,如H32受中外律政影视剧的影响,立志成为法律尊严的捍卫者,成为一名优秀的民法律师;有的是生活中对他有影响力的人,如H6自小父母双亡,他在成长过程中得到了亲朋好友、邻里乡亲、政府干部等众多人的帮扶,使他立志考基层公务员,成为一名人民的公仆,让党的好政策惠及更多像他一样的人。

其二,自我激励能力是自我教育活动顺利开展的调节剂。"那些自我激励的办法就像定海神针一样,让我躁动的内心坚持了方向。"(H3)第一,自我激励产生了自我教育的勇气。朱永新认为自我教育的首要条件是自信,相信自己通过主观努力可成为更好的自己。调研中,笔者发现,这些优秀的学生有一个共同点,就是勇于尝试。有的学生率先进入老师的实验室,跟着老师做科学实验;有的学生积极加入学生组织,通过学生组织锻炼自己的综合能力;有的学生积极参与社会实践、社团活动、各类竞赛等,在参与中发现潜能,提升能力;还有的学生积极创业,在体验中加强自己与社会的联系,全方位自我提升。勇于尝试的学生与一般学生比较而言,更自信,更不畏惧失败,更注重践行。第二,自我激励调控自我教育活动过程。大学生自我教育活动不可能一帆风顺,自我激励对过程中的情绪、状态、认知起到了调节作用。如案例H16在大学生活中,和一名外校男生建立了恋爱关系,但是这个男生对她的态度时好时坏、时近时远,不久后,她发现这名男生与其他女生也建立了恋爱关系,于是断然提出了分手。这段情感经历让她产生了自己不够优秀、不够漂亮的自卑意识,恶劣的自我否定情绪困扰了她一个多月,直至她在广泛的课外阅读中,与美国作家塔拉·韦斯特弗以其亲身经历所撰写的一本书——《你当像鸟飞往你的山》

产生强烈共鸣。这位学生恍然大悟,意识到自己错误的归因方式,于是重新调整认知,改变了一蹶不振的精神状态,重回昂扬乐观的自我奋斗中。困难、误解、失败等是每一个个体都可能遇到的情况,受访者大多采用反思式的自我冷静,如写日记、与自己对话、复盘等自我激励手段,理性地认识自我的状态;有的采取积极的自我暗示方式,对自己说"你能行的"(H17 等)、"克服这些我又成长了"(B4),鼓励自己突破困难;有的采取和亲朋好友讨论的方式,表达自己的情绪、状态,达到征求意见的效果(H5 等)。为了调控自己不利的状态,受访学生采取了多种多样的自我激励方法,走出了情绪低落区,找到继续前行的勇气和力量。第三,自我激励增强自我效能感。班杜拉认为自我效能感是"个体对自身能否利用所拥有的才能去完成特定工作的自信程度"。当攻克一个较为困难的事情时,受访者感受到自己自我教育能力的提升,对自我的认识愈发积极、愈发肯定。如 H31 所说:"通过组织这次活动,受到师生的好评,我觉得我非常有成就感,觉得自己的水平、能力比做这件事之前又有所进步了,也十分相信,下次我也有能力完成更复杂的工作。"自我反馈和他人反馈成为重要的信息传播媒介,正向的结论作用于个体时,个体会产生自我效能感,并带着这种心理特征进入下一个自我教育活动中。

(四)自我管理能力:"我的生活我做主"

自我管理能力是自我教育活动的关键因素。自我管理的对象是个体的思想和行为。齐莫曼提出自我管理的"WHWW"结构,认为自我管理具有动机自我监控、方法自我监控、结果自我监控和环境自我监控四维结构,从四个维度说明自我管理的内容。美国现代管理学之父德鲁克在其著作《21 世纪的管理挑战》中指出,自我管理是个人为取得良好的适应,积极寻求发展而能动地对自己进行管理。自我管理水平的高低是个体社会适应效果、活动绩效及心理健康状况的重要因素。由此可见,自我管理十分重要,是大学生必须掌握的自我教育的策略,也是提升自我教育能力的必经之路。

那么,如何进行自我管理呢?心理学认为,自我管理的关键是自我调节、自我控制和目标行为的分析和选择。我国著名教育家陶行知先生认为:"学生自我管理在本质上是大家学习自己管理自己的手段,但不是自由行动,乃是共同治理;不是打消规则,乃是大家立法守法;不是放任,不是和学校宣布独立,乃是练习自治的道理。"其简明扼要地说明自我管理的本质及与学校治理的关系,提倡在适应主环境基础上充分利用自身、学校和社会的各种资源,最大限度地挖掘自身潜能,较好地处理"共性与个性"的关系,把自己培养成适应社会需求和个人满意的优秀大学生。德鲁克认为,自我管理任务主要集中在如何做事、如何学习上。

在学生访谈中,大学生谈到自我管理时,依据管理对象的不同,主要包括以下几种范畴:

一是学习自我管理。内容是确立学习目标,合理安排自己的学习任务。

二是时间自我管理。主要是协调学习时间、娱乐时间、休息时间等,还包括具体活动中的时间安排,比如完成课后作业,涉及科目的先后顺序、时间预算、精力调控等。

三是情绪自我管理。一方面是了解自己的情绪,学会识别情绪、体验情绪和控制情绪,发展自我积极的情绪,及时控制和调节个人的消极情绪;另一方面是处理与他人相处过程中的情绪,能够体会对方的情绪,宽容、理解和尊重交流对象,发展得体的交际情绪。

四是生活自我管理。这包括生活自理、娱乐锻炼等生活事件的管理。受访大学生中生活管理表现得更为规律的,一般都养成了较好的自我生活管理的习惯。有些学生除了个体自我管理外,还以集体的方式参与自我管理,如寝室成员共同制定了寝室生活守则,包括晚上11点必须熄灯、一周轮流值日、隔天打扫卫生,公用区域使用要求、营造寝室良好学风等具体条款(H1、H3、H6、H14、H21、H25、H26、H31、H35、H40、B2、B5、B7、B9、B10)。

(五) 自我评价能力:"我的多维镜像"

自我评价能力是自我教育实践活动的导向因素。自我评价体现自我的多维镜像,该环节是承上启下的环节,具有导向作用。一方面是对前面自我认识、自我规划等内容的检验,另一方面为此后的自我教育实践活动提供经验借鉴。因为大学生目标是动态的,是不断发展的,并且大学生也常常处在自我教育过程中,由动态的自我认识牵引,形成自我规划,在过程中调控,并开展自我评价,形成自我教育活动的完整环路;这个自我教育活动开展完,下一个活动又启动了,大学生总是在活动中不断认识自我和发展自我。

自我评价能力是主体对自我及社会价值的认识水平,自我评价是对自己做出肯定或否定的判断。自我评价建立在自我认识水平基础上,是对自我教育实践活动的阶段性的回顾,其认识水平的高下,决定了自我评价的准确性。其评价主要建立在反思和总结的基础上。个体把自己置于客体的位置上,设身处地去检验,在反思实践中获得对自己客观、准确的认识。也正因为如此,自我评价可把外在的知识、行为方式内化为自我的一部分,从而不断提高自我的人格水平。

以上分析表明,自我教育能力发展水平由五个过程性结构要素决定。无论是哪一个能力发展不平衡,都将影响自我教育能力的发展。从这个意义上看,自我教育能力是结构要素的单向发展的集合。

这五个要素能力并不是一成不变,而是在自我教育的反思实践中不断升华的。自我反思能力作为最核心的部分,以反思的方式融入自我认识、自我规划、自我激励、自我管理和自我评价实践中,成为自我教育能力发展的主线,而非独立的过程性结构要素,正如苏格拉底所说,未经审视的生活是不值得一过的,自我教育的本质就是在实践中反思。美国学者科尔斯戈德在其著作《规范性的来源》中强调人类具有反思的本性,是确定人的内在规范性的必由之路。人的内在规范是因为人对自己的熟悉和了解,使自己对自己的思想和行为产生确定感,而不至于惶恐。休谟曾在论证道德时这样表述:"通过热切而不懈追求世俗的声望、名声、荣誉,我们经常省察我们自己的举止和行为,考虑它们在那些亲近和尊重我们的人们眼中形象怎样。这种仿佛在反思中打量我们自己的恒常习惯,使我们所有关于正当和不正当的情感永葆活力,使本性高贵的人对他们自己和他人产生一定的敬畏,这种敬畏是一切德性的最可靠的卫士。"我们把注意力转到自我的心理活动,也就是把自己的心理活动当作考察对象,反思就开始了。

受访的学生一致认为,无数次的自我教育活动,都是自我成长的实践,实践塑造了新的自我。本纳认为,实践的含义永远有两层:其一是有意愿地在活动和行动中创造可能性;其二是在人类遭遇困境时对"必要性"的回应。许多大学生不仅在活动中大胆尝试,促进自己潜能的开发,实现各种"可能性",并且在实践中,克服各种困境,推进自我教育活动顺利开展。

实践的过程与自我反思能力密切相关。实践经验表明,反思不仅是认识自己的方式,也是自我调控的重要手段。自我反思贯穿自我教育活动的全过程。在本研究的50名优秀学生中,有19名学生坚持写日记,通过在日记中与自我对话,对自己的日常工作生活进行盘点和总结;有12名学生习惯在晚上散步、睡前安静地想想今天过得怎样;还有19名学生表明自己有随时反思的习惯,特别是在遇到困难或者一项工作完结的时候。适时的反思使这些学生保持了清醒的发展意识,有序调整着大学生的日常生活。同时,反思也作为一种能量的积累,使善于反思的学生拥有经验和智慧,不断进入到自我教育的新境界。

二、内涵性结构要素之间的变化

按照能力的内涵特点分析,自我教育能力分为潜在的自我教育意识能力和显在的自我教育行为能力。根据能力的冰山模型,自我教育意识能力是内隐的、潜在的,就好像位于海平面以下的冰山。依据案例,大学生自我教育意识能力包括知、情、意三个维度。而自我教育行为能力则是外显的、可见的,如同浮出水面的冰山一角,其内容包括行为、习惯、技能和创造性实践。如图4-2所示。

自我教育意识能力是自我教育行为能力的基础。任何行为的顺利推进,意识是先导。自我意识是主体对其自身的意识,包括对自己机体及活动的认知,还包括对自己的思维、情感、意志等心理活动的意识。心理学研究表明,自我意识能力是在人的生理基础上不断发展起来的,并随着人的认知水平的提升而提升。自我意识能力是自我教育能力的前置性条件,没有自我意识所产生的心理机制,就无法促进自我认识、自我规划、自我激励等自我教育活动的开展。人的自我意识发展到青年阶段,意识到自己是自己的主人,就会对自己产生承担责任的意识,就会有意无意地采用

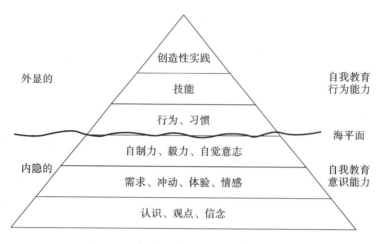

图 4-2 自我教育能力内涵性结构模型

多种手段对自我做进一步的探索。进一步的演化就是朝着个体系统的信念和生活计划来组织自我特征方向上的发展。

通过调研发现,青年的个人意识能力具有内在性、相对稳定性的特点。所谓内在性是指个人意识能力潜在于大学生的头脑之中,只有通过他们的外化行为才能被觉知;所谓相对稳定性,是指在人的发展的某一个阶段,个人意识能力一旦形成,便具有相对稳定性,在一段时间指导大学生的行为实践。但随着自我意识的进一步发展,自我意识能力也不断提升,因此把这种相对稳定性置于更长的时空中,它又是动态变化的、发展的。如 H3 表示:"大学生如何看待自己、如何看待社会、如何设计自我的发展蓝图,往往是一件非常个人的事情,他不与人交流,他的观点、信念、情感、体验等就很难被人所知,大学生要善于把这些内在的思考通过扎实的行为外化,才能真正提升个人能力,否则意识永远只是意识。"

不少学生结合自己的成长经历意识到建立稳定的意识能力非常重要。如 H30 曾在 8000 余字的自我教育传记材料中,旗帜鲜明地写道:"我的大学之路,从清晰的自我意识开始。当我知道了什么是大学生,怎样才算优秀的大学生,我就明白了到底应该怎么度过我的大学时光。"H30 是机械学院机械设计制造及其自动化专业的学生,2018 年参军入伍,经过刻苦训练,2019 年被选入阅兵式方阵并参加了新中国成立 70 周年国庆阅兵式;返校后,他继续发扬军人的优良作风,刻苦学习,加入学生社团,成为学校国防教育朋辈辅导工作室的骨干成员。他在字里行间,特别善于关注自己内心的声音。因此,本研究在探讨教育能力具体内涵的时候,以 H30 为起点案例,通过编码提炼核心类属的方法,提炼关键词语,抽象出核心类属,并与其他案例进行比较、验证、充实类属。H30 中出现的类属基本都能在其他案例中得到印证,而其他案例用不同的经验内容丰富了这些类属。

据相关研究,稳定的意识能力内涵包含四个层面:一是"知",即大学生的认识、观点和信念等;二是"情",即需求、冲动、体验、情感等;三是"意",即自制力、毅力、自觉意志等;四是"行",即行为、习惯、技能、创造性实践等。如表4-2所示。

表4-2 自我教育意识能力内涵(H30的微分析案例)

类属	内容	语词范例(H30)
知	认识、观点、信念	认识:大学是一个新的起点,今后我的人生怎样取决于我今天怎样度过。 观点:能接受的训练叫训练,接受不了的训练才叫磨炼,经过磨炼,人才能浴火重生。 信念:参与学校参军入伍动员会时,那些退伍返校大学生的事迹,一下子勾起了我从小到大一直存在的军旅英雄情结,我当即下定决心:我的青春也要在部队里闪光
情	需求、冲动、体验、情感	需求:退伍返校后,为了跟上大家的节奏,我把业余时间全用来做听力训练和英语阅读了。 冲动:我心中的热情似乎压不下去了。我主动和退伍师兄建立了联系,经常去他寝室,和他聊他的经历和感受。 体验:一下子多出来的时间,我感到非常迷茫,没有目标,没有劲头。 情感:直到今天,我看到有大学生浑浑噩噩、不知进取的时候,我就想到我在部队里摸爬滚打、参加阅兵式的经历,我觉得我不一样,我是军人,不能"同流合污"
意	自制力、毅力、自觉意志	自制力:放松自己很容易,但要约束自己却很难。当室友还在熬夜打游戏时,我强迫自己带上耳机听英语;当他们还在酣睡时,我鼓舞自己起床、叠被、去操场跑步。 毅力:我每天早上至少跑5公里。坚持跑步很好地锻炼了我的毅力,我也常常在跑步的过程中感受到累,想放弃,一再鼓励自己,当达到目标的时候,当自己全身被汗水浸透的时候,我感受到一种战胜自己的巅峰体验。 自觉意志:我觉得优秀的大学生有一种基本判断,就是正确的价值观,他知道做什么是对的,知道自己的角色应该是什么样的,所以会引导自己自觉去做符合角色的事
行	行为、习惯、技能、创造性实践	行为:如何学习、如何交往、如何工作…… 习惯:每天晨跑、听英语、整理寝室…… 技能:寝室收拾得整整齐齐,被子叠得有棱有角;长跑等体育项目成绩大大提升…… 创造性实践:开始跟着老师做科研项目,参加全国机械产品数字大赛,并获得二等奖。利用在军队的所学,担任学校民兵预备役训练教官组的组长,完成培训任务

自我教育行为能力是自我教育意识能力的直接体现。如表 4-2 之分析,经逐一比较,行为能力包括行为、习惯、技能、创造性实践等因素。最浅层面体现在学习、生活的日常行为;把行为中一些积极向上的东西固定下来,长期践行便成了行为习惯;某些行为习惯能通过不断熟练形成技术,解决一些实际问题,即掌握了某种技能;在前面三种实践的基础上,综合运用所学知识,不断学习新的知识和技能,创造性地解决一些难题,就是创造性实践。

大学生自我教育能力的知、情、意、行等因素在结构与功能上越是健全,大学生自我教育能力的品质就越好,越是稳定而有力,表现出连续性和一贯性,他们对自己学习、生活的控制性就越好,越容易表现出优秀和卓越的特征。H30 便是样本之一,虽然有过迷茫,但积极找寻走出迷茫的办法,有序地自我突破,严格地自我锻炼、自我管控,度过了充实而又收获满满的大学生涯。

第二节 自我教育能力发展的复合过程

本章第一节谈到,自我教育能力的发展在自我教育活动中按照过程性结构要素和内涵性结构要素的特点,围绕自我教育活动的程序呈现单向发展趋势。但如果把自我教育放在更宏大的教育背景中,以教育就是他人教育和自我教育结合的观念为基础,自我教育能力的发展就呈现出复合的特点了。在大学生成长中,也很难去把他人教育和自我教育剥离开,事实上,这种剥离也毫无意义。大学生自我教育能力的发展不是主体单线的发展,不仅需要他人教育,而且其在教育环境中的发展,需要在他人教育引导下发展。因此,大学生自我教育能力的发展与整体的教育环境有密不可分的联系,大学生在整个教育环境中,经历了"受教—求教—自主—创造"的复合式发展过程。

一、受教

受教是自我教育能力发展的前置阶段。大学生在很多个发展阶段,都处在受教的过程中。如大学之初,大学生对大学的学习和生活还很迷茫,自我意识能力还未被充分调动,自主方向还不明确。他们主要在受教育的过程中,在教师的引领下逐步清晰自我发展的方向。即使大学生具备了一定的自我教育能力,也还需要不断从受教中获取新知识、新能量,为自我教育做准备。大学生就是在受教和自我教育的循环中成长和发展的。由此可见,受教是自教的先导。

大学生受教主要包含两个方面的来源:一是他人教育的引领;二是环境教育的熏陶。

他人教育的引领主要指教师对学生的教育。大学教师,尤其是在大一阶段担任教学、管理任务的教师,要在介绍学校、专业、课程内容等基础上,引导学生开展自我教育,明确自我教育与大学生发展的关系,掌握一定的自我教育方法。笔者在调查中发现，H大学虽然有比较系统的入学教育，但入学教育内容中并没有引导学生自我教育的内容。以至于在访谈中，那些还比较优秀的学生尽管已经具备了较好的自我教育能力，并能自觉开展自我教育活动，但不知道这些过程就是自我教育。在被问及学校该如何强化大学生自我教育时，有学生建议开设相关课程、举办讲座、开设工作坊等，说明学生已从实际生活体验中认识到大学生自我教育能力提升的重要性。此外，对学生产生影响的重要他人，也是学生受教的来源，如学生信任的父母、亲人、亲戚朋友等。和学生群体距离越近，交往越频繁的人，往往对大学生产生的影响越大。这些关键的人共同组成了大学生的"受教圈"，这个圈中积极进取的人越多，越有利于大学生顺利开启自我教育。

环境教育的熏陶也是大学生受教的重要来源。良好的环境是学生自我教育的土壤。孟子说："天时不如地利，地利不如人和。"和谐的人文环境能够促进大学生自觉自愿地开展自我教育。在大学生成长过程中，家庭教育环境、社会教育环境和学校教育环境都发挥着作用。但对于大学生成长而言，大学期间学生接触得最多，并对其终身发展影响较大的主导环境是学校教育环境。好的环境不仅包括硬件条件，如怡人的校园景观、完善的教学设施，还需要软件条件，如规章制度的约束，明确大学生行为的边界，创设榜样领航的情境，促进师生交往、生生交往，让学生在充满进取精神、关爱友好的氛围下自我探索。案例中不少学生谈到了环境对自己的教育，有些谈到图书馆、实验室对自己成长的影响，有些谈到寝室氛围、班级氛围对自己的影响。2018年H大学曾有16个寝室的全部寝室成员考取研究生，说明寝室效应在大学生成长中发挥了巨大的作用。

二、求教

求教是自我教育的启动阶段，它决定着自我教育发展的方向和水平。大学生能够主动求教，也就表明他已经从受教的初始阶段发展到启动阶段了。这一阶段最显著的特征是自我积极主动地思考自己的成长需求，并围绕目标积极参与大学学习、生活。苏霍姆林斯基曾说："进入求教阶段的孩子仿佛就是人的第二次诞生。第一次诞生是一个活的生物，第二次诞生则是一个公民，一个不仅看到周围世界，而且看到自己本身的、积极的、有思想的、正在起作用的人。"求教是认识自我、发现自我和探索自我的阶段。处于这一阶段的大学生不再像受教阶段一样，以施教者的思维、要求为自己的评价标准，而是能动地了解自己所需的知识，并积极内化。这一时期，他们的自我认识能力、自我调控能力和自我评价能力明显增强，引导自己从被动学习向自主学习、从他律向自律转移。

学生内心获得主动求知的愿望，是其发展过程中的质的飞跃。这一阶段，学校教育应予以引导和帮助，使教育活动更顺畅地向学生持久的自我教育实践转化。首先是充分肯定学生的求教精神，并引导其对求教内容进行深入探索，激发学生探究的兴趣和热情。H1曾讲述了她与外国文学的渊源，起源于老师讲课的生动，发展于自己的课外延伸阅读,深化于向老师求教、共同探讨,这些让她对外国文学的兴趣愈加浓烈,她现在已经是国内某知名高校外国文学专业的研究生了。其次是引导学生掌握自我教育的方法,学会在自主学习中自我认识、自我评价,引导学生自觉调控自己,克服求教过程中的困难。有些学生求教过一次便放弃了,没有形成稳定的自我教育心态,并掌握自我教育的方法,很难进入持续深入的自我教育实践。因此促进学生自觉主动地开展自我教育,在求教过程中须融入方法的教育。最后是创设利于学生求教的氛围,鼓励学生走出自我,勇于求教。营造鼓励求教、赞赏求教的环境,充分发挥集体和舆论的促进作用。

三、自主

自主是主体自我教育能力发展的标志,这意味着主体的力量进一步增强,教育的主体从教师变成了自己。这时,主体的自我意识从关注外部世界转向关注自己的内部世界,开始注意到"本质的我",从而逐渐发现自我、认识自我。大学生一旦进入自主的阶段,也就表明从认识层面上,他们已经可以多侧面地思考问题,能够对事物的本质进行判断,并从存在的意义和价值层面进行探索,具备较好的自我认识能力。从实践层面上,一方面他们能够在较为全面的自我认识的基础上,设计自我发展的道路,并采用自我规划、自我激励、自我反思等调控手段,控制自己的行为;另一方面能够正确对待自主实践过程中的挫折和困难,抵御外来的不良影响,不断克服自身存在的局限性,形成良好的行为习惯。

案例中自我教育能力较好的学生均进入了自主的阶段。自主不仅包括学习自主,也包括生活自主、行为自主等。那些考取研究生、公务员的学生称:"复习备考的那段时间是自主学习能力最强的时候,自主安排学习进度、自主解决学习困难、自主调节学习心态……"那些生活上已经自强自立的学生,合理规划自己的生活,安排兼职,平衡学业,积极突破各种困境,也体现了极强的自主精神。

四、创造

创造是自主的深化和发展,是主体主观能动性最强的阶段,也是自我教育能力发展的"高峰"阶段。这一阶段已经达到了自我教育的自动化阶段,自我可以运用多种手段和资源,灵活地解决自我教育实践中出现的问题,当困难得到解决的时候,主体的自我教育能力也得到了升华。

他人教育传授了道义、知识和方法,但必须通过自我教育的整合,才能真正地成为主体的思想,熔炼成思维方式和行为策略。许多大学生在大学期间极具创造力,比如H33运用她所学习的社会工作的一些基本原理,灵活地创造出"公益回收助同窗"的项目,既环保,又切实地用收益帮助了困难学生。H10主动创业,磨炼创业者的品性,最终在创业大赛及创业实践中都取得了较好的成绩,目前已经是一家培训公司的负责人。

媒体资料表明,各行各业发展卓越的人都具备较好的自我教育能力,善于学习,善于应用,善于创造。可见,创造阶段的自我教育将覆盖漫长的人生阶段,让勇于创造、善于创造的大学生终身受益。

在这一阶段,学校教育仍要不断提高教育的实效性,推进自我教育激活学生的创造潜能。"让一切教育形式都尽可能地通过学生,通过学生的脑,通过学生的实践,要可感、可触、可思、可体验,培养学生自我教育的意识和习惯,形成学生自我教育、自我管理和自我发展的能力。"

本章小结

本章在大量案例材料的基础上归纳自我教育能力的反思实践过程,借助自我教育语境和大学教育整体语境,分析了自我教育能力发展的两种态势。

一是自我教育语境下,自我教育能力围绕能力要素呈现单向发展态势。深入剖析大学生自我教育能力的结构,即自我认识能力、自我规划能力、自我激励能力、自我管理能力和自我评价能力五种结构要素,而反思能力贯穿大学生自我教育实践始终。自我认识能力是自我教育实践活动的前提因素,是主体内在规范性的体现;自我规划能力是自我教育实践活动的启动因素,决定着自我教育的发展内容和方向;自我激励能力是自我教育实践活动的调节因素,促进自我教育活动顺利开展;自我管理能力是自我教育实践活动的关键因素,决定着自我教育活动的成败;自我评价能力是自我教育能力的导向性因素,通过对多维自我的总结启发下一阶段的自我教育活动。

如果按照能力本身的分法,自我教育能力从内涵分析的角度可以分为自我教育意识能力和自我教育行为能力。意识能力是行为能力的基础,它潜藏于人的意识、思维之中,只能通过行为能力外显,因此行为能力是意识能力的直接体现。按照能力的冰山模型,大学生自我教育意识能力包含认识、观点、信念、需求、冲动、体验、情感、自制力、毅力、自觉意志,这些是内隐的。自我教育行为能力包括行为、习惯、技能和创造性实践,这些能力同为行为外显。大学生知、情、意、行结构在功能上越健全,自我教育能力的品质越好,越有利于促进大学生开展自我教育实践活动。

二是整体教育语境下,自我教育能力发展呈现多元复合态势。他人教育和自我教育密不可分,他人教育的引领和自我教育的建构共同完成了自我教育能力的培养过程。因此,自我教育能力发展又遵循了"受教—求教—自主—创造"的复合发展过程。受教是自教的先导,是自我教育能力发展的前置阶段;求教是自我教育的启动阶段,决定自我教育发展的方向和水平;自主是自我教育能力发展的关键阶段,也是其重要标志,是自我教育的核心;创造是自主的深化和发展,是自我教育方式方法的综合应用,是自我教育能力发展的"高峰"阶段。

单向路径和复合路径以互融互促的方式存在于大学生生活中。自我认识、自我规划、自我激励、自我管理、自我评价的反思实践过程也是受教、求教、自主和创造的过程；同时这些自我教育手段推动受教、求教、自主、创造不断向高阶发展。

本章参考文献

[1] 李德显.主体自我教育过程论[J].教育理论与实践,1996(2):18-22.

[2] 刘献君.培养大学生的自我教育能力[J].青年研究,1982(16):2-7.

[3] 刘献君.个性化教育模式探索[J].高等教育研究,2020,41(1):1-8.

[4] 王振江.中国自省修身传统在当代中学德育中的思考与实践[J].教育前沿(综合版),2007(6):38-39.

[5] 郑和钧.论自我意识与自我教育[J].中国教育学刊,2004(5):4-7.

[6] 程文晋,付华.管理视域内的自我教育论[M].北京:中央编译出版社,2012.

[7] 李晓文.学生自我发展之心理学探究[M].北京:教育科学出版社,2001.

[8] 朱智贤.心理学大词典[M].北京:北京师范大学出版社,1989.

[9] [美]克里斯蒂娜·M.科尔斯戈德.规范性的来源[M].杨顺利,译.上海:上海译文出版社,2010.

[10] [英]大卫·休谟.道德原则研究[M].曾晓平,译.北京:商务印书馆,2001.

[11] [美]彼得·德鲁克.21世纪的管理挑战[M].朱雁斌,译.北京:机械工业出版社,2009.

[12] [德]本纳.普通教育学[M].彭正梅,等译.上海:华东师范大学出版社,2006.

[13] [苏]苏霍姆林斯基.让少年一代健康成长[M].黄之瑞,等译.北京:教育科学出版社,1984.

第五章 自我同一：大学生自我教育能力发展的阶段性目标

大学生自我教育能力发展的目的，从宏观讲，是促进大学生成长，为其终身发展奠定基础；从微观讲，是促进大学生在大学期间身心协调发展，帮助其更好地获取自我同一性。已经进入青年期的大学生，具有了自觉的自我意识，常常追寻自我的价值、人生的意义，探索自我的社会角色，以期更好地自我认同。正如蒙田所说，"人类最大的任务就是学会成为自己的主人"。吉登斯把自我认同理解为个人根据其个人经历所形成的作为反思性理解的自我。认同的设定超越了时空的连续性，自我认同就是这种作为运动者的反思解释的连续性。埃里克森把自我认同称为"自我同一"，他从"自我同一"与"自我理想"这两个概念的差异出发，认为："自我同一性更接近变化着的现实，因为它按照青少年的意识形态趋势来试验、挑选和整合那些来自成长中的心理社会危机的自我意象。如果说自我理想的意象为自身描述了一个为之奋斗却永远达不到的理想目标，自我同一性的特征则可说成在社会规范范围内确实达到了的、却永远需要修正的一种自身现实感。"所以对于青少年来说，自我同一性创设了自我的疆界之一，是经历着成长危机的自我与环境综合作用的结果，是青春期自我最重要的成就。在埃里克森同一性理论基础上，齐克瑞通过对大学生的专门研究，指出在大学生发展的七个主要的向量中，最核心的内容是要达成大学生的自我同一性，形成一种坚固的自我意识（solid sense of self）、内在的掌控感和归属感。因此，从自我同一的发展任务的角度看，大学的确是充满疗愈功能和涵养功能的象牙塔，在一定程度上促进大学生真正地自信、自强、自律、自省，达到自我一致、自我贯通和自我恒定，为每一名大学生长远持续的自我教育能力的发展准备充足的能量。

第一节　自我一致：目标和行为

大学生在自我教育的过程中,常常出现"理想自我"与"现实自我"对峙,"自尊"与"自卑"博弈的情况,这种应然和实然的矛盾本身是促进自我教育进程的推动器。但如果矛盾造成的影响使大学生意志消沉、自惭形秽,产生孤立感、无助感,就走向了自我教育的反面,甚至会影响大学生的心理健康,造成同一性混乱。大量的案例显示,自我同一性从自我一致中得到确认和发展,大学生自我教育能力发展的目标,首先是正确对待自我,在个人目标和行为上达成一致。由此可见,自我一致是自我同一性的基础性层次。

一、成长需求和发展目标一致

成长需求激发了个人的发展目标,目标是成长需求的具体化反映。二者一致,才能保证从成长需求到自我教育实践的一致性,在自我教育实践过程中顺利完成"自我规划—自我管理—自我评价"的发展过程。很多大学生发展的问题,往往是由需求和目标不一致引起的。个体的需求是内发的,但目标有可能是外在环境强加的,比如采访中,有学生对正在学习的专业不感兴趣,甚至学习得非常痛苦,主要原因是确定的目标并不是由自我的成长需求产生的,没有真正调动起自我的内驱力。也有学生没有外在力量干预,因为自我意识能力不强,不能正确认识自我,导致不能把握成长需求和发展目标的一致性,从而不能正常推进自我教育实践。调查中,自我教育能力较强的学生通过交往实践,逐步认识了外在需求和内在渴望的关系,融合成自我需求,并在需求的基础上通过更具体的自我认识和环境认识,确定发展目标,把握了自我教育实践中需求和目标的一致。

二、目标和行为一致

大学生确定了发展目标,通过规划、管理、激励、评价、反思等自我教育的手段,推进自我教育活动,用实际行动确保目标的实现。笔者在本研究的过程中,曾面向全校学生做过"大学生自我教育能力状况"的网络辅助调查,围绕自我教育五要素能力水平设计问卷,问卷核心部分共60题,主要考察大学生在大学适应、思想修养、自主学习、人际交往及课外实践上的自我教育能力发展的自评情况,问题设计采用李克特五点量表。其中在目标与行为的维度上,有几点发现:

一是在认知层面上,大学生的发展目标大多确定为全面发展,而非狭义的好成绩。76%的学生更关注自身的成长,仅11%的学生仅关注成绩变化,说明大学生普遍认同自我教育在大学生成长中的广泛意义,而不仅仅是促进学习。

二是在行为层面上,大学生自我教育能力结构不平衡,大学生自我教育能力在动机(目标)层的表现优于执行(行为)层。五点量表矩阵均值为3.7,远低于均值水平的题项有"积极参加学业竞赛""积极参加课外活动""课外经常自学""经常和老师、同学交流学习心得""周围的人和事容易改变你的想法""积极改进自己做得不好的地方"等,这些题项均属于自我管理能力的范畴,说明大学生对其自己的自我管理能力是极不满意的。同时,大学生自我规划能力较弱,表现在"有详细的大学规划""有明确的学业目标""你把自身发展和社会进步联系在一起"等题项得分低于均值水平。此外,大学生进行自我反思的意识和能力也明显不足,"了解自己的优势""每隔一段时间进行一次自我总结"等题项得分均低于平均值。相反,大学生在自我认知能力上,自评得分略高于均值,自我激励能力题项得分远高于均值。由此可见,大学生自我认识能力较好,普遍都有向善向好的意愿,但自我规划能力、自我管理能力、自我评价能力跟不上,说明行为能力不足,呈现出目标与行为失衡的状态。

实际上,从受访学生的反馈看,目标与行为一致确实是自我教育实践中最困难的事情。不少学生称:"我虽有目标,但时而奋进、时而怠惰,而后追悔、全力弥补,似乎一直都在这种间歇式的循环里。"(H1 等)据观察,这类学生代表了大部分学生的状态,虽然目标不能时时处处与行为一致,但从整体上看,二者维持了长期的、动态的发展平衡,行为始终在围绕目标的达成波动,整体上处于目标和行为一致的状态。

三、结果和期望一致

大学生通过自我教育的反思实践,个体自我教育能力获得发展,成长需求得到满足,教育和自我教育的目的在个体身上获得实现,自我发展的结果符合期望,不仅能增强大学生自信、自强的意识,还能增进学生的自我效能感,促进大学生进一步自律、自省,形成综合的心理品质。

自我教育能力较强的学生,在大学毕业的时候,呈现出一幅集体画像:对过往充满感恩,对此刻充满骄傲,对未来充满希望。他们感恩学校、恩师、友人在他们成长过程中所给予的帮助,感恩自己的努力;他们为有一段奋斗的岁月,在 H 大学的相遇相知和所取得的成绩感到骄傲;他们相信在自我教育实践中已经拥有了积极进取的心态、勤奋刻苦的品行和不断反思的勇气。因此,他们在自传的最后写道:"只要我们确定了目标,有一颗坚定的、勇敢的心,只需要去做,一切问题都不再是问题。"(H5)"一路走来,风雨兼程,坚持不懈的是信念,磨砺出的是品性,历练出的是成长。"(H6)"大学四年最深刻的体会是,大学是一个新的开始,自己想什么样,就可以拿起自己的画笔,画成什么样子,任何时候都不要怨天尤人,要相信自己,相信努力的意义,相信自己所相信的,只要付出得足够,就一定可以成为自己想要的样子。"(H38)

第二节 自我贯通:需求和能力

不少学生反馈,拥有自我教育能力的表现包括有独立思考、独立判断的精神,勤于反思、善于规划的习惯,充实自律、自我完善的状态。由此可见,自我教育能力发展的另一重特征是自我贯通：个体角色与社会要求的贯通、自我需求与自我能力的贯通、"旧我"和"新我"的贯通。自我贯通是自我同一性的发展层次，此时，大学生已超越个体的自我一致，取得社会性发展表现，是自我教育能力的升华。

一、个体角色与社会要求的贯通

大部分大学生在大学之初，是立足于环境中的自我角色，即理想的大学生是什么样子，来开展他们的自我教育实践活动，并逐步发展"理想大学生"定义。从最开始的"品学兼优的大学生"，到遵纪守法的"社会公民"，再到"承担责任的成年人"，最后到优秀的社会主义事业建设者和接班人的"中国脊梁"，他们的视野越来越开阔，突破了自我需求的局限，逐渐把社会需求、国家发展及历史方位纳入个体需求的考察范畴，把个体的发展与集体和社会的发展紧密结合起来，突破了个人本位，体现了个体的现代性人格、道德人格和积极人格。

大学生个体角色与社会要求贯通体现了三个统一。

一是大学生生活世界和意义世界的统一。奥依肯指出："我们根植于生活世界的同时，并不会忘记对生活意义与价值的追求。"大学生的生活世界本身就是教育和自我教育交织实践的过程，而意义世界则是人对生活世界和自我不断进行反思、批判和重建的过程，是大学生对自己全部生活的价值层面的追求。生活世界和意义世界以交融的形态，决定了大学生必须以贯通的态度理解其生活及意义，在生活中寻找意义，在意义中丰富生活，不能割裂二者的关系。事实上，自我教育能力较强的学生能够在日常生活世界里找到意义，并在自我教育实践过程中努力赋予平凡的生活以意义；相反，自我教育能力较弱的学生常常找不到日常生活的意义，或者不懂得在日常生活中创造意义，因此处于盲目、茫然的状态。

二是个人发展和社会历史发展的统一。大学生个人发展永远是在一定社会历史条件下的发展，与社会发展密不可分。个人是社会历史的缩影，个体的人生追求必然会打上时代的、社会的烙印；社会的发展离不开个人的发展，无数个个体的发展造就了社会历史发展的洪流。因此，个人发展与社会发展相互联系、不可分割。大学生要善于在社会历史发展中，找到超越个人发展的更加宏伟的目标，善于在时代、社会的大背景中找到大学生的定位与历史使命，如此，才能引导个体向更加深远层次发展，获得更高的人生境界。案例大学生是在教育和自我教育实践过程中，伴随着对于自我、自我与他人、自我与社会、自我与时代、自我与世界的逐步认知，从而形成个体发展和社会历史发展融通的认识。由此看，自我教育的反思实践是个体自我发展和社会历史发展统一的根源。

三是个体理想与精神超越的统一。个体理想是个体对理想自我的追求，是个体希望具备的品质、素质以及达到的发展状态，是在自我教育实践过程中，把群体、社会的要求内化为自身发展的认知、情感和意志，形成的规划理想自我的具体样态。在理想追求的过程中，必然会通过实践获得关于生命、价值的体验，从而产生对人生价值的思考和向往,这种向往又指导个体理想在精神层面实现超越,形成螺旋上升的态势,促进个体在追求理想的道路中,不断选择、建构,实现精神和境界层面的突破和超越。在大学生的自我教育实践中,大部分学生的个体理想是不断清晰和发展的,起初着眼于视野可见的目标,如学业进步、获得奖励等,但随着实践的深入、视野的开阔,他们在实践中获得丰富的个体体验。如当学生们了解到党带领全国人民艰苦奋斗、共同富裕的历史征程,感受到现代化进程及家乡切实的变化,受到军人、医生等在灾情面前勇于担当的影响,觉知到个体奋斗与社会发展的深刻关系,他们确定成为"有理想、有道德、有文化、有纪律"的当代大学生已经不是空话,也不是虚无缥缈的精神追求,而是立足个人理想的精神追求。因而,当大学生做出志愿服务、征兵入伍、服务西部等选择时,个体理想与精神超越的贯通融合已经开始了。

二、自我需求与自我能力的贯通

需求是促进能力发展的驱动力。如第三章所述,在成长需求牵引下,大学生在个体需求的领域开展自我教育实践,促进个体能力有选择性地发展。没有成长需求,就无法形成大学生成长型思维品质,教育和自我教育就没有着力点。因此,刘献君说:"需要是一切事物存在和发展的客观条件,是人的行为的内在驱动力。在教育教学中不仅要满足学生需要,而且要引导学生需要,这是教师工作的特点,也是难点。"大学生需求的满足,不仅需要教育环境的引导,还需要大学生自我教育实践的自我建构,不断在满足现实需求中激励未来需求,在满足物质需求基础上探索精神需求。

能力的发展满足自我需求。大学生在自我教育实践中提升了自身素质,逐步了解自己的能力和特长,满足了自身成长的阶段性需求;同时又在能力发展的前提下,滋生出新的成长需求,促进满足需求的自我教育实践活动的发展,并在此过程中拓展能力类型、提升能力水平。由此看,能力的发展是满足旧的需求的结果,同时又是激发新的需求的开始。

需求和能力是大学生永续发展的不竭动力。大学生不仅要正视自己的成长需求,还要不断深化需要的层次,形成强大的发展动力,促进自我教育能力的反思实践活动,在活动中全面提升能力。能力的发展自然对大学生的需求提出新的要求,由此促进大学生始终在需求和能力的双重驱动下,向前发展。对受访学生而言,贯通了需求和能力,就具备了发展的关键引擎,表现出既有驱动,又有能运行驱动的能力,整体上呈现一种理性、平和且不断超越的人格特质。

三、"旧我"与"新我"的贯通

"旧我"是"新我"的基础,没有"旧我",就没有"新我"。虽然"旧我"还不完善,但它是"新我"的起点。有些大学生入校就具备了一定的自我教育能力,在大学适应、自主学习、人际交往、道德成长和能力拓展过程中,自我教育发挥了很大的作用,能够有效调控自己的目标和行为,少走了很多弯路;有的学生自我教育能力还很薄弱,需要在大学期间培养,在自我教育实践中提升。因此,成长的意义不是看最终的结果,而是看"新我"与"旧我"的差距。大学生只有勇于突破"旧我",才能激励自我不断提升。

"新我"是"旧我"的未来,没有"新我","旧我"就没有发展。大学生在理想自我的感召下,在发展需求的驱动下,不断去塑造新的自我。"新我"是包含了知识、能力、素养一体的全新的自己,是对"旧我"的改造升级。在实现"新我"的过程中,大学生要善于体验"新我",才能突破"旧我"的惯性,固化发展成果。

每一个"旧我",都是今天的"新我",每一个"新我",都是未来的"旧我"。在谈到对自己发展历程的感悟时,每一个受访的"新我"都对过去的"旧我"充满感激:"过去虽然不成熟,依然蕴含着很多力量,促使我真的去改变。"(H2)"我感激母校和恩师,但我最想感谢过去那个无知无畏、不知天高地厚,但是永远向上的自己。"(H7)

第三节 自我恒定:情感和态度

当大学生个体层面和社会层面的自我同一性目标得到发展后,自我恒定目标作为高阶层次的需求进入到大学生的自我教育活动中,大学生通过丰富多彩的自我教育实践形成了稳定的情感和态度。自我同一包括自我的可变性和恒定性,可变性促使个体不断向前发展,恒定性是情绪、情感、态度的恒定及目标和行为的恒定。可变性是永恒不变的,而恒定性是相对的。美国费尔兹研究所的学者曾经在三十年间(1929—1959年)对71名受试者(含36名男性,35名女性)的27项参数进行纵向研究,得出结论:在所有的发展阶段,个体个人特征的稳定性、恒定性和继承性表现都超过可变性。在整个发展历程上,某一个发展阶段的恒定对推进长远的可变性意义重大。同时,相对的恒定也是大学生自我教育能力发展的阶段性目标之一,是大学生稳定感的来源。

一、悦纳自己才能养成自觉修养的心理品质

心理学意义上的自我悦纳,是人对自身以及自身特征的一种积极的态度,也就是能欣然接受现实自我的态度。悦纳自己,既是自我教育能力发展的起点,也是自我教育的结果。

对于自我教育来说,积极的心理自我意识能引导个体对自己的优点、缺点照单全收,客观地认识自己,才能从内心悦纳自己。一个人如果连自己都不悦纳,就无法从真正意义上悦纳别人,也就无法建立和谐的人际关系,促进自我在良好的环境中成长。一个人如果连自己都不悦纳,心灵就无法成长,也就无法采用各种自我教育的手段开拓自己,承担不了自我成长的责任,也承担不了相应的家庭、社会责任。由此看,促进自我教育能力发展,首先要悦纳自己。

同时，作为自我教育能力发展的结果，悦纳自己才能从总体上评价自己，才能帮助自己进入自我教育实践的循环中。罗杰斯在其著作《个人形成论——我的心理治疗观》中强调，个体开始倾听自己的行为表达的信息和意义，标志着自我悦纳的开始。唯有自我悦纳，才能够悦纳他人，信任自己。罗杰斯从心理治疗机制的视角探索悦纳自己在个人成长中的重要性。马斯洛在研究自我实现的人的特征时指出，他们能够轻松洞悉现实，他们有着近乎动物式的接纳性和自发性，表明他们对自身的冲动、欲望以及主观反应具有非同寻常的自觉意识。由此可见，悦纳自己才能成为自己，才能为个体自觉修养奠定坚实基础。

受访的优秀学生认为个体的自我悦纳经历了从否定到肯定的过程：一是对自己的不满意唤起了自我反思，自我的不完善创造了进步的空间。自我悦纳的内容包括自己的优势，也包括自己的不足，能充分看到这些不足，才了解自己的进步空间。从这个意义上来说，否定是悦纳的起点。二是自发、坦诚地面对自己的优点与不足，激发成长需求，坦诚悦纳自己的形象、性格、情感、态度、信仰等，尊重自己的感受，不过分批判和指责自己，以积极的态度不断完善自身的缺点，并与所处的环境相适应。三是以悦纳的心态在实际行动中独立思考，能够宽容对待他人和环境。由此，获得自发地接受自我、悦纳他人和世界本来的样子的人格力量。"经过了成长的一系列实践，我从不成熟到成熟，可以独立地、冷静地、客观地去看待自己，看待他人，发现问题，并解决问题。"（H36）"四年的大学生活，让我学会了为人处世的道理，也掌握了一些知识和技能，使我变得更坚强、更独立，也更温暖。"（H37）"我更多的时候相信自己能做到，这是我对自己的一个期盼，引导我拥有一个好的工作态度，能保持好心态，砥砺前行。"（H25）从他们的表述看，悦纳是力量之源，是身心平衡的条件，也是自觉修养的开始。

二、信任自己才能养成坚韧自强的精神品格

自信有一种向上的力量，可以更好地激发大学生的潜能。马丁·路德·金说："这个世界上，没有人能够使你倒下，如果你的自信心还在的话。"大学生的自信不仅来源于他人的肯定，更来源于他自身，是对自身能力和自身价值的肯定。自信心既是自我教育实践基础，同时又在实践中不断被强化。

案例中，大学生自信的领域不尽一致，但他们都获得了自我能力和自我价值的自信。如有的学生认为自己勤于学习、善于学习，最终在专业能力上获得了自信；有的学生认为自己灵活应变，善于组织交往，最终在活动组织等工作上获得了自信；有的学生找到了兴趣，发展了特长，最终在文学、艺术或者体育等方面获得了自信……随着自我教育能力的发展，大学生采取了一系列措施强化自信心：一是与自信阳光的榜样为伍，激励自己向榜样看齐，不断向上；二是在自我教育实践中进行积极的心理暗示，强调"我能行"的信念，增强克服困难和挫折的决心，不断强化自己的心理韧性；三是逐渐树立积极自信的外在形象，敢于表露自己、宣传自己。通过这些策略逐

步把自信的外在表现和内在力量统一起来,促进自信心越来越强,成为自己人格特质中闪亮的一笔。

自信的力量不仅表现在大学生能力发展上,更表现在他们超越个体本位、充满情怀的价值观上。例如 H32 凭借个人努力通过了司法考试,还参加了很多的法治实践志愿活动,一方面坚定了他从事律师职业的信心,另一方面也不断强化了他的价值感、正义感。他说:"我能够铭记学法之初心,不忘维护公平正义,捍卫弱者利益,努力让法治之光照亮中国的每一个角落。"(H32)B8 悄悄在自己心底种下了"大国巨匠"的种子,相信自己的建筑设计一定能具有出色的抗震性能,确保平安。

本章小结

本章揭示了自我教育能力发展的阶段性成果,这些成果既可作为过程的成果体现于自我教育反思实践的过程中,也可作为实践的最终成果,体现在某一具体实践活动完结的时候。自我同一,不仅标志着能力的发展,而且还在精神层面、价值层面体现出大学生发展目标的和谐统一,且表现出不断发展的层次要求,即要达成自我一致、自我贯通和自我恒定。

自我一致是自我同一的基础层次。体现在三个方面:一是成长需求和发展目标的一致,这是自我教育实践的第一关。二是目标和行为的一致。笔者用调查数据佐证大学生自我教育能力要素中,认知层面希望全面发展,行为层面上显示大学生自我意识能力较好,而自我行为能力却发展极不平衡,目标与行为的不一致成为大学生自我教育能力发展的普遍性问题。三是结果和期望一致,只有一致才能促进大学生自信、自强、自律、自省,推动自我教育不断向前发展。

自我贯通是自我同一的发展层次。自我贯通包含三层意蕴:一是个体角色与社会要求贯通,表现在大学生生活世界和意义世界的统一,个人发展和社会历史发展的统一,个体理想与精神超越的统一。二是自我需求与自我能力的贯通,需求促进能力发展,能力发展满足自我需求,需求和能力构成了大学生永续发展的不竭动力。三是"旧我"与"新我"的贯通,"旧我"奠定"新我"的基础,没有"旧我",就没有"新我";"新我"是"旧我"的未来,没有"新我","旧我"就没有发展;每一个"旧我",都是今天的"新我",每一个"新我",都是未来的"旧我",统一了"旧我"和"新我",就尊重了人的历史发展。

自我恒定是自我同一的高阶层次。自我恒定主要是情感和态度的综合体现。大学生悦纳自己,才能养成自觉修养的心理品质,不断改造自我;信任自己,才能养成坚韧自强的精神品格,不断超越自己。总而言之,大学生在自我实践的过程中,应形成平和、理性的人格特质,为终身发展奠定良好的精神品格。

本章参考文献

[1] 刘献君.论需要及对大学生需要的引导[J].高等教育研究,2019(4):60-69.

[2] [英]安东尼·吉登斯.现代性与自我认同[M].赵旭东,等译.北京:生活·读书·新知三联书店,1998.

[3] [美]埃里克·H.埃里克森.同一性:青少年与危机[M].孙名之,译.北京:中央编译出版社,2015.

[4] [德]R.奥伊肯.人生之意义与价值[M].张蕾,译.北京:北京联合出版公司,2015.

[5] [美]卡尔·R.罗杰斯.个人形成论:我的心理治疗观[M].杨广学,等译.北京:中国人民大学出版社,2004.

第六章 大学生自我教育能力发展过程的启示与建构

本研究从大学生浩繁的成长叙事材料入手,运用扎根理论的方法,探寻自我教育能力发展过程的变化,并围绕过程主线,解析了过程要素的微观发展机制,呈现出自我教育能力发展的规律及特点。掌握规律、探寻特征、遵循原则才能从大量事实中把握研究的本质,以此指引高等教育的改革和实践,这也是研究的价值及意义所在。本章主要从理论启示和实践建构两个层面,对研究问题进行总结梳理。

第一节 大学生自我教育能力发展过程的启示

通过前面几章的研究发现,自我教育能力发展不仅呈现了完整的、持续的过程,且过程的三要素中蕴含着独特的微观机制,彼此联系,互相转化。此外,通过对大学生成长材料的分析归纳,发现自我教育能力的发展有六个主要特征,贯穿于大学生发展的全过程。

一、三螺旋规律:能力发展过程的整体性模型

扎根理论的模型指出,大学生自我教育能力的发展遵循了"成长需求—自我教育反思实践—自我同一"的螺旋式上升的发展路径,这一过程与大学生成长的过程同步,并促进了大学生的全面发展。

成长需求的生成是学生自我内部发生主客分化的结果。不可否认,自我教育是人的主体性活动,主体性活动既离不开自我的自觉意识,也离不开教育的培育和引

导。激发学生主体性的过程就是促进学生内在分化,在学生自我意识里构成现实自我与理想自我之间的矛盾,从而产生成长需求。成长的需求是对现实自我的认知,对理想自我的追求,并为现实自我提供具体的发展领域和目标。由此看,大学生自我意识和自我认知的矛盾运动是原本具有的能力,但教师、家长等的引导作为重要的外部动力,促进和激发学生认识外部世界、认识自我,帮助学生运用自身的能力,最终促进形成学生身心发展的成长需求。

自我教育发展规律建立在自我意识发展基础上,没有主动的、一定水平的自我意识,不可能激发自身内在分化的矛盾运动,也不可能产生符合自身发展情况的成长需求。因此,关注大学生是否产生成长需求,首先要关注大学生是否有符合实际年龄阶段、学历层次的意识水平。

大学生的成长需求扎根于大学生的学习和生活。调查结论显示,大学生一般有五个方面的成长需求:大学适应、道德成长、自主学习、人际交往和能力拓展。一般来说,每个大学生都有这五种成长需求,只是不同的个体有不同的成长历程,对这五个维度重视程度不一样,因此在满足需求的自我教育实践中着力点不一样。根据对需求来源的考察,这五个维度的需求不仅符合社会、学校和家庭对大学生成长的期望,也是大学生涯主要的发展任务。大学生的成长需求不是一成不变,而是随着自我教育实践不断发展、跃迁的,需求的内容从缺失性需求向成长性需求转变,需求的再生形式从满足需求向创生需求转变,需求的境界从外在要求到自觉自发转变,最终形成质的变化。

成长需求驱动下,大学生通过一个又一个自我教育实践活动不断发展自我教育能力。考察大学生丰富多彩的自我教育活动发现,自我教育能力的发展是单向过程和复合过程交织发展的过程。

所谓单向发展过程,是自我教育语境下,围绕自我教育能力的要素而形成的发展过程。依据对材料的分析,其能力要素按照过程性结构可分为自我认识能力、自我规划能力、自我激励能力、自我管理能力和自我评价能力,五个要素能力的发展决定了自我教育能力的发展。自我认识能力构成了内在自我的规划性,让自己对自我的认知、态度、情绪等有所认知,是自我教育实践活动的前提因素。自我规划能力描绘了自我的发展蓝图,设计了个体的发展目标及实施策略,是自我教育实践的启动因素。自我激励能力是个体发展的"定海神针",确保自我始终在自我教育实践的轨道上坚持,是自我教育实践重要的调节因素。自我管理能力标志着"自我的生活自我能否做主",是自我教育实践的前几环能否取得实效最关键的因素。自我评价能力展示了自我的多维镜像,是自我教育实践的导向因素,是总结前一阶段、启发后一阶段的承上启下的阶段。自我教育能力如果按照内涵性要素划分,可分为自我意识能力和自我行为能力,前者是基础,后者是意识能力的直接体现,如第四章自我教育能力的"冰山结构"所示,大学生在知、情、意、行的层面上所体现的功能越健全,自我教育能力品质越好,越具有一贯的连续性和发展性。无论按照何种要素结构分类法,要素之间的流动都体现了自我教育能力的发展过程。按横向的活动过程描述,遵循了自我教育实践作为复杂活动的顺序性;按纵向的能力结构描述,遵循了能力从隐性到显性的过程。二者均体现了发展的单向过程。而且这两种分类并不矛盾,自我教育行为能力某种程度上也可分解成自我认识、自我规划、自我激励等具体能力,而自我认识能力也涵盖在自我意识能力的范畴内,内容上可以互通。

所谓复合发展过程,是在教育的整体背景下,融合他人教育和自我教育的发展路径。对大学生来说,他们经历了"受教—求教—自主—创造"的发展过程。受教是以他人教育为主的阶段,是自我教育的前置阶段。大学生大学期间的自我教育,是从他人教育开始的。求教是自我自觉主动地寻求他人教导,是自我教育的促发阶段,决定着自我教育发展的方向和水平。自主是能力发展的重要标志,是自我教育能力的核心部分,大学生能否较好地开展自我教育,往往是看其能否自主地安排和实施各项活动。创造是自主的深化和发展,是自我教育方式方法的综合应用,是自我教育能力发展的"高峰"阶段。复合发展过程不仅体现了自我教育能力的发展,而且显示了自我教育境界的提升。大学生全面发展目标之意蕴,除德、智、体、美、劳的全面发展之外,还应有在此基础上学生创造能力的发展,从而促进大学生在创造中完善自我、美化生活、改变世界。

单向路径和复合路径以相互交织、互相促进的方式存在于大学生的自我教育活动中。自我认识、自我规划、自我激励、自我管理、自我评价的反思实践过程也是受教、求教、自主和创造的过程;同时这些自我教育手段推动受教、求教、自主、创造不断向高阶发展。而反思和实践,作为自我教育的双重驱动力,贯穿在自我教育活动的每一个环节,推进自我教育活动开展,调节活动顺利进行。没有实践,就没有实践中的认知、感受、体验和提升;没有反思,就没有进步。反思实践是哲学意义上的自我批判、自我反省,是自我独立的价值观,也是方法论意义上的重要手段。在反思中实践,在实践中反思,促进自我完善、自我修养。反思和实践,作为自我教育的两个最核心的关键词,几乎可以作为自我教育的代名词。

在以反思实践为特征的自我教育活动中,大学生获得了集体认同和自我个体的认同,增强了自我效能感,促进了自我意识的发展,形成了更加稳定的自我概念、自我形象。自我同一不仅是大学生成长需求的阶段性满足,也是对大学生自我教育能力的肯定,更是对大学生精神品格、人格特质的肯定,有助于大学生心理健康。大学生在一次又一次的自我教育实践中逐步形成自觉、自信、自强、自律、自立的良好人格,一方面获得对自己积极正面的自我评价,另一方面也相信自己在未来生活中,有能力解决发展中的更多难题。这种对自我的接纳、肯定和欣赏,正是埃里克森、齐克瑞等学者强调的青年时期(大学阶段)的发展任务,要获得"自我同一"。从案例中分析可知,自我同一有丰富的内容,包括自我一致、自我贯通和自我恒定。自我一致是成长需求和发展目标的一致,目标和行为的一致,发展结果和个体期望的一致。自我贯通是个体角色和社会要求的贯通、自我需求与自我能力的贯通、"旧我"与"新我"的贯通。自我恒定则是大学生所体现的情绪、情感的特征,具体表现在悦纳自己,信任自己,不仅善于自觉修养,还能够维持坚韧自强,以获得理性平和的心态。

自我同一是自我教育能力发展的阶段性成果,这些成果既可作为过程的成果体现在自我教育反思实践的过程中,也可作为实践的最终成果体现在某一具体实践活动完结的时候。获得自我同一,大学生便有了统一感、稳定感和身心发展的协调感,为其终身发展奠定坚实的基础。

"成长需求—自我教育反思实践—自我同一"从整体上反映了自我教育能力的发展过程。这三者既体现时序,又呈现往复发展的趋势。需求激发实践,实践成就同一性;同一性又催生新的需求,新的需求又引发新的自我教育反思实践,构成更加稳固、和谐的自我同一……如此螺旋上升的发展态势,贯穿于人的一生。

二、自我教育能力发展的"六性"特征

上文从整体性视角概述了大学生自我教育能力发展的三螺旋规律,这里侧重从特征的视角总结自我教育能力的发展过程。

(一)社会性

自我教育能力的形成和发展离不开个体的遗传因素,但它不是与生俱来的天赋,而是伴随着生理、心理条件的成熟,即人的自我意识的产生、发展,而逐步使人能作为自我教育的主体独立存在,具备自我教育的身心基础。此外,个体也不是自然、自觉生成自我教育能力的,而是在社会环境、教育因素的影响下,通过积极参与社会实践活动培养和提升的,有深刻的社会性。第一,个体自我教育能力是社会对人的发展的本质要求。社会要求个体具备自我发展、终身发展的能力,每一个个体的发展力量就构成了社会发展源源不竭的动力。第二,个体自我教育能力是人主动适应社会的基本途径。人只有具备自我教育能力,才能更好地参与社会生活,适应和改造社会,使个体的发展与社会发展保持一致,相互作用、相互促进。第三,个体与社会在自我教育过程中密不可分。人的能力是后天发展的概念,是个体社会化过程中逐步养成的心理品质,从人类的发展历程来看,是人类文化在个体层面的再生产。其质量、水平、结构、特点、功能都受社会发展的影响。通俗地说,知识经济时代、新媒体时代为人的自我教育提供了丰富的信息来源,但也对人的选择、控制能力提出了更高的要求。个体自我教育除了与社会发展的关联紧密外,个体与他人的互动也极大影响了自我教育能力的发展。如H22在自传中,列了几个醒目的章节标题——"引路人""同路人""奋进人",她十分详细地描写了师长、榜样、朋辈在个体发展中所发挥的不可替代的作用。

(二)内隐性

自我教育能力因其内涵结构包括意识与行为两个组成部分,意识是人内在的表现活动,只有通过人的自觉自控的行为得以外显,其他人才能有所感知。而想要有

自我规划、自我管理的行为,则必须通过自我认识、自我激励、自我反思的心理活动,这些心理活动具有内部隐秘性。此外,个体的意识与社会环境、教育、家庭环境的影响有关,这些影响因素与个体意识互动,经历了由外化到内化的转化过程,虽然内化过程要寓于实践活动,但却以心理品质的形式内藏于个体,具有内在性、潜在性。其质量、水平、倾向,均无法凭直观了解。只有意识能力足够好,才能真正驱动人的行为,才能以行为、习惯、技能和创造性实践的表现为人们所感知,释放出意识先导的巨大能量。案例中,不少学生在自我教育过程中遇到困难和挫折后,怀疑自己、否定自己,内心进行了激烈的斗争。这些成长中的问题要么通过意识领域的处理得到明确的解决思路,要么借助更深入的自我教育环节的推进,即从行为能力上取得突破,才能真正地缓解成长矛盾。否则,意识困境将因其内隐性的特点而得不到有效的处理,进而成为大学生发展的桎梏。

(三)基础性

自我教育能力是一种基础的、基本的心理特征,它反映着自我教育的成效、质量及水平,对个人的认识、规划、行为和创造性发挥着制约作用。个体的自我教育能力,作为人学习知识、技能,并形成能力、素养的一种建构方法,依存于个体的主体性中,是大学生发展的基础。桑福德(Sanford)认为,发展是个体对不同经历和内外部影响的整合,从而促进能力发展的过程。米勒(Miller)等学者认为,大学生发展就是接受高等教育的个体通过大学场域的作用,在能力上不断提升,更加自主和互助,能够胜任更加复杂的任务。可见,大学生发展表现为其接受大学教育后,所获得的收益和发生的积极改变,如知识增长、能力提升、素养优化,也可以是态度、情感和意志的改变。自我教育能力作为自我建构的重要方式,在大学生知识、能力、态度和情感的变化中发挥了基础性作用。

在第一轮访谈中,围绕大学生对自我教育能力的认知,本研究设置了如下问题:你觉得大学生自我教育能力在大学生发展过程中重要吗?大学生自我教育能力不足有什么危害?你觉得大学生拥有自我教育能力是一种什么状态?你认为自我教育能力在你成长中有哪些作用?围绕这些问题,受访者在回答重要地位等定性问题时体现出高度一致,同时在自我教育能力支持发展的具体情境上,体现出个体差异性,如表6-1所示。

表6-1 自我教育能力功能性认知情况(摘录)

访谈摘录	属性
"我觉得自我教育非常重要,教师和父母最大的作用是帮助我们形成自我教育能力……其作用是帮助我反思自己和认识自己。"	认识自己
"我在自我教育的过程中不断地认识自己,了解我在社会、环境中的处境,找到自己的发展方向。"	自我定向

续表

访 谈 摘 录	属 性
"它帮助我们纠正自身错误,增强知识储备,使自己具有自主性。"	自我完善
"在自我教育过程中规范自己,明白自己应该做什么事,学会对人生负责。"	学会负责
"明晰自己的大学规划,根据自己的个人能力和兴趣,细化到每一学期应该达成什么目标、拿什么证书、争取哪些荣誉等。"	自我规划
"充分认识自己的优点和缺点,找准自己的目标和方向,从而更好地适应环境。"	适应环境
"自我教育需要我们能动地去创造,找到自己的发展目标,找目标的过程就是自我教育。"	确定目标
"自我教育能力能够在我们面对纷繁复杂的各种诱惑的时候,帮助我们理性判断、合理选择。"	抵御风险
"自我教育促进了我思想品德水平的提高,调动了我的积极性。"	提高品德修养
"通过自我教育,调节自己的心态,培养了健康的心理。"	促进身心健康
"自我教育能力强,就可以充分利用课余时间,丰富自己的知识。"	促进知识储备
"自我教育能力对我最重要的一点就是让我能严格要求自己,通过大胆尝试、积极实践让自己在大学期间的发展有一个质的飞跃。"	促进全面发展

受访学生在谈及对自我教育能力的认知时,一致认为自我教育能力十分重要,发挥着基础性作用。主要观点有:

一是自我教育能力决定大学生发展的意愿。这表现在影响了大学生自我发展动机的产生和强度。H6举例说明:"有的同学选择奋进,有的同学选择'躺平',这与是否具有一定的自我教育能力有关。自我教育能力较强的同学,更能够认识自己、审时度势,更容易产生发展的意识,找到自己的发展目标;反之,能力弱的同学往往就丧失了选择成长的意识,发展动机就很弱。"

二是自我教育能力决定大学生发展的方向。大学生自主确立发展目标,选择发展的方式、路径。有的学生注重专业学习,强调专业积累,选择考研的学术发展道路;有的学生注重能力发展,积极参加校内外的课外活动,广泛开展社会学习,选择考公务员、进事业单位、进企业等多元化的就业发展路径。

三是自我教育能力决定了大学生发展的过程。大学生执行发展目标的过程也是自我教育能力发挥作用的过程,一方面自主选择了发展的项目,另一方面自主监控发展的过程。自我教育能力越强的学生,越能提出适合自己的发展目标,能够统筹安排资源、时间、精力、心态等过程要素,保障目标执行状况良好。总而言之,大学生自我教育能力是大学生发展不可或缺的能力,是使大学生处于自知、自控和自导的发展格局中的关键能力。

（四）差异性

自我教育能力的发展由成长需求驱动。需求因发展语境而异，马斯洛从人的一生发展的角度把人的需求分为五个层次，其中自我实现需求，则是人的成长需求。马斯洛认为成长需求使个人的理想、抱负和能力臻于完善，是个体不断学习新内容和取得新成就的源泉，是个体对理解美、欣赏美和个人发展的内在需求，这种需求在人的发展中占主导优势。齐克瑞通过对大学生生涯发展的持续跟踪，提出大学生发展的七个向量，也就是七种主要的发展需求。国内学者叶澜则从中小学研究的角度提出"成长需要是在人的生命成长过程中产生并与成长相关的需要……要引导个体把握自己发展方向的能力"。这说明发展需求有文化背景、阅历阶段、年龄层次等的区别。此外，即使是同一文化背景，同一群体，不同的人，发展需求也是不一样的，需求的差异性也决定了个体自我教育内容及重视程度的差异性。

大学生自我教育活动内容的差异性。访谈中，笔者发现大学生发展需求的差异导致了自我教育活动领域的差异。如H1案例中，大学适应、人际交往、自主学习、道德成长、能力拓展是大学生普遍的发展需求。H1认为经济独立非常重要，因此她的大学生活有大量争取经济独立、自立自强的实践经历，因此她把"独立生活"诠释为自己合理安排自己的学习及生活，还认为要达成"自给自足、经济独立"。受访的其他学生有32人有兼职经历，但多数出于自我锻炼的需求，而不是经济独立的需求。H2大学期间突发不可逆的疾病，为此休学一年，病情稳定返校后一直处于边上学边治疗的状态。她的日记中，呈现出一个鲜明的主题——"生活适应"，花了长达两年的时间重塑自我、接纳自我，学会与疾病共存，重新确立生活方向。她的生活适应，早已不是大学适应的范畴了，而是面对生死、人生挫折的身心调适。H9长期跟随老师做实验，并对科研产生了浓厚的兴趣，他因此产生强烈的"创新发展"需求，渴望在科研活动中有新的突破。

大学生自我教育活动重视程度的差异性。即使是自我教育活动领域大致相同，不同的个体对同一活动的重视程度也不一样。大部分学生把自主学习作为最重要的内容，认为学业领先是其发展目标；也有一部分学生认为自主学习固然重要，但能力拓展、人际交往等对大学生的发展更重要，因此投入较多时间参与课外实践活动。

大学生自我教育能力要素发展的差异性。如本书第五章在谈及自我同一的表征之一"自我一致"时，强调目标和行为一致，用"大学生自我教育能力认知调查问卷"结果佐证，大学生自我教育能力要素整体上发展不平衡，形成较大的差异性。第一，大学生普遍具备一定的自我认识能力。学生们认为"绝大多数学生有自己发展目标""他们能够意识到自身的不足"，说明他们认为大学生自我认识能力发展水平尚可，奠定了自我教育的基础。第二，大学生自我调控能力普遍有待提高。自我规划、自我激励、自我管理都是自我调控的重要手段。学生们表示在"积极参加学业竞赛""积极参加课外活动""课外经常自学""经常和老师、同学交流学习心得""周围的人和事容易改变你的想法""积极改进自己做得不好的地方""遇到困难积极调试""善于自我鼓励增强信心"等自我调控的问题上,优秀学生的表现优于一般学生。他们认为自我调控能力是极其重要但却普遍薄弱的一项,即使是受访的优秀学生,也一再强调自我调控能力尤其是自我管理能力是自己需要着重突破和发展的能力。同时,自我规划能力与自我管理能力和自我激励能力相比较,受访对象认为大学生自我规划能力强于具体实践过程中的自我管理能力和自我激励能力。第三,大学生自我评价能力明显不足。自我评价建立在自我反思的基础上,大学生在"采取一定的手段了解自己的优势与不足""每隔一段时间进行一次自我总结""主动调整行为策略"等问题上缺乏意识,也极少有学生能采取自我总结、反思日记等方式稳定有序地进行自我评价。由此可见,大学生自我教育能力结构不平衡,自我认知能力属于意识层,也叫动机层,而自我规划、自我管理、自我激励、自我评价属于执行层,这说明大学生自我教育能力在动机层的表现优于执行层。

(五)阶段性

学者们从不同视角探索了大学生的发展。从心理发展过程来讲,大学生心理的成熟、整合、迁移是成长水平的标志,内部驱动和外部驱动合成为成长的动力,阶段性和不平衡性是过程性规律。从大学生发展成就的角度看,大学生成长是"修身、学业、就业"和"学历、能力、人品"两个阶段互相依存、补充、前后衔接、不断提升,形成一个螺旋式上升的体系。笔者围绕大学生对自我教育能力发展过程及水平变化的访谈,结合多年工作实践中的观察,发现大学生自我教育能力的发展与本科生成长成才的阶段性规律基本一致。

大学一年级是自我教育能力的觉醒期。初入大学至第一学年结束,新生到了新环境、遇到新的师生、开启新的生活,往往感到迷茫,不知道如何适应新环境,如何确定目标,如何找到新方位中的自我,都经历了一段或长或短的大学适应期。在此阶段,他们一方面向外探索,了解和感知国家、社会、学校、家庭对大学生的要求,认识学科、专业的发展前景,熟悉学校环境,结交新朋友等,逐渐从外部环境的角度来认识自我;另一方面向内寻找,通过与其他人的比较、与自己过往的比较、与理想的比较,认识自己的优点与不足,找到差距和目标,激发对理想自我的向往,从而唤醒自我成长的需求,启动自我教育实践,开始以参与和投入的方式,融入大学生活。

大学二、三年级是自我教育能力的发展期。大学二、三年级是大学生专业能力和其他能力飞速发展的时期。根据案例学校的情况,二年级的学生仍处于自我探索期,并且在探索中不断提升能力。不同于一年级时在各类校内外活动中的广泛参与、普遍投入,二年级的学生已经开始选定自己的发展领域,成为学生会、青年志愿者协会、社团等某个组织的骨干力量,开始在组织中充分锻炼自己的组织能力、协调能力、交际能力等,进一步发现自己,了解自己,提升自己。同时,这一阶段,大学生对大学学习、生活也有了自己初步的看法,开始总结更好投入学习、健康生活的经验和方法。三年级的学生处于自我定向期,基本上已经完成了大学期间的自我探索,已经结合未来的职业规划有了非常明确的发展方向。有的为了充分锻炼个人就业能力,选择更好的平台自我锻炼;有的转向考研,希望继续深造;有的选择考各种执业资格证,并为此做理论和实践的准备……无论是自我探索,还是自我定向,大学生在这一期间都有了一定的自我教育意识,并开始在广泛的大学生活实践中,自我教育、自我管理和自我服务,提升自我教育能力。

大学四年级是自我教育能力的鼎盛期。大学四年级,大学生面临毕业,走上社会,因此这一阶段也是大学生从校园生活到社会生活的转型期。这一阶段,大学生作为个体的责任意识最强。因为毕业之后他已经是社会人了,必须承担起社会人的责任,所以大部分学生在这一期间,无论是实习、就业,还是考研究生,或是参加公务员、事业单位之类的招考等,都更依赖于个体自我的努力,这期间教师、家长的作用逐渐式微。访谈中,不少自我教育能力较强的学生描述了自己考研、考公务员、面试考核等全心全意准备的过程,称那是自己教育自己的"高峰体验"——充分利用时间,精力高度集中,高标准自律自控,成为大学期间"最美好的自己"。

(六)层次性

涂尔干在《教育思想的演进》中指出:"我们每一个人身上,都存在许多尚未实现的潜在可能性,这些可能性如同种子,既有可能永远沉眠在泥土之中,也有可能顺应环境的外力作用而绽放出勃勃生机。"大学生的自我教育能力的发展就如同这些潜藏的能量,起初以自在自发的初始状态存在,以不被觉知的方式作用于人的成长;但随着主体意识能力的提升和行为实践的深化,逐步发展到自觉、自由的理想状态,自觉自控地全面引导人的发展。

自在自发是自我教育能力的无意识运用状态。自在指物的自然存在状态,是未被觉知的自发的状态。自我教育能力的自在自发特点形成主要有两个原因:一是由其本身隐在性的特点决定。大学生自我教育意识能力的部分深藏于个体内在之中,若不通过行动表现,就很难被觉知。二是大学生对自我教育能力是什么、是何种能力、有何种作用并没有系统全面的认知。因此,大学生的自我教育能力的自在自发层次有两种表现状态:第一种是停滞发展状态。个人如若处在封闭的、保守的生活环境中,则不利于自身探索外部世界和内在世界,自我意识能力的发展受阻,因而自在自发的方式无法顺畅地将潜在能力变成显在能力。第二种是自发运用状态。有一定的自我教育能力,自在自发地运用于自己的生活实践,但个体并不知道这就是自我教育能力,并不是主动自觉地运用。实际上,我们在访谈中发现,第二种情况大量存在。不少大学生具备较强的自我教育能力,但是对此缺乏系统认知,只是作为经验和习惯在执行。

自觉自由是自我教育能力的自觉运用阶段。自觉是个体内在自我发现、主动实践的过程。到了大学生发展的中、后期,大多数大学生会自觉运用自我教育方法,有意识地提升自己的自我教育能力。自觉层次是大学生普遍能达成的现实层次，而自由层次则是学生需要不断追求的理想层次。自由体现了比自觉更高层次的能力水平，能理性地、创造性地、个性化地开展自我教育活动。莫兰认为自由就是对人的必然性的认识，但主体必须具备表现外部形式、提出假设、制定对策的神经机构，还必须有进行选择的可能性。可见，只有个体遗传素质和后天发展条件得到充分发展才能到达自由的境界。对大学生自我教育能力来说，大学生的自我意识水平不断提升，自我认识能力、规划能力等不断发展，大学生能依据自身情况，独立、熟练、灵活地开展自我教育实践，全面协调身心发展，主动克服成长中的挫折和障碍，就是在追求自我教育能力自由和谐的理想层次。恰如黑格尔所言，真正的自由就是一种自我否定，是永恒的不安性。

第二节 大学生自我教育能力发展的建构

理论发现的意义在于指导实践。借助以上研究结论，本研究还需进一步探索自我教育能力的建构原则和建构策略。

一、自我教育能力的互动生成原则

通过前面几章的分析可知，自我教育能力的发展离不开个体的发展环境，是在互动中发展的。

自我教育能力必须在互动中发展，最显著的因素是"自我"的作用。作为一种主体性教育，自我的发展是自我教育能力发展的基础。然而，对于自我的认识，东西方文化语境有完全不同的解释：东方文化围绕互依型的自我构念（interdependent self-construal）阐释自我的意义，重视人类相互之间的关系，指向"人—我"关系的认识，以及由关系产生的情感和意向；而西方文化则围绕独立型自我构念阐释意义，强调个体是有独立的、边界的、自主和自足的实体，认为区隔自我和他人，以及社会情境，才能彰显出个体和人生价值。后来，学者马库斯和北山进一步修正前面的观点，认为每一种文化都有独立型自我和互依型自我两种模式。中国哲学上自我的主体性指向人的自主性、能动性、为我性和创造性，从价值论的视角更加强调"关系思维""生成思维"和"实践思维"。可见，自我是关系的存在。

尼采说："成为你自己！"那"自己"的内容及形式到底从哪里来？泰勒强调，自我来自文明和他人的对话，以及对话中的反思。我们无法仅依靠自己来完成自我的生成和完善，形成有意义的独特性标准，自我的理想永远是在对话关系和反思实践中塑造的。埃里克森称自我就是在道德和精神层面达成自我同一。通俗地讲，自我的内容来自与文化、与他人的交往实践，通过人的自我建构，成为自我的认识。同时，从方式上看，自我也常常通过交往实践的互动方式来认识自我。

自我教育能力的发展本质上就是形成更好的自我。因此，从理论上看，自我教育能力的发展始终在互动生成的分析框架中。如此看来,社会教育、家庭教育、学校教育和个体因素在与学生成长的互动中不同程度地影响着大学生自我教育能力的发展。通过对自我教育能力发展的过程分析,笔者发现大学教育、家庭教育、重要他人与大学生的互动最为密切,影响最为深远。

大学生自我教育能力是大学教育与个体建构的共同形塑。自我教育不仅是个体性因素主导的实践活动,也是受密切接触的环境因素影响的实践活动。大学生在成长过程中,很多时候表现出一种受动性,主要原因有:一是校园文化的感染力。如良好的学校环境、浓厚的学习氛围、充足的资源条件、进取的师生、丰富的教育活动等都有利于大学生形成与环境相适应的气质特点和行为习惯。此时,外在环境发挥了涵养、熏陶的作用,促进个体对校园文化的内化吸收。二是师生的情感激励力。大学生在自我教育实践中与老师、与同学密切交往,建立了深厚的师生情、同学情,这种情感的扶持及张力也促使学生内心产生向善向美的种子,帮助学生形成克服困难、不断发展的勇气。三是学习实践的影响力。学习实践是学生学习最主要的途径,通过教师的引导和自我的参与,在专业学习、实习实践、第二课堂活动等方面不断增强自己的学业自信,强化自己多方面的综合能力,在学习中感受成长、体验进步,不断被自我赋能。四是社会参与的拓展力。学校教育通过创设大学生社会参与的平台,让学生广泛接触社会、了解社会、服务社会,在实践中增长才干,拓宽视野。五是学校的制度约束力。学校通过一系列制度设计,规范大学生的学习生活行为,同时也通过政策引导、平台布局、制度创新等满足大学生个性化、多样化的发展。校园文化的感染力、师生的情感激励力、学习实践的影响力、社会参与的拓展力和学校的制度约束力共同组成了学校的教育力,作用于个体的自我教育情境,与个体实践充分互动,促进大学生自我认识能力、自我规划能力、自我激励能力、自我管理能力和自我评价能力的全面提升。此外,大学生自我教育理念、方式方法也是在学校引导和个体建构的双向互动中生成的。

家庭教育是大学生自我教育能力发展的重要影响因素。根据调研发现,好的家庭教育奠定了大学生自我教育能力的基础,这种入校起就表现出较强自主性和能动性的大学生,比较容易适应大学生活,并快速融入大学环境,找到自己大学期间的发展目标。这一类学生与家庭的有效互动,不仅造就了大学生的安全感,而且赋予了他们成长过程中的支持力量,帮助大学生更好地应对成长中的困惑、难题。因此,这类学生更容易成长为优秀大学生。相反,家庭教育缺失,不利于大学生大学期间自我教育的开展,有些原生家庭矛盾重重的情况甚至成为大学生自我教育的严重阻滞。案例中受访的学生在学校教育的帮扶下幸运地突破了家庭教育的负面影响,获得了自我的力量,促进了自我教育能力的发展。但很多类似的案例,则无法摆脱家庭的负面影响,学生也无法通过自我教育自我赋能,滋生出较多的成长问题。

重要他人是大学生自我教育能力发展的转折性因素。无论是家庭关系中对大学生成长有牵引作用的人,还是大学教育中与学生密切交往的老师,或者是共同进步的同学,都是大学生在自传中强调的"重要他人"。重要他人之所以能帮助大学生的发展,在于他们在与大学生的近距离接触中,给大学生提供了方向指引、方法引导、行为监督和情感支持等,在大学生自我教育的关键时期发挥了重要作用。H1认为她的辅导员是她成长中的"重要他人"。入校时,老师和她一次不经意的谈话,点亮了她考研的想法,她一下子为改变自己高考的失利感找到了出口;后来老师帮她介绍了第一份家教,引导她走向完全自立自强的道路;班级工作中她遇到很多困难,老师的指导让她茅塞顿开……可见,重要他人的作用一方面是促进自我教育实践的开展,他们在和大学生的交往互动中,用自己的生活经验、榜样示范为大学生提供自我认识的素材,鼓励大学生自觉主动地自我教育;另一方面是在大学生自我教育实践受挫时,给予多种支持,推进大学生自我教育实践走出困境,并得到顺利开展。

社会教育等因素对大学生的自我教育有一定影响。近年来,党和国家事业取得历史性成就、发生历史性变革,全面建成了小康社会,开启了全面建设社会主义现代化国家新征程。国家建设取得的成就不断增强大学生的国家认同感、历史责任感和民族自豪感。从具体事件来看,大学生亲历国家精准扶贫取得决定性胜利等举国荣耀的大事,同时也目睹了全国人民在重大灾难面前的众志成城、义无反顾,这些都极大地激励了大学生的家国意识。访谈中自我教育能力较强的学生都有志愿服务的经历。同时,不良的社会思潮如拜金主义等也对大学生的成长产生了一定的负面影响,不利于大学生良好的自我意识的形成。

个体因素是自我教育能力发展最重要的能动因素。个体的自我意识能力是自我教育能力的基础,影响着自我认识能力、规划能力等一系列能力要素的形成。能力要素不健全,自我教育能力的发展就无法顺畅进行。同时,个体的世界观、人生观和价值观等作为自我意识的重要内容,也影响着自我教育的发展方向。这些个体因素的影响不可能单独存在,它们依托于具体的教育实践,并在实践中与环境因素充分互动,最终产生对自我教育能力发展的影响力。

正是社会、教育、家庭及学生个人的多维互动,对大学生的观念、品格、行为产生多重影响,深深嵌入大学生的自我教育实践活动。积极的影响成为大学生自我教育能力发展的催化剂,不断推进其发展;消极的影响因素阻滞大学生自我教育能力的发展,甚至危害大学生的身心健康。

二、个人与学校立场的自我教育能力建构

马克思主义内外因辩证关系原理启示我们,大学生自我教育能力的发展首先取决于个体努力程度,其次是学校教育和家庭教育的引导和促进作用。三者应围绕发展规律,引领大学生"三步走",推动学校教育"三维建构",形成良性互动的自我教育能力建构体系。

(一)个体立场的自我教育能力建构

学校立场的自我教育能力建构离不开个体立场的自我教育能力建构,只有个体

的主动建构,才能真正促进自我教育能力的发展。

1. 自觉增强自我教育意识

在学校教育环境下,大学生要明确发展目的,主动进行自我认知,自觉增强自我教育意识。一是学会在发展的过程中明确自我意识。可以通过问自己如下问题来实现:我是谁(Who),为什么上大学(Why),现在在哪儿(Where),目标是什么(What),如何实现目标(How)。在自我探索中,不断清晰自己的自我意识,并在意识指导下,开展自我规划活动,明确自己的发展目标。二是在各种生活体验中反思自我意识。反思作为重要的认识方式,以思考、权衡、分析、比较为手段,可不断建构已经意识到的各种信息,深化大学生的意识水平。案例中很多学生采取写日记、写复盘总结、与自己对话等形式,不断地了解自己,反思自己,促进自我意识能力的发展。

2. 主动掌握自我教育策略

开展自我教育实践,有很多自我教育的方法。大学生应立足于具体情境,综合运用环境熏陶法、目标引导法、榜样激励法、情感感染法、主题定向法、成果展示法、诉说倾听法、活动体验法、回顾反思法、交流分享法、总结认定法、自省自查法、自觉自奖法、日记梳理法等众多的自我教育方法,积极主动地自我认识、自我规划、自我激励、自我管理、自我评价,在反思实践中掌握适合自己的自我教育策略,促进个体自我教育实践顺利开展。

3. 勇于开展自我教育实践

依据大学生发展理论,大学生的发展成就取决于大学生的投入度、参与度,因此,大学生应重视大学期间的各类自我教育实践,努力满足大学适应、道德成长、人际交往、自主学习和能力拓展等成长需求。一是敢于尝试,信任自我。不断强化勇气,大胆尝试新的项目,在经历、感受中体验和筛选,增进生活的理想。二是自我调控,突破自我。积极采用自我教育调控的手段,不断反思、自查,纠正实践过程中的问题;不断自我激励,鼓励自己克服困难,坚持行动;不断培养和锻炼自己的自律意识和自我管理能力,确保实践活动顺利开展。三是自我评价,不断升华。把过程性评价和结果性评价结合起来,通过评价总结经验、教训,形成新的自我意识,促进自我教育长足发展。

(二)学校立场的自我教育能力建构

1. 引导成长需求:激活自我教育的动力系统

学校教育不仅要满足学生的成长需求,更要引领和激发学生的成长需求,充分激活大学生自我教育的动力系统。有如下措施:

一是营造"氛围场",引导大学生自觉探索现实需要。有需求才有发展目标。一方面,要转变广大教育、管理和服务人员的教育理念,形成重视大学生自我教育的思想共识。鼓励大学生自我教育、自我管理和自我服务,营造开放、包容的自我探索环境,通过各种类型的优秀师生评选、宣传,营造浓厚的榜样示范环境。另一方面,要通过自我教育的方法与实践类讲座、课程,引导师生树立自我教育意识,掌握自我教育方法。

二是创设"教育场",激发大学生探索未来需求。现实需求是被学生意识到的需求,也是通过自我教育实践活动正在被满足的需求。未来需求是社会对大学生发展的需求,是在满足现实需求基础上逐步形成的需求。学校教育一方面要深入研究大学生的现实需求,借助课程引导、榜样引导、价值引导、目标引导、活动引导等措施,帮助学生不断发展自我意识,提高道德判断力和自我认知力,了解哪些是现实需求,并创造条件助力大学生满足成长需求;另一方面,学校要引导大学生关注世界、展望未来,以更宏大的视野,探索个体与社会、个体与未来的关系,追寻自己的人生理想,努力从满足现实需求向满足充满价值感的未来需求转变,在实现未来需求的过程中实现自己生命的意义和价值。

三是打造"实践场",提升学生的需求层次。引导大学生在实践中探索需求的境界。实践是大学生成长的重要途径,充分利用好第二课堂和校园实践等平台,开展丰富多彩的学生活动,提供给学生自我锻炼、展示才华、增强自信的机会。同时组织大学生服务社会、参与社会实践活动,扩展大学生的人际交往范围,增强他们的社会责任感,磨炼心性品质等,在实践中认识自己、了解社会、感悟人生,从而不断提升需求的层次。

2. 引领反思实践:完善自我教育能力提升系统

学校可提供的自我教育资源包括营造良好的自我教育环境、开设自我教育课程、创建自我教育实践平台以及开展个性化自我教育管理和服务等,抓住教育引导的重要时段、关键节点,提升自我教育实践的要素能力,并为各个要素发挥作用提供全面的保障。

把好大学适应关,提升大学生自我认识能力。H大学已经设计了严谨的大学适应教育体系,但在环境适应、心理适应、学习适应、生活适应等基础上,还应设置大学生自我认识、自我探索等课程或实践环节,引领大学生认识到大学最与众不同之处在于鼓励大学生广泛开展自我教育,激发大学生自我教育的意识和热情,引导大学生在自我教育中更好地完成大学适应。

抓好生涯规划关,激发大学生自我规划能力。大学生尽早找到发展目标有利于大学生快速适应大学生活,并开始自主发展。因此,在教师的引导下,大学生应通过认识学校、认识专业、认识大学生活及认识自我,充分了解自己的优势与不足,掌握开展生涯规划的方法和要领,确定自己的发展目标和实施路径,并在日后的实践过程中不断完善自己的规划,提高自我规划的能力。

夯实心理导航关,强化大学生自我激励能力。每个学生心理素质不一样,学校要充分运用心理教育、心理服务等条件,开展大学生心理健康普及教育,提升大学生心理意识能力。组织大学生参与团体辅导、户外拓展、趣味活动等心理健康教育活动,培养大学生积极健康的心理素质,增进大学生的心理韧性,强化自我激励能力。

强化管理服务关,提升大学生自我管理能力。自我管理能力的提升从意识和能力两方面着手。在意识层面上,需要靠制度的引领。没有规矩不成方圆,学校不仅要有完善的办学治校制度,还应该设置自我教育管理培养的相应制度,这是大学生自我管理的重要保障。一方面,学校为大学生合法参与自我教育管理提供制度支撑,如明确大学生自我管理组织的地位、权利和义务等;另一方面,学生工作战线应设置学生自我管理的相关制度,保障学生自我管理的顺利实施,激励大学生勇于参与自我管理。在能力层面上,需要不断提升学生的自我控制力、意志力。因此,可以开设意志力培育的课程及活动,如校园长跑、自我管理打卡活动等,帮助大学生获得自我管理的内在控制力,养成自我管理的习惯,提升自我管理能力。

强化评价总结关,增强大学生的自我评价能力。大学生的自我评价对个人发展意义深远,正向的自我评价促进个人发展,反之,阻滞个人发展。因此,学校评价应引领个人评价,学校对学生的评价应建立在促进学生发展的基础上,突出学生能力导向,建立一整套学生可借鉴的自我教育评价体系。学生可依据学校对个人的评价,通过个体的反思,建立与学习生活密切相关的评价指标,如学习目标完成性评价、困难解决能力评价、能力拓展评价等,让学生全面认识自己、了解自己、评价自己,促进学生全面均衡发展。

3. 促成自我同一:完善自我教育支持系统

促进大学生自我同一,形成自信协调、理性平和的自我概念,必须完善大学生自我教育的支持系统。

一是促进学校教育与社会教育、家庭教育的多方联动,构成立体网络式支持结构,构建社会、学校、家庭三维互补的外部协作机制。一方面,学校教育和社会教育相结合。学校教育要积极"走出去",积极组织学生参与社会服务,不断增强学生的实践认识;社会教育要大胆"引进来",拓展学生的社会视野。另一方面,学校教育与家庭教育要协调一致。学校教育要发挥教育的智囊作用,引导家庭教育跟上学校教育的步伐,积极配合学校教育,发挥帮助大学生成长的合理作用。

二是倡导大学生建立亲密关系,构成深度沟通的支持结构。前面分析了"重要他人"对大学生自我教育能力发展产生的重要影响。对大学生而言,重要的人,往往不一定亲密,他们只是在人生的重要的时刻,对个人的顿悟、选择、向往发挥了一定作用。而大学生要形成稳定的心理结构,则需要破解大学生的虚无感、漂泊感和孤独感,形成归属感和安全感。因此,选定父母、兄弟姐妹等亲人、亦师亦友的老师、志趣相投的同学等建立亲密关系,构成能够深度沟通的心灵支持结构,十分有利于大学生自我同一的形成。

本章参考文献

[1] Markus H R, Kitayama S. Cultures and Selves: A Cycle of Mutual Constitution[J]. Perspectives on Psychological Science, 2010, 5(4):420-430.

[2] 陈国祥.大学生成长成才规律探索:双螺旋理论[J].黑龙江高教研究,2009(9):37-39.

[3] 郭文安,王道俊.试论有关青少年学生素质的几个问题[J].教育研究,1994(4):16-22.

[4] 孙美堂.价值论研究与哲学形态转换[J].中国人民大学学报,2007(1):72-77.

[5] 张劲.心理轨迹的探索——大学生心理成长阶段的特点分析[J].浙江大学学报(人文社会科学版),1995(2):118-125.

[6] 郭德俊.动机心理学:理论与实践[M].北京:人民教育出版社,2005.

[7] 汪凤炎.中国文化心理学新论(上)[M].上海:上海教育出版社,2019.

[8] 叶澜.教育学原理[M].北京:人民教育出版社,2007.

[9] [法]爱弥儿·涂尔干.教育思想的演进[M].李康,译.上海:上海人民出版社,2006.

[10] [法]埃德加·莫兰.复杂思想:自觉的科学[M].陈一壮,译.北京:北京大学出版社,2001.